D1665589

Hans H. Steinbeck
Das neue Total Quality Management

Hans H. Steinbeck

Das neue Total Quality Management

Qualität aus Kundensicht

verlag
moderne industrie

Die Deutsche Bibliothek – CIP-Einheitsaufnahme

Steinbeck, Hans H. :
Das neue total quality Management : Qualität aus Kundensicht /
Hans H. Steinbeck. – Landsberg/Lech : Verl. Moderne Industrie, 1995
  ISBN 3-478-35240-1

Umschlaggestaltung: Christel Aumann, 89284 Niederhausen
Satz: abc satz bild grafik, 86807 Buchloe
Druck und Verarbeitung: Pustet, 93051 Regensburg
Printed in Germany 350 240/05953
ISBN 3-478-35240-1

Inhaltsverzeichnis

Für meine Kinder Axel und Birthe

Danksagung

An dieser Stelle möchte ich mich bei meinen Kollegen und Mitarbeitern bedanken, mit denen ich gemeinsam über viele Jahre hinweg im IBM Werk Böblingen/Sindelfingen im Team gearbeitet habe. Die beschriebenen Methoden wurden von allen Beteiligten gemeinsam entwickelt, laufend verbessert und in die Praxis umgesetzt. Der externe Wettbewerb hat uns zu einem letztendlich sehr erfolgreichen Team geformt.

Besonderer Dank gilt Klaus Kuhnle und Heinz Rebmann, die uns durch die schwierigen Jahre in Richtung Fabrik der Zukunft geführt haben und die einen hohen persönlichen Beitrag an dem gemeinsamen Erfolg haben.

Hans H. Steinbeck

Vorwort

Nachdem in den 80er Jahren laufend neue Managementmethoden und Produktionstechniken ihren Weg von Japan nach Westeuropa und den USA fanden, besinnt sich der Westen in den letzten Jahren wieder mehr auf seine eigenen Stärken. Zu Anfang wurden Methoden wie *Just-in-Time Manufacturing, Lean Production* und *Kanban*, die hauptsächlich durch Taiichi Ohno bei Toyota entwickelt wurden, eins zu eins übernommen und in Deutschland in die Produktion eingeführt. Die erwarteten kurzfristigen Erfolge blieben häufig aus, da die kulturellen Unterschiede und eine andere Einstellung und Erziehung der Mitarbeiter nicht ausreichend berücksichtigt wurden. Methoden, die in Japan sehr erfolgreich waren, müssen in der westlichen Welt nicht unbedingt zum gleichen Erfolg führen. So sind Begriffe wie *Lean Management* oder *Lean Production* heute in der Fachwelt teilweise negativ belegt. In Deutschland war bis vor drei Jahren die Zeit auch noch nicht reif, um neue Organisationsstrukturen und -abläufe einzuführen. Es wurde sehr gut verdient. Durch die Wiedervereinigung ergab sich ein kurzfristiger Boom in Westdeutschland, und die Löhne erhöhten sich von Jahr zu Jahr bei abnehmender Arbeitszeit. Weder bei den Arbeitgebern noch bei den Arbeitnehmern waren die Bereitschaft und Einsicht für die Notwendigkeit von Veränderungen vorhanden. Selbst wenn aufgrund von Benchmarking-Studien erkannt wurde, daß ein Lohnstopp und eine Reduzierung von Mitarbeitern besonders in den unterstützenden Bereichen notwendig waren, um die Produktionskosten zu senken, so waren Lohnkürzungen oder Entlassungen bei den noch erzielten Gewinnen nicht durchsetzbar. Es ging uns allen immer besser, das unbegrenzte Wachstum lag vor uns. So wurden neue Methoden aus Japan zwar ausprobiert, aber nicht an die betrieblichen Abläufe in Deutschland angepaßt und konsequent umgesetzt. Besonders im mittleren Management ergaben sich Widerstände, da hier durch die schlankere Organisationsstruktur und die Verlagerungen der Verantwortung nach unten die stärksten Veränderungen notwendig waren.

Erst als Mitte 1992 das unbegrenzte Wachstum sehr plötzlich zu Ende war und die Wirtschaft in die Rezession steuerte, suchte man nach neuen Wegen, um Kosten zu senken, die Qualität zu verbessern und die Durchlaufzeiten zu reduzieren. Besonders der Kostenfaktor „Mensch" stand plötzlich im Mittelpunkt; Programme zum Abbau von Mitarbeitern wurden auf breiter Front umgesetzt und führten zur heutigen hohen Arbeitslosigkeit. Damit erhöhte sich der Bedarf an Methoden, um Arbeitsabläufe und Geschäftsprozesse so zu rationalisieren, daß diese mit deutlich weniger Mitarbeitern durchgeführt werden konnten. Nur Mitarbeiter zu entlassen, ohne Arbeitsinhalte zu verändern, und das möglichst vorher, führt zu Qualitätsproblemen und hoher Mitarbeiterunzufriedenheit.

Die wesentlichen Methoden und Systeme, die sich in den letzten zwei Jahren durchgesetzt haben, um die Wettbewerbsfähigkeit zu verbessern, sind unter dem Oberbegriff von TQM – Total Quality Management – zusammengefaßt:

1. *KVP – Kontinuierliches Verbesserungsprogramm,* abgeleitet aus KAIZEN. KAIZEN ist die graduelle, niemals endende Verbesserung durch viele, viele kleine Änderungen, die sich aber meist nicht in Einzelleistungen auflösen lassen. Den Erfolg hat das Team, nicht das Individuum. Schon 1986 wurde das Buch „KAIZEN" von Masaaki Imai in der westlichen Welt übersetzt und veröffentlicht. KAIZEN war damals eines der wichtigsten Elemente für den Erfolg in Japan. Für die kontinuierliche Verbesserung von Produkt und Prozeß vergleiche Japan Human Relations Association 1994, S. 19.

2. *Reengineering* wird umfassend in dem Buch von Hammer und Champy beschrieben: „Reengineering ist das fundamentale Umdenken und die radikale Umstrukturierung von Geschäftsprozessen, um dramatische Verbesserungen in den Elementen Kosten, Qualität, Service und Zeit zu erzielen."

3. *Qualitätsmanagement-System nach DIN EN ISO 9001-9003.* Diese Norm beschreibt in 20 Elementen die notwendigen Verantwortungen, Systeme und Dokumente, um ein Produkt oder eine Dienstleistung mit gleichbleibend guter Qualität zu erstellen. In den Normen zum Qualitätsmanagement sind keine Forderungen an Produkte festgelegt. Die Erfüllung der Norm soll Vertrauen in die Fähigkeit der Organisation, vor allem auch als Lieferant, bilden. Nachdem in England schon ca. 10 % aller Unternehmen zertifiziert sind, setzt sich diese Norm mehr und mehr auch in Deutschland durch als Standard für gutes Qualitätsmanagement und ist häufig eine notwendige Voraussetzung, um einen Auftrag zu erhalten.

Publikationen zu diesen Themen und Bücher über TQM sind in den letzten zwei Jahren in großem Umfang veröffentlicht worden. Als Leiter des Qualitätsmanagements eines großen Unternehmens bekommt man jede Woche fünf bis zehn Einladungen zu Seminaren, die sich mit diesen Themen befassen. Zur Einführung eines Qualitätsmanagements nach DIN EN ISO 9000 gibt es inzwischen sehr viele Erfahrungsberichte. Doch dies ist nur ein Teil (ca. 30 %) aller erforderlichen Maßnahmen und Systeme, wie sie für ein umfassendes Qualitätsmanagement-System (QMS) benötigt werden.

Erfahrungsberichte zu TQM sind noch äußerst selten, da die konsequente Umsetzung und Durchdringung bis zu jedem Mitarbeiter ca. drei Jahre dauern. Das vorliegende Buch beschreibt die praktische Umsetzung von TQM in der Produktion. Die meisten Elemente gelten aber auch für die Entwicklung, Dienstleistung und andere Bereiche. Der Schwerpunkt liegt darauf, anhand von Methoden und praktischen Beispielen eine Anleitung für die Einführung von TQM zu geben. Alle Kapitel beruhen auf eigener Erfahrung, die in den letzten sieben Jahren bei der Umsetzung gesammelt wurden. Auftretende Schwierigkeiten werden beschrieben sowie deren Überwindung erläutert. Basierend auf dieser praktischen Erfahrung über viele Jahre in mehreren Produktionslinien in Deutschland, gibt das Buch Anleitungen für die erfolgreiche Einführung von TQM. Aufgrund der gemachten Erfahrung kann die praktische Umsetzung deutlich beschleunigt werden. Auftretende Probleme können vorher antizipiert und bei der eigenen Einführung vermieden werden. Zusätzlich werden Literaturhinweise gegeben, die zur Vertiefung der einzelnen Elemente geeignet sind.

1. Einführung

Qualität als wichtiger Faktor im internationalen Wettbewerb sowohl für Produkte wie auch Dienstleistungen entscheidet mehr und mehr darüber, ob eine Firma erfolgreich ist. In der Werbung wird heute die Qualität des eigenen Produktes neben der Funktionalität und dem Preis als wichtigstes Kriterium dargestellt. Der Kunde ist heute sogar bereit, für bessere Qualität des Produktes, besseren Kundendienst, Garantieleistungen und Reparaturservice deutlich höhere Preise zu bezahlen. Nimmt man z.B. einen Personalcomputer, der heute international produziert wird, so sind bei gleichem Preis dies die entscheidenden Wettbewerbsvorteile.

1.1 Qualität als Wettbewerbsvorteil

„Mit der Einführung von Made in Germany durch den Merchandise Marks Act vom 22.08.1887 entwickelte sich diese als protektionistische Maßnahme des britischen Empires gegen Deutschland eingeführte Maßnahme zum Gütesiegel für überlegene Produkte" (Hummeltenberg 1995, S. 3). Dank des ausgezeichneten Rufes seiner Produkte stieg Deutschland nach dem Ersten Weltkrieg zur führenden Industrienation Europas auf. Nach dem Zusammenbruch im Zweiten Weltkrieg stieg Deutschland in den 50er Jahren erneut zur führenden Wirtschaftsmacht auf. Dies war zum einen bedingt durch innovative Produkte zu günstigen Preisen, zum anderen durch den hohen Qualitätsstandard der Erzeugnisse.

Diese Qualität wurde erreicht durch umfangreiche Eingangs- und Endkontrollen, d.h., die Qualität wurde durch Kontrolle erreicht. Große Qualitätsabteilungen und -bereiche entstanden, mit einem ausgefeilten Prüf- und Inspektionssystem und häufig einer 100%igen Kontrolle der kritischen Produkte. Typisch waren über 10 % Mitarbeiter in der Qualitätskontrolle beschäftigt. Begriffe wie Kontrollkarten und statistische Auswerte- und Prüfverfahren waren noch bis Anfang der 80er Jahre das wichtigste Kontrollelement zur Qualitätssicherung.

Da dieser Aufwand bei den immer komplexer werdenden Produkten kaum noch zu bezahlen war und auch technisch die Qualität nicht in das Produkt „hineingeprüft" werden konnte, entwickelte sich die Statistische Qualitätssicherung.

Mit einem einfachen Beispiel kann dies verdeutlicht werden: Angenommen, die Fehler in der Produktion entsprechen einer Normalverteilung und jeder Prozeß ist 99,73% fehlerfrei (3-Sigma-Standardabweichung), dann ist die Ausbeute bei zehn Prozeßschritten 50% und bei 100 Prozeßschritten 0,1%.

Es war also notwendig, jeden Einzelprozeß durch eine Stichprobenprüfung möglichst fehlerfrei zu halten und klare Aktionsgrenzen zu definieren. Daraus entwickelte sich die *Statistical Process Control* (SPC). Einzelheiten dazu sind in Kapitel 4 beschrieben.

Die Qualität konnte nicht mehr durch Prüfungen verbessert werden, sondern es waren Ideen für Null-Fehler-Konzepte notwendig. Daraus entwickelte sich die mitarbeiterorientierte Qualitätsförderung. Als bekanntestes Beispiel sollen hier die *Quality Circles* erwähnt werden, wie sie aus Japan übernommen wurden. Mitarbeiter saßen in Projektgruppen zusammen und suchten nach Ideen und Wegen, die Einzelprozesse zu verbessern. Leider haperte es auch hier, wie bei vielen an sich guten Ideen aus Japan, an der praktischen Umsetzung in Deutschland. Die Anzahl der *Quality Circles* wurde zum Maßstab für gutes Qualitätsmanagement und nicht die erzielten Qualitätsverbesserungen.

Ende der 80er Jahre etablierte sich ein Qualitätssicherungssystem nach ISO 9000 ff. zuerst in England. Ende 1993 sind in England etwa 10% aller Unternehmen zertifiziert nach ISO 9000 ff., im Gegensatz dazu in Deutschland erst 1%. Besonders für die Automobilindustrie in Europa ergab sich die Notwendigkeit, einen Standard für die Qualitätssicherung zu etablieren, um für die große Zahl der Zulieferfirmen ein einheitliches System zu haben und nicht jeden einzelnen laufend überprüfen zu müssen. Es war nicht mehr notwendig, jeden Zulieferer regelmäßig zu auditieren, sondern der Lieferant hat ein eigenes Qualitätssicherungssystem etabliert und extern zertifiziert, das er durch eigene Audits ständig überprüft und verbessert. Heute ist die Zertifizierung nach ISO 9000 ff. in vielen Branchen eine notwendige Voraussetzung, um einen Auftrag zu erhalten.

Von einigen isolierten Beispielen abgesehen, hat sich bis Anfang 1993 in Deutschland noch recht wenig zum Thema TQM getan und damit auch zum ganzheitlichen Qualitätsmanagement. Angeregt durch das Buch von Womack/Jones/Roos „Die zweite Revolution in der Automobilindustrie", hat sich in diesen und anderen Branchen, die dem internationalen Wettbewerb unterliegen, die Einsicht für notwendige Veränderungen durchgesetzt. Bedingt durch zu hohe Herstellungskosten in Deutschland, z.b. plus 35% in der Autoindustrie, und durch das sehr hohe Qualitätsniveau japanischer und seit kurzem auch amerikanischer Autos, geht es seit 1992 nicht nur um Wettbewerbsverbesserungen, sondern ums Überleben auf dem Weltmarkt. Wir hatten uns in den 80er Jahren zu viel „Fett angefressen und sind träge geworden". Das unbegrenzte Wachstum ist beendet und wird in dieser Form wohl auch nicht wiederkommen. Es ergab sich die Notwendigkeit für ein umfassendes Qualitätskonzept, um Qualität als strategischen Wettbewerbsfaktor wieder stärker einzusetzen.

1.2 Die Entwicklung zum Total Quality Management

TQM – Total Quality Management – ist nach ISO 8042 „eine auf Mitwirkung aller ihrer Mitglieder beruhende Führungsmethode einer Organisation, die Qualität in den Mittelpunkt stellt und durch Zufriedenstellung der Kunden auf langfristigen Geschäftserfolg sowie auf Nutzen für die Mitglieder der Organisation und für die Gesellschaft zielt". Im einzelnen ergeben sich daraus, nach Runge, folgende wesentliche TQM-Elemente:

1. Kunden- und qualitätsorientierte Unternehmensführung
2. Qualitätsstrategie mit meßbarer Zielsetzung erstellen und umsetzen
3. Management und Mitarbeiter durch Kommunikation, Ausbildung, Anerkennung und Übertragung von Verantwortung einbinden
4. Ressourcen zur Erreichung der Zielsetzung verfügbar machen
5. Geschäftsprozesse in Verwaltung und Produktion verbessern und verkürzen
6. Kunden- und Mitarbeiterzufriedenheit sowie die Meinung der Öffentlichkeit (Image) ermitteln und verbessern
7. Unternehmensergebnisse und Meßdaten analysieren und mit der Zielsetzung ständig abgleichen (Unternehmensführung).

Diese sieben Elemente sind abgeleitet aus dem *Malcolm Baldrige National Quality Award,* der am 20.8.87 vom amerikanischen Wirtschaftsministerium geschaffen wurde, um einen Qualitätsstandard zu etablieren und die Firmen mit dem besten Qualitätsmanagement jährlich auszuzeichnen.

Die Grundlagen für heutige TQM-Systeme basieren auf den Arbeiten von Juran, der schon 1951 die wesentlichen Elemente eines Qualitätssystems beschrieb, und von Deming, der 1982 ein Managementsystem beschrieb, um die Produktivität zu verbessern, ohne gleichzeitig Qualitätseinbußen zu haben, und dadurch Marktanteile von der Konkurrenz zu gewinnen. Am bekanntesten ist das sogenannte *Deming-Wheel: Plan-Do-Check-Action* geworden, das einen kontinuierlichen Kreislauf beschreibt, um laufend weitere Verbesserungen zu erreichen, die Basis für das heutige KVP – Kontinuierliches Verbesserungsprogramm.

Wie so häufig wurden diese Ideen in der westlichen Welt, in diesem Fall in den USA formuliert und publiziert und dann in Japan in die Praxis umgesetzt und weiterentwickelt. Daraus ergab sich dann eine so erfolgreiche Methode wie KAIZEN, die auch schon 1986 übersetzt und doch kaum in der deutschen Wirtschaft praktiziert wurde, oder ein Verbesserungssystem durch Einbindung aller Mitarbeiter, wie es 1992 veröffentlicht wurde unter dem Titel „KAIZEN Teian".

Sicher war all dies in Deutschland bekannt, und einzelne Firmen begannen schon Ende der 80er Jahre mit der systematischen Einführung und Umsetzung von TQM. Dies waren besonders solche Bereiche, die sich mit ihren Produkten auf dem Weltmarkt mit Japan messen mußten.

Ein Beispiel ist die Halbleiterproduktion für 1-MB-DRAM (*Dynamic Random Access Memory*)-Speicherchips in Deutschland. Am 29.5.86 wurde dieser Wettlauf zwischen IBM und Siemens in Deutschland im Leitartikel der Süddeutschen Zeitung beschrieben (Hache 1986, S. 3). Es ging darum, den Anschluß an die japanische Vorherrschaft zu erlangen und unabhängig von den japanischen Herstellern den stetig wachsenden Bedarf an Speicherchips sicherzustellen. Dieser Wettlauf wurde damals von IBM gewonnen. Besonders anschaulich läßt sich die Notwendigkeit einer Verbesserung der kritischen Erfolgsfaktoren: Qualität – Kosten – Zeit am Beispiel der DRAM-Speicherchip-Produktion darstellen:

DRAM sind ein *Comodity Product*, vergleichbar mit Rohöl. Funktionalität und Qualität sind weltweit einheitlich spezifiziert. Der Preis ist ein weltweit geltender Marktpreis, basierend auf dem derzeitigen Dollar-Wechselkurs. Versandkosten fallen für die kleinen Chips kaum ins Gewicht. Die Kosten per Bit gingen in den letzten 20 Jahren kontinuierlich nach unten, während die Kosten pro Chip im Mittel etwa konstant blieben. So wurde 1984 noch ein Chip mit 64 000 Speicherplätzen (64 K DRAM) produziert und seit 1992 ein Chip mit 4 000 000 Bit (4 MB), und Chips mit 64 MB und 256 MB sind in der Entwicklung. Geld kann auf diesem Markt nur verdient werden, wenn man möglichst frühzeitig höher integrierte Chips in Großserie herstellen kann als die Konkurrenz, da die Herstellungskosten pro Chip deutlich geringer ansteigen als die Anzahl Bit pro Chip. So kostet heute ein 4-MB-Chip nur ca. zehn bis zwölf Dollar.

Daraus ergibt sich der weltweite Wettlauf, der besonders in den 80er Jahren extrem stark war, um frühzeitig die neue Technologie zu beherrschen und die Produktivität zu verbessern. Bei Produktzyklen von zwei bis drei Jahren ist die Zeit der entscheidende Faktor, ob die Produktion profitabel ist oder nicht. Inzwischen hat sich die Produktlebensdauer verlängert, da sich die Entwicklungskosten von einer Generation zur nächsten mehr als verdoppelt haben. Deshalb wird die Entwicklung mehr und mehr zwischen den einzelnen Firmen geteilt, wie beim 64-MB-Chip zwischen IBM und Siemens und beim 256-MB-Chip zwischen Siemens, IBM und Toshiba.

Bedingt durch diesen Wettbewerbsdruck begann man schon 1987, in der Chip-Produktion bei IBM in Deutschland einzelne Elemente und Methoden zu entwickeln, die heute unter dem Oberbegriff TQM bekannt sind. Besonders transparent konnten die Erfolgsfaktoren Qualität – Kosten – Zeit und deren Ursachen verglichen werden, da IBM das identische Chip nicht nur in Deutschland, sondern auch in den USA und Japan produziert. Sämtliche Daten konnten somit direkt im internationalen Vergleich analysiert werden. Einen großen Teil der in den folgenden Kapiteln beschriebenen praktischen Erfolge hat der Autor als Projektleiter für die Einführung des 64-kB- und 1-MB-Chips in Deutschland und später in verantwortlicher Position bei der Einführung und Umsetzung von TQM selbst erlebt.

Bei IBM, wie auch bei einigen anderen Firmen in Deutschland, führte dieser Wettbewerbsdruck aus Japan schon frühzeitig dazu, sich mit der Einführung von TQM zu beschäftigen. Den meisten Firmen wurde die Notwendigkeit für TQM aber erst durch zwei Ereignisse klar vor Augen geführt: Das eine war die Studie des *Massachusetts Institute of Technology*, die über fünf Jahre in 14 Ländern die Automobilindustrien verglichen hat, mit dem Ergebnis, daß Europa bzw. Deutschland in den Elementen Qualität, Produktivität und Herstellkosten drastisch hinter Japan und sogar den USA zurückgefallen war. Das andere war die wirtschaftliche Entwicklung in Deutschland. Anfang der 90er Jahre konnten die Wettbewerbsnachteile noch durch den zusätzlichen Bedarf an Autos und anderen Konsumgütern nach der Wiedervereinigung von Deutschland überbrückt werden, aber ab Mitte 1992 geriet die gesamte deutsche Wirtschaft in eine tiefe Rezession. Die Anzahl der Konkurse stieg sprunghaft an, und viele Firmen schrieben rote Zahlen. Spätestens jetzt war jedem klar, daß die Zeit des unbegrenzten Wachstums vorbei war und schnelle Veränderungen nötig waren. TQM mit den Elementen: kontinuierliche Verbesserung, Reengineering und ISO 9000 entwickelte sich. Gleichzeitig setzte ein Stellenabbau ein, der zur heutigen Arbeitslosigkeit führte. Teilweise war dies bedingt durch die schlechte Auslastung in der Produktion, später aber auch durch die Erfolge von TQM, die zu deutlich höherer Produktivität führte.

Made in Germany reichte nicht mehr aus, um Produkte aus Deutschland weltweit zu verkaufen. Qualität hängt nicht mehr ab von dem Zeichen *Made in Germany* oder von dem geographischen Standort der Produktion, sondern von dem Willen, weltweit qualitativ hochwertige Produkte zu wettbewerbsfähigen Preisen mit innovativer Technologie zu vertreiben. Der Trend geht weg von *Made in Germany* zum *Made by IBM, manufactured in Germany* oder vergleichbaren Namen für andere Firmen. Im weltweiten Wettbewerb steht der Name der Firma als Synonym für Qualität, nicht das Land, in dem produziert wird. Damit überlegt sich jede Firma sehr genau, in welchem Land welches Produkt produziert wird, und es ergeben sich zwei wesentliche Punkte für die Wettbewerbsfähigkeit am jeweiligen Standort:

1. Wie gut und erfolgreich kann TQM umgesetzt werden? Dies ist in der Verantwortung jeder einzelnen Firma.
2. Wie gut ist die Ausbildung, wie hoch sind die Steuern und andere Lohnnebenkosten, wie gut ist die Infrastruktur und wie gut ist die soziale und politische Stabilität? Hierfür sind hauptsächlich die Politiker in der Verantwortung.

In Tabelle 1-1 sind die Standortunterschiede zum Jahresende 1992 für die Mitgliedstaaten der Europäischen Gemeinschaft aufgelistet. Dabei ist der europäische Mittelwert je Kategorie 100 % und die prozentuale Abweichung gegenüber dem Mittelwert dargestellt. So ist z.B. die Ausbildung in Deutschland um 32 % besser als im Mittel der EU. Zusätzlich ist als Benchmark jeweils das beste Land angegeben.

1.3 Warum TQM in Deutschland?

Wie in Tabelle 1-1 dargestellt, gibt es in Deutschland, trotz aller Diskussionen in der Öffentlichkeit, durchaus Standortvorteile wie Ausbildung und Infrastruktur, die aber teilweise kompensiert werden durch die höheren Kosten. Das Problem ist nicht primär das Geld, das der Lohnempfänger jeden Monat bekommt, obwohl wir auch hier in bezug auf Lebensstandard und Wohlstand Spitze sind, sondern auch die Lohnnebenkosten, die Summe der direkten und indirekten Steuern und Abgaben an den Staat. Dazu kommen eine kürzere Wochenarbeitszeit und weniger Arbeitstage pro Jahr bedingt durch Urlaub und Feiertage.

Deutschland ist im internationalen Vergleich nicht nur ein Hochlohnland, sondern wartet mit einer Reihe anderer Standortnachteile auf: Niedrige Maschinenlaufzeiten, fixierte Ladenschlußzeiten, überbürokratisierte Genehmigungspraxis, im internationalen Vergleich unübliche Auflagen für Umwelt- und Arbeitsschutz – um nur einige Beispiele in einer langen Reihe von Reglementierungen zu nennen, die ein arbeitsplatzschaffendes, investitionsfreundliches Umfeld verhindern.

Die Flexibilisierung des Arbeitsrechts und die Novellierung des Gentechnikgesetzes waren erste vorsichtige Schritte in die richtige Richtung. Der Standortsicherungsbericht der Bundesregierung hat die Handlungsfelder umfassend und detailliert aufgezeigt. Diese Standortnachteile sind allgemein bekannt und zeigen, daß die Gesamtkosten für die erbrachte Arbeitsleistung einen Spitzenplatz weltweit einnehmen. Demgegenüber steht die Forderung der Gewerkschaften, die Arbeitszeit weiter zu verkürzen, um die Arbeitslosigkeit zu bekämpfen und möglichst zusätzlich mehr Lohn zu zahlen, um damit den Verbrauch bzw. die Wirtschaft anzukurbeln. Hier ist und bleibt in Zukunft der

	Deutschland	Benchmark	EU
- Mitarbeiter			
Verfügbarkeit	132	134	GB
Qualifikation	128	–	D
Flexibilität	95	110	P
Fachwissen	131	–	D
Bildungssystem	110	–	D, F, B
- Kosten			
Produktivität	117	139	NL
Löhne	80	365	P
Energie	98	128	F
Umwelt	65	128	F
- Infrastruktur			
Entwicklung	170	–	D
Telekommunikation	110	–	D, F, DK
Transport und Verkehr	120	–	D, F, DK, B

Tab. 1-1: Standortkostenvergleich in der Europäischen Union. 100 entspricht EU-Mittelwert
(Quelle: Prognos AG, Basel, Schweiz 1993)

Spielraum im Verteilungskampf zwischen Gewerkschaften, als Vertreter der Arbeitnehmer, und den Arbeitgebern auf der anderen Seite äußerst begrenzt. Spielraum gibt es mittelfristig nur über eine Reduzierung der Lohnnebenkosten durch den Staat. Die Mehreinnahmen durch den langsam beginnenden Aufschwung und eine Abnahme der durch die Wiedervereinigung bedingten staatlichen Ausgaben können in den nächsten zwei bis drei Jahren die notwendige Flexibilität ergeben. Voraussetzung ist aber dafür der politische Wille, den Wirtschaftsstandort Deutschland attraktiv für Investitionen zu machen.

Aus Sicht der Firmen gibt es zwei Ansatzpunkte, die Wettbewerbsfähigkeit zu verbessern:

1. Die Produktivität pro Mitarbeiter so zu verbessern, daß dadurch die höheren Lohnkosten kompensiert werden. Hierzu sollte der hohe Ausbildungsstandard in Deutschland weiter ausgebaut und nicht durch kurzsichtige Sparmaßnahmen gefährdet werden.
2. Innovative Produkte als erste auf dem Weltmarkt anzubieten. Auch hier ist eine gute Ausbildung mit entsprechenden Investitionen in Forschung

und Entwicklung notwendig, dazu eine schnelle Umsetzung von der Forschung bis zu marktreifen Produkten. Das bedingt natürlich auch ein schnelleres behördliches Freigabeverfahren und eine klare, einfache Rechtsprechung, um Investitionen zu beschleunigen.

Aus Tabelle 1-1 geht hervor, daß die Kosten bedingt durch Umweltauflagen in Deutschland am höchsten sind, z.B. 63 % höher als im Vergleich zu Frankreich. Hier ist sicher kein Spielraum möglich, wenn wir uns unseren Wohlstand nicht mit irreparablen Umweltschäden erkaufen wollen. Im Gegenteil, es bietet sich eine Chance, innovative Technologien zu entwickeln, sowohl um die behördlichen Auflagen zu erfüllen, wie auch um die drastisch gestiegenen Kosten für Gewerbemüll und Sonderabfälle zu kompensieren. Hier besteht eine Chance, heutige Standortnachteile zu nutzen, um neue Technologien für den Export zu entwickeln und damit auch neue Arbeitsplätze zu schaffen. Erste Ansätze dazu gibt es bereits. Damit wird sich Umweltmanagement in den nächsten zwei bis drei Jahren als eines der zusätzlichen, wesentlichen Elemente in einem gesamtheitlichen Qualitätsmanagement entwickeln.

Eine Umfrage der Industrie- und Handelskammer, Region Stuttgart, bei 1924 Firmen im September 1994 zu der Frage: „Welche Themen sind für Ihre Firma in der Zukunft besonders wichtig?", ergab die in Tabelle 1-2 aufgeführten Ergebnisse. Deutlich ergibt sich daraus das Interesse an Qualität, kontinuierlicher Verbesserung, Mitarbeitereinbindung und Umweltmanagement, alles wesentliche Elemente in einem TQM-System.

1. Mitarbeiterorientierte Programme zur Steigerung der Qualität	75,4%
2. Qualitätsmanagement nach ISO 9000ff.	73,3%
3. Kontinuierliche Verbesserungsprogramme	67,6%
4. Umweltmanagement-System	37,8%
5. Integrierter Umweltschutz im Unternehmen	34,7%
6. Strategien und Technologien zur Vermeidung von deponier-/ verbrennbaren Abfällen/Sonderabfällen	25,1%

Tab. 1-2: Umfrage der IHK, Region Stuttgart, Schwerpunkte für die Zukunft

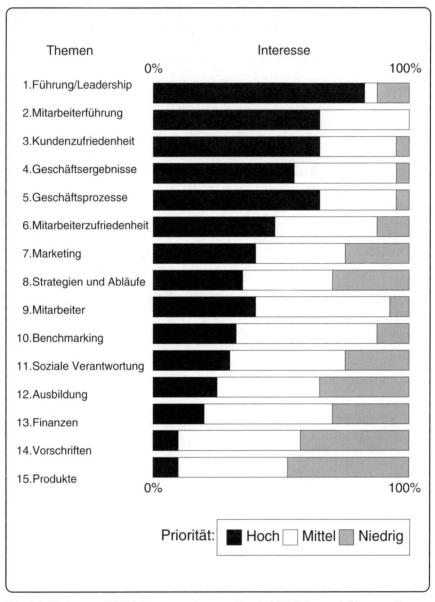

Tab. 1-3: Umfrage zu TQM-Interessensschwerpunkten bei 150 Führungskräften aus Europa

Anhand einer zweiten Umfrage vom Juni 1994 soll die Wichtigkeit von einzelnen TQM-Themen dargestellt werden. Auf einer gemeinsamen Veranstaltung der IBM Deutschland mit der EFQM (*European Foundation for Quality Management*) wurden 150 Führungskräfte aus Europa gefragt, welche TQM-Themen für sie von besonderem Interesse sind; Tabelle 1-3 zeigt die Zusammenfassung dieser Ergebnisse.

1.4 Der Mensch steht im Mittelpunkt

Aus den Interessenschwerpunkten von Tabelle 1-3 ergibt sich eindeutig: Das wichtigste Element bei der Umsetzung von TQM ist der Mensch. Es fängt an mit dem unabdingbaren Willen zur Veränderung bei der obersten Leitung bis hin zur Akzeptanz und Aktivierung durch jeden Mitarbeiter. Daraus ergibt sich aber auch die größte Schwierigkeit bei der Umsetzung von TQM. Jahrelang erfolgreiche Verhaltensmuster sollen plötzlich nicht mehr gelten. Durch die konsequente Umsetzung von TQM ergeben sich Veränderungen für jeden Mitarbeiter und für jede Führungskraft. Es ist gut, wenn sich jeder Beteiligte darüber vorher im klaren und bereit ist, seinen Beitrag für diese Veränderungen zu leisten. Das ist auch der Grund dafür, warum es in Deutschland erst so wenige erfolgreiche Beispiele gibt und Begriffe wie Lean Management oder Lean Production teilweise schon negativ belegt sind.

Es wurde in der Vergangenheit in Deutschland gut verdient, und die Wiedervereinigung hat die Konjunktur temporär noch weiter angekurbelt. Um so größer war der Schock, als Mitte 1992 sehr abrupt die Rezession einsetzte und viele Firmen Verluste machten. Sie hatten versäumt, in den Zeiten des Booms ihre Abläufe und Produktivität durch Benchmarking mit den besten Firmen in Deutschland, Europa oder weltweit zu vergleichen, aus dieser Analyse die Konsequenzen zu ziehen und die notwendigen Veränderungen einzuleiten. Dadurch wäre es es zu einem weicheren Abschwung gekommen, sicher auch mit deutlich reduzierten Gewinnen, aber die Anpassung hätte graduell über die Zeit durchgeführt werden können. Dieses ist sicher ein Versäumnis, das man den meisten deutschen Managern vorwerfen kann. Wenn erst rote Zahlen geschrieben werden, ist jedem klar, daß Probleme bestehen und woran es liegt. Es führt dann häufig zu überhasteten Aktionen, die zwar kurzfristig finanzielle Erfolge bringen, aber deren langfristige Auswirkungen sich nicht abschätzen lassen. Der wichtigste strategische Erfolgsfaktor sind die Mitarbeiter, die *Human Resources,* und genau dort wurde als erstes angesetzt, um Kosten zu sparen. Dabei sind im deutschen Tarifrecht Entlassungen nur schwer umzusetzen, es sei denn, es handelt sich um eine komplette Schließung eines Standortes. Ein Sozialplan selektiert die Mitarbeiter nach sozialen Kriterien, d.h., die jungen, meist billigeren Arbeitskräfte werden als erste entlassen. Damit kann die langfristige Innovationskraft eines Unternehmens drastisch reduziert werden. Die Alternativen sind finanziell attraktive Vorruhestandsangebote, wie sie in 1994 in großem Umfang angewandt wurden. Doch diese sind teuer und belasten das operative Ergebnis zusätzlich. Es wurden wohl noch nie so viele Arbeitskräfte schon ab 50, meist ab 55 in den Vorruhestand geschickt. Ein gewaltiger Marktfaktor, von dem sich noch gar nicht abschätzen läßt, welche Veränderungen sich dadurch in den nächsten Jahren ergeben.

Häufig wird unter dem Begriff *Lean Production* oder dem „schlanken Unternehmen" die Gunst der Stunde genutzt, sich von Mitarbeitern zu trennen. Wie schrieb R.K. Sprenger 1993 im manager magazin so treffend: „Ja, der Mensch ist Mittel. Punkt." In Krisenzeiten einfach nur Mitarbeiter zu entlassen ist sicher der falsche Weg. Arbeitsinhalte und Abläufe so zu verändern, daß sie mit weniger Arbeitskräften durchgeführt werden können, ist sicher der bessere Weg. Dies muß begleitet werden durch eine detaillierte Analyse der eigenen Situation, die offene Kommunikation zu jedem Mitarbeiter und die Beteiligung aller bei der Realisierung. Dies sind grundlegende Voraussetzungen für eine erfolgreiche TQM-Umsetzung.

Um keinen falschen Eindruck entstehen zu lassen: TQM führt zu einer höheren Produktivität, d.h., es werden Mitarbeiter und besonders Führungskräfte freigesetzt. Die Praxis zeigt, daß nur wenige durch neue Aufgaben beschäftigt werden können. Besonders im mittleren Management werden viele Führungskräfte ihren Unterbau verlieren. Manche werden durch eine „horizontale Beförderung" eine neue Aufgabe als Projektmanager finden, viele werden aber auch in den vorzeitigen Ruhestand entlassen. Mit der Einführung von flachen Organisationen ergeben sich zwei Arten von Führungskräften: zum einen die Personalführungskräfte, die Linienmanager mit den bekannten Hierarchien und parallel dazu die Projektmanager, die im Matrix-Management fachlich Zugriff haben auf Mitarbeiter aus verschiedenen

Bereichen. Es kann beobachtet werden, daß diese Führungskräfte sehr häufig nach der ersten Frustration über den Verlust des Titels aufleben und hochmotiviert ihre neue Aufgabe angehen. In modernen Organisationen ist es immer weniger wichtig, wie viele Mitarbeiter an jemanden berichten, sondern wie wichtig ein Projekt für den Erfolg der Firma ist. Hier ergeben sich völlig neue Aufgaben und auch Chancen für jemand, der anpassungsfähig und flexibel ist, eine verantwortungsvolle und interessante Tätigkeit auszuüben.

Der wichtigste Erfolgsfaktor für eine erfolgreiche TQM-Umsetzung ist der Mensch. Es ist ein starker Wille zur Veränderung notwendig, viel Vertrauen und Motivation und die Erkenntnis, daß sich Verhaltensmuster und Menschen ändern müssen. Dies braucht Zeit, zwei bis drei Jahre, und Erfahrung über mögliche auftretende Probleme. Es ist das Ziel in den folgenden Kapiteln, basierend auf eigener praktischer Erfahrung, erfolgreiche Methoden und Systeme vorzustellen, die sich in der Praxis bewährt haben.

2. TQM-Standortbestimmung

Am Anfang aller Aktionen steht die Analyse der aktuellen Situation im Vergleich zu einem Zielwert. Die folgenden Szenarien sollen mögliche Ausgangssituationen beschreiben, wie sie heute typisch sind in der deutschen Industrie. Dabei gibt es deutliche Unterschiede für die Beweggründe, Veränderungen vorzunehmen, die eine gewisse Aussage über die Qualität der Führung eines Unternehmens zulassen. Der kritische Fall ist dabei, daß die Firma kurz vor dem Konkurs steht und kurzfristig saniert werden muß. Dies ist im ersten Ansatz kein Anwendungsbeispiel für TQM, sondern hier sind sehr kurzfristig greifende Aktivitäten notwendig. Schon während der Sanierung sollten aber TQM-Elemente eingebaut werden, um langfristig eine stabile Entwicklung sicherzustellen. Mögliche Ausgangssituationen können sein:

Der Umsatz eines Produkts ist rückläufig

☐ Durchführung einer Marktanalyse für dieses Produkt *(Competitive Analysis)*. Stimmt das Preis-Leistungs-Verhältnis noch?
☐ Wie ist die Kundenzufriedenheit? Gibt es Qualitätsmängel am Produkt?
☐ Portofolio-Analyse durchführen. Ist der Lebenszyklus für dieses Produkt abgelaufen?
☐ Hat sich das Image für das Produkt oder die Firma verschlechtert, z.B. durch Tests oder Presseartikel?

Der Umsatz ist gut, doch der Profit ist rückläufig

☐ Der erzielbare Marktpreis verringert sich, da andere Anbieter das gleiche Produkt billiger anbieten. Welche Flexibilität besteht in den Herstellkosten?
☐ Andere Hersteller versuchen, Marktanteile durch Dumpingpreise zu gewinnen. Will man in diesem Markt bleiben, ist er strategisch wichtig?
☐ Ausländische Anbieter können vergleichbare Produkte billiger anbieten, bedingt durch niedrigere Produktionskosten. Kann dies durch Rationalisierung in Deutschland kompensiert werden? Soll die Produktivität ins Ausland verlagert werden?

Umsatz und Profite sind gut

☐ Durchführen von Benchmarking. Gibt es Hersteller, auch wenn sie heute keine direkten Konkurrenten sind, die in einzelnen Geschäftsprozessen billiger sind? Diese könnten morgen direkte Konkurrenten werden.

☐ Gibt es außerhalb des heutigen Marktes andere Hersteller, z.B. in Europa oder weltweit, die ein besseres oder billigeres Produkt anbieten? Mit der Globalisierung der Märkte kann das der Konkurrent von morgen werden.

☐ Welche Möglichkeiten bestehen, die eigenen Kosten bzw. die Produktivität noch weiter zu verbessern?

☐ Kann durch bessere Qualität die Kundenzufriedenheit weiter gesteigert werden, um so langfristig das *Corporate Image* zu verbessern?

Es lassen sich weitere Situationen konstruieren. Wichtig ist dabei immer, daß man sich seiner eigenen Stärken und Schwächen im Vergleich nach außen sowie auch als Trend über die Zeit bewußt ist. Am besten ist es, dies frühzeitig zu wissen, solange es dem Unternehmen noch gut geht. Dann gibt es ausreichend Zeit, Veränderungen in den Prozessen und bei den Menschen durchzuführen. Wenn erst einmal rote Zahlen geschrieben werden, ist der Zeitdruck so groß, daß die Qualität und damit die langfristige Verbesserung darunter leiden. Man muß sich die Veränderungen, die sich durch die Globalisierung der Märkte ergeben, vor Augen führen, um zu verstehen, welche Umdenkprozesse notwendig sind:

☐ in Europa: 23 Millionen Arbeitslose und das bisherige Unvermögen, Zukunftsindustrien zu entwickeln.

☐ in den USA: 20 Millionen Entlassungen notwendig, um eine wettbewerbsfähige Produktivität zu erreichen. Im Vergleich zu Japan liegt sie bei 75 %. Zusätzlich sind die Investitionen nicht ausreichend, um eine Verbesserung zu erreichen, und das Geld dafür ist durch die hohe Verschuldung und die niedrige Sparrate nicht verfügbar.

In den folgenden Kapiteln sind praktische Methoden aufgezeigt, um Klarheit über die Position des eigenen Unternehmens im Vergleich zu den besten zu bekommen und die notwendigen Veränderungen einzuleiten.

2.1 Vergleich von Qualitätspreisen und Bewertungsmethoden

Die Verleihung von Qualitätspreisen ist so alt wie das Qualitätsmanagement. Mit der Aussetzung eines öffentlichen Preises werden mehrere Ziele verfolgt:

1. Es soll das Bewußtsein verstärkt werden, daß Qualität ein kritischer Erfolgsfaktor im Wettbewerb ist. Gewinner eines Preises können dies in ihrer Werbung benutzen.
2. In der nationalen Öffentlichkeit soll das Bewußtsein für Qualität verbessert werden.
3. Es wird ein Standard geschaffen, an dem sich jedes Unternehmen messen kann. Die Kriterien können zur Analyse der eigenen Stärken und Schwächen benutzt werden.
4. Unternehmen, die nicht zu den Preisträgern gehören, können neue Ideen und Methoden aus den Bewerbungen bekommen, da diese teilweise publiziert werden (EFQM). Auch dies führt zu einer Steigerung des allgemeinen Qualitätsstandards.

Bereits am 22.09.57 wurde ein Qualitätspreis, der Deming Prize, von der *Union of Japanese Scientists and Engineers* (JUSE) erstmalig vergeben, und zwar in den Kategorien: Deming Prize für Einzelpersonen und Deming Application Prize für Organisationen. Erstmalig können sich seit 1984 auch ausländische Unternehmen um diesen Preis bewerben, allerdings müssen die Bewerbungsunterlagen in japanisch verfaßt werden. Dieser Preis hat in Japan wesentlich zu einer Verbreitung des Qualitätsbewußtseins beigetragen. In Deutschland ist er nur in Fachkreisen bekannt und nicht verbreitet.

In der westlichen Welt wesentlich bekannter ist der *Malcolm Baldrige National Quality Award* (MBA), der am 20.08.1987 per Gesetzgebung vom Wirtschaftsministerium der USA geschaffen wurde. Er wurde nach dem im selben Jahr tödlich verunglückten amerikanischen Wirtschaftssenator benannt. Für diese Auszeichnung können sich US-Firmen jährlich in den Kategorien: Fertigungsunternehmen, Dienstleistungsunternehmen und Unternehmen mit weniger als 500 Mitarbeitern bewerben. Diese Auszeichnung wird durch den Präsidenten der Vereinigten Staaten persönlich vorgenommen und führt damit zu einer starken Beachtung in den Medien. Bekannte Gewinner sind Firmen wie Cadillac Motors, IBM, Milliken, Xerox und Motorola. Eine Auswertung (Tab. 2-1) über die letzten Jahren zeigt, daß der Schwerpunkt in der Fertigungsindustrie liegt, mit einem deutlichen Anstieg bei kleineren Unternehmen, während Dienstleistungsunternehmen geringer vertreten waren. Von insgesamt 17 Preisträgern von 1988 bis 1992 wurde der Preis nur dreimal für Dienstleistungen und viermal für kleine Unternehmen, davon nur einmal Service, vergeben, während für Fertigung die maximale Anzahl der Preise – zwei pro Jahr – vergeben wurde.

Eine zweite Statistik (Tab. 2-2) aus der gleichen Quelle zeigt durch die hohe Akzeptanz, daß der Baldrige Award sein Ziel erfüllt hat. Die Antworten von 285 Geschäftsführern zeigen deutlich, daß erfolgreiche Firmen, die jährlich unter den *FORTUNE 500* sind, diesen Award deutlich höher bewerten als andere und dabei Dienstleister niedriger als Produzenten (Knotts 1993).

Diese beiden Statistiken sollen die Akzeptanz und den hohen Prestigewert des MBA in den USA belegen, zusätzlich aber auch, daß der Schwerpunkt in der Fertigungsindustrie liegt. Im Prinzip gilt dies für alle TQM-Aktivitäten. Ursprünglich wurde Qualitätsmanagement in der Produktion zuerst eingeführt und entwickelt. Inzwischen setzt es sich mehr und mehr auch im Dienstleistungsbereich durch.

Es soll aber auch nicht verschwiegen werden, daß es, bedingt durch den hohen Prestigewert dieses Award, auch negative Beispiele gibt. Die erste Firma in der Kategorie < 500 Mitarbeiter, die den Award 1990 gewonnen hat, war die Firma Wallace Company, Houston, Texas. Sie hatte alle Energie darauf verwandt, diesen Preis zu gewinnen, und dabei vergessen, daß es Ziel eines Unternehmens ist, Umsatz und Profit zu machen und nicht Preise zu gewin-

	1988	1989	1990	1991	1992	Total
Fertigung	2/45	2/23	2/45	2/38	2/31	10/182
Dienstleistung	0/9	0/6	1/18	0/21	2/15	3/69
Kleine Firmen	1/12	0/11	1/34	1/47	1/44	4/148

Tab. 2-1: Malcom Baldrige-Gewinner/Bewerber je Kategorie – max. zwei Gewinner möglich

Kategorie	F100	F400	S500	S Ind.	S Ser.	Total
Qualitätsbewußtsein	100%	91%	91%	89%	77%	92%
Verständnis für Qualitätsanforderung	94%	83%	80%	74%	62%	82%
Qualitätsstrategien	94%	81%	76%	53%	54%	78%
Anerkennung von erfolgreichen Firmen	90%	75%	79%	79%	39%	78%

Tab. 2-2: **Prozent Unternehmen in USA, die glauben, daß der MBA sein Ziel erfüllt**
F100 = FORTUNE 100 Industrie, F400 = FORTUNE 101 – 500 Industrie,
S500 = FORTUNE 500 Service, S Ind. = kleine Industriefirmen,
S Ser. = kleine Servicefirmen

(Quelle: Knotts 1993)

nen. Wallace Comp. mußte kurz nach der Preisverleihung Konkurs anmelden und hat damit für negative Schlagzeilen in bezug auf den MBA gesorgt. Wie sich später herausstellte, war der Hauptgrund, daß Wallace im Januar 1992 Konkurs anmelden mußte, ein gekündigter Bankkredit. Inzwischen wurde Wallace von einer größeren Firma übernommen. Dieses stark publizierte Beispiel zeigt, welchen Stellenwert der Baldrige Award in der Öffentlichkeit der USA hat.

Doch es gibt auch sehr positive Beispiele, die leider nicht so stark publiziert werden. Wenn man Aktien von den Firmen gekauft hätte, nachdem sie den Baldrige Award gewonnen hatten, würde dies bis heute einen Gewinn von 82 % erbracht haben. Der Mittelwert an der Börse lag im selben Zeitraum bei 34 %. Herausragende Beispiele sind sicher Motorola, die 1988 den MBA gewonnen hatten und deren Aktien seither um 400 % anstiegen, und Solectron, der Gewinner in 1991, deren Aktien um 226 % anstiegen. Beides Firmen, die TQM sehr konsequent umgesetzt haben.

Trotz gelegentlicher Auswüchse hat sich diese Methode der Selbsteinschätzung mit der Bewertung der Stärken und Schwächen gegenüber einem internationalen Standard bei erfolgreichen Firmen durchgesetzt. Es darf dabei nur nicht vergessen werden, was das Ziel ist. Es geht nicht darum, einen Preis zu gewinnen oder ein Zertifikat zu erlangen, sondern um die Verbesserung der eigenen Geschäftsprozesse und damit der Wettbewerbsposition. Wenn der Kunde es nicht merkt oder noch besser, wenn der Kunde und die eigenen Mitarbeiter es nicht merken, waren alle Aktivitäten hinausgeworfenes Geld und wertlos.

Parallel zum Malcolm Baldrige National Quality Award ist in Europa der EQA – *European Quality Award* – entstanden, der jährlich von der EFQM – *European Foundation for Quality Management* – verliehen wird. Die EFQM wurde 1988 von 14 führenden westeuropäischen Unternehmen gegründet und ist seitdem ständig gewachsen (280 Mitglieder in 1993). Seit 1992 verleiht die EFQM jährlich mit Unterstützung der EOQ – *European Organization for Quality* – und der Europäischen Kommission den Europäischen Qualitätspreis. Es werden, wie in den USA, die erfolgreichsten Unternehmen bei der TQM-Umsetzung ausgezeichnet, wobei auch hier die kontinuierliche Verbesserung der Geschäftsergebnisse über die Zeit ein wesentliches Kriterium ist. Interessant ist zu beobachten, wie internationale Firmen sich in den USA und Europa für diese TQM-Preise bewerben und eine Auszeichnung erhalten:

	MBA	**EQA**
Xerox	1989	1992
Milliken	1989	1993
IBM	1990	1994

Damit hier kein falscher Eindruck entsteht: Der Preis in den USA wurde von der amerikanischen Organisation gewonnen, während sich für den europäischen Preis nur Unternehmen bewerben können, die in den letzten fünf Jahren mindestens 50 % ihrer Geschäftsaktivitäten in Europa abgewickelt haben, d.h. in diesen Fällen eigenständige Tochtergesellschaften, die von Produktion bis Vertrieb in Europa ansässig sind. Diese Beispiele zeigen, daß erfolgreiche internationale Firmen TQM nicht nur in einem Land einsetzen, sondern, daß dies Teil der Firmenkultur ist, die weltweit erfolgreich ist.

Einzelheiten zum EQA können angefordert werden von: *The European Foundation for Quality Management, Avenue des Pleiades, 1200 Brüssel, Belgien.* Es soll an dieser Stelle nur das Modell des EQA erläutert und mit dem des MBA verglichen werden, da jedes Modell unterschiedliche Schwerpunkte hat, die sich im Laufe der Zeit auch geringfügig ändern. Das Ziel des Europäischen Qualitätspreises ist die regelmäßige Selbstbewertung und Überprüfung der Tätigkeiten und Ergebnisse eines Unternehmen. Die Kriterien und Bewertungsschwerpunkte sind in dem europäischen Modell für umfassendes Qualitätsmanagement in Abbildung 2-1 dargestellt.

Ein Vergleich dieser zwei TQM-Modelle in Abbildung 2-2 zeigt unterschiedliche Schwerpunkte. Während beim MBA die Qualitäts- und Geschäftsergebnisse (25 %) und Kundenorientierung und -zufriedenheit (25 %) zusammen 50 % bringen, sind dies beim EQA nur 35 %, da die Kundenorientierung völlig fehlt. Das Modell des Baldrige Award ist deutlich stärker erfolgsorientiert. An dritter Stelle der Bewertungsschwerpunkte ist beim MBA die Personalentwicklung und -führung mit 14 %, während Personalführung (9 %) und Mitarbeiterzufriedenheit (9 %) bei EQA zusammen mit 18 % bewertet werden. Durch die geringe Anzahl der Kriterien beim MBA mit insgesamt sieben Kriterien gegenüber dem EQA mit neun Kriterien ergibt sich eine klarere Struktur. Doch letztlich spiegeln sich auch hier die Unterschiede der Entstehung der beiden Modelle wider. Der Malcolm Baldrige Award wurde vom amerikanischen Wirtschaftsministerium geschaffen, während der European Quality Award durch europäische Großunternehmen geschaffen wurde als Antwort auf die amerikanische und besonders auf die japanische Herausforderung, die vor drei bis vier Jahren noch wesentlich kritischer gesehen wurde als heute.

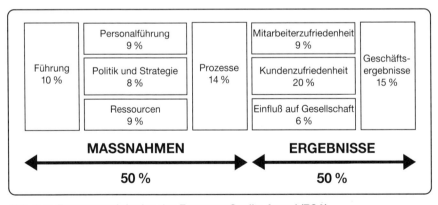

Abb. 2-1: Bewertungskriterien des European Quality Award (EQA)

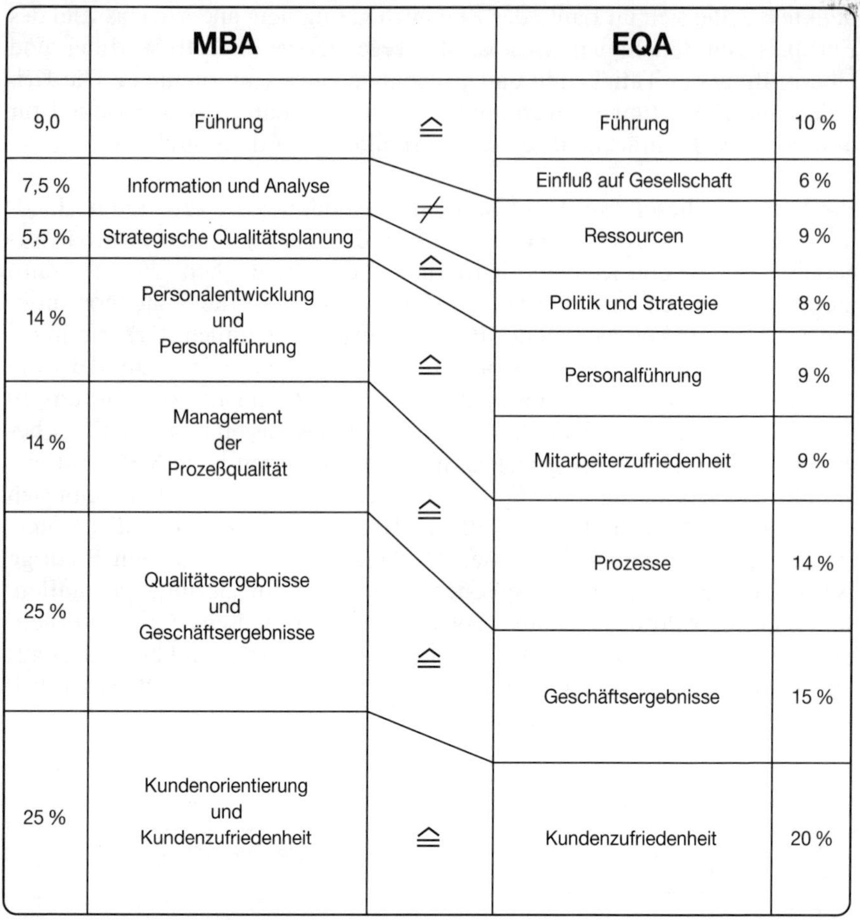

MBA			EQA	
9,0	Führung	≙	Führung	10 %
7,5 %	Information und Analyse	≠	Einfluß auf Gesellschaft	6 %
5,5 %	Strategische Qualitätsplanung	≙	Ressourcen	9 %
14 %	Personalentwicklung und Personalführung		Politik und Strategie	8 %
		≙	Personalführung	9 %
14 %	Management der Prozeßqualität		Mitarbeiterzufriedenheit	9 %
25 %	Qualitätsergebnisse und Geschäftsergebnisse	≙	Prozesse	14 %
		≙	Geschäftsergebnisse	15 %
25 %	Kundenorientierung und Kundenzufriedenheit	≙	Kundenzufriedenheit	20 %

Abb. 2-2: Zuordnung der Bewertungkriterien im Vergleich zwischen Malcom Baldrige Award (MBA) und European Quality Award (EQA)

2.2 TQM-Selbstanalyse nach dem Malcolm Baldrige Award

Management von Veränderungen ist die Herausforderung der 90er Jahre. Nicht das Bewahren der Vergangenheit ist gefordert, sondern die Anpassung an das sich ändernde Umfeld und die Globalisierung der Weltmärkte. Unsere Weltmarktposition, mit dem Schwerpunkt auf den Export, müssen wir täglich verteidigen mit innovativen Produkten zu wettbewerbsfähigen Preisen. Dazu gehört auch, daß moderne Managementmethoden bekannt sind und überprüft werden, ob sie die eigene Position verbessern können. Es zählen nicht nur die eigenen Ideen, sondern noch viel stärker, was kann man von anderen lernen. Letztlich sind für den Erfolg eines Unternehmens viele Faktoren verantwortlich, die alle laufend überprüft werden müssen:

☐ *Wo stehen wir im Vergleich zu anderen?*
☐ *Wie haben wir uns gegenüber dem Vorjahr verbessert?*

Als Methode hat sich in den letzten Jahren eine TQM-Analyse, basierend auf einem der in Kapitel 2.1 beschriebenen Qualitätspreise bewährt. Die Bewerbung für den Preis und letztlich der Gewinn geben einen großen Anreiz und Motivation für alle Mitarbeiter, doch viel wichtiger ist es, dieses jedes Jahr als Selbstanalyse durchzuführen. Es geht nicht darum, in einem „Schönheitswettbewerb" zu gewinnen und damit zu werben, sondern beharrlich die eigenen Abläufe und Geschäftsprozesse zu verbessern. Wenn man einen der vorhandenen Qualitätspreise als Basis nimmt, hat das den Vorteil, daß man sich im internationalen Vergleich mit vielen anderen Unternehmen vergleichen kann. Einige Beispiele von Firmen, in denen eine Selbstanalyse jährlich in allen Organisationen einheitlich weltweit durchgeführt wird, sind z.B. IBM, Texas Instruments und Johnson and Johnson. Im folgenden wird, basierend auf eigenen Erfahrungen mit der Selbstanalyse über die letzten vier Jahre, ein Leitfaden gegeben. Als Basis wurde der Malcolm Baldrige National Award aus den USA gewählt. Analog kann natürlich auch der European Quality Award gewählt werden, doch die vorhandene Literatur und Datenbasis sind derzeit für den MBA noch deutlich größer (Brown 1995).

Bevor Veränderungsprozesse eingeleitet und Aktionen in Zusammenhang mit der TQM-Einführung definiert werden, ist eine Analyse der eigenen Stärken und Schwächen notwendig. Es ist unmöglich, alle Geschäftsprozesse gleichzeitig zu verändern. Erst aus der Analyse der Stärken und Schwächen können konkrete Ziele entwickelt und Prioritäten gesetzt werden. Einer der Gründe, warum die TQM-Einführung häufig scheitert, liegt darin, daß man sich zu viel vornimmt. Es ist besser, sich erst auf zwei bis drei Schwerpunkte zu konzentrieren und diese zuerst nur in einem Teil der Organisation umzusetzen. So kann man innerhalb weniger Monate schon konkrete meßbare Veränderungen erzielen. Zusätzlich kann erst an dem Pilotprojekt „geübt" werden. Die Theorie in den Lehrbüchern ist eine Sache, doch die praktische Umsetzung ist in jedem Unternehmen anders. Hier ist es gut, die Methoden für die eigenen Probleme zu individualisieren.

2.2.1 Das Modell

Basis für die Selbstanalyse sind die Kriterien für den Malcolm Baldrige Award. In Abbildung 2-3 sind die sieben Kategorien des MBA dargestellt. Innerhalb dieser sieben Kategorien mit 28 Unterpunkten können maximal 1000 Punkte erreicht werden. Dieses ist ein Idealunternehmen, das es in der Praxis nicht gibt. Erfahrungen haben gezeigt, daß gut geführte Organisationseinheiten oder Unternehmen in der ersten Analyse um die 400 Punkte erreichen. Da gibt es genug Potential für Verbesserungen. Nach konsequenter Umsetzung von TQM haben exzellente Unternehmen nach zwei bis drei Jahren über 750 Punkte erreicht. Das ist der Vorteil dieser Methode, daß die Verbesserungen von Jahr zu Jahr meßbar sind. Die Gewichtung der einzelnen Kategorien setzt sich folgendermaßen zusammen:

1. Führung	9,0 %
2. Information und Analyse	7,5 %
3. Strategische Qualitätsplanung	5,5 %
4. Personalentwicklung und -führung	14,0 %
5. Management der Prozeßqualität	14,0 %
6. Qualitäts- und Geschäftsergebnisse	25,0 %
7. Kundenorientierung und -zufriedenheit	25,0 %

Im Detail sind die Kriterien in Tabelle 2-3 dargestellt. Deutlich sind die Schwerpunkte auf Verbesserung der Geschäftsergebnisse und Kundenorientierung zu erkennen. Die Bewertung in jedem Kapitel erfolgt nach den Bewertungsrichtlinien aus Tabelle 2-4. Ohne meßbare Verbesserungen über die Zeit und ohne konsequente Vergleiche mit anderen Firmen (Benchmarking) ist es nicht möglich, mehr als 50 % der Punkte je Kriterium zu erreichen.

Bei größeren Unternehmungen mit mehreren Organisationen und Standorten besteht die Möglichkeit, intern ein Benchmarking durchzuführen. Wenn jede

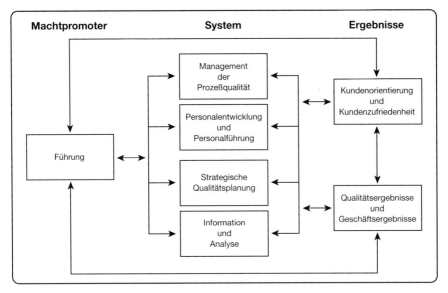

Machtpromoter	System	Ergebnisse

Management der Prozeßqualität

Personalentwicklung und Personalführung

Führung

Strategische Qualitätsplanung

Information und Analyse

Kundenorientierung und Kundenzufriedenheit

Qualitätsergebnisse und Geschäftsergebnisse

Abb. 2-3: Modell der Malcom Baldrige Award-Kriterien

Einheit regelmäßig eine Selbstanalyse durchführt, kann man sehr leicht anhand der Ergebnisse je Kategorie vergleichen, wer wo besser ist. Abgeleitet daraus kann man voneinander lernen und entsprechend Aktionen einleiten. Zusätzlich ist es möglich, einfache Ziele für die TQM-Einführung zu setzen, wie z.B.: Unser Ziel ist es, am Jahresende 1995 auf 650 Punkten zu sein.

2.2.2 Die Ausbildung

Die Akzeptanz des Ergebnisses hängt wesentlich davon ab, daß erstens bei allen Beteiligten ein Verständnis vorhanden ist über TQM und zweitens ausgebildete Mitarbeiter zur Verfügung stehen, die eine Bewertung durchführen können. Um ein allgemeines Verständnis des Malcolm Baldrige Award-Modells und die darin enthaltenen TQM-Elemente zu bekommen, reicht eine Schulung von zwei bis drei Stunden aus. Wichtig ist es, dabei nicht nur die Theorie aus Abbildung 2-3 zu erläutern, sondern dazu praktische Beispiele aus dem betrieblichen Alltag zu bringen. Teilnehmen sollten an diesen allgemeinen Schulungen die oberste Leitung der zu untersuchenden Organisation, z.B. der Geschäftsführer, und die an ihn berichtenden Führungskräfte.

		Max. Punkte
1.0	**Führung**	**90**
1.1	Führungsqualität der obersten Leitung	45
1.2	Qualitätsmanagement	25
1.3	Verantwortung gegenüber der Öffentlichkeit	20
2.0	**Informationen und Analyse**	**75**
2.1	Nutzen von Qualitätsdaten und Informationen	20
2.2	Wettbewerbsvergleiche und Benchmarking	15
2.3	Analysen und Nutzung von Unternehmensdaten	40
3.0	**Strategische Qualitätsplanung**	**55**
3.1	Planungsprozesse	35
3.2	Qualitäts- und Geschäftsziele	20
4.0	**Personalentwicklung und -führung**	**140**
4.1	Personalplanung und -management	20
4.2	Arbeitssystem	45
4.3	Mitarbeiterausbildung und -entwicklung	50
4.4	Mitarbeiterzufriedenheit	25
5.0	**Management der Prozeßqualität**	**140**
5.1	Einführung von Produkten und Dienstleistungen	40
5.2	Geschäftsprozesse: Fertigung und Auslieferung	40
5.3	Geschäftsprozesse: Servicebereiche	30
5.4	Lieferantenqualität	30
6.0	**Qualitäts- und Geschäftsergebnisse**	**250**
6.1	Produktqualität und Dienstleistungen	75
6.2	Geschäftsergebnisse	130
6.3	Qualität der Lieferanten	45
7.0	**Kundenorientierung und -zufriedenheit**	**250**
7.1	Kunden und Marktwissen	30
7.2	Management der Kundenbeziehung	30
7.3	Ermittlung der Kundenzufriedenheit	30
7.4	Kundenzufriedenheitsergebnisse	100
7.5	Zufriedenheit im Vergleich zur Konkurrenz	60
	Maximale Gesamtpunktzahl	**1000**

Tab. 2-3: Gewichtung der Malcom Baldrige Award-Kriterien, Stand 1995

Vorgehen/Umsetzung	Ergebnisse
0% – Kein systematischer Ansatz, anekdotenhafte Beschreibung	– Keine oder schlechte Ergebnisse
10% – Beginn eines systematischen Ansatzes bis – Ansätze eines auf Vorbeugung ausgerichteten Systems 30% – Noch größere Lücken in der Umsetzung, um Probleme zu lösen	– Erste Anzeichen von positiven Trends – Für die meisten wichtigen Geschäftsbereiche werden noch keine Daten berichtet
40% – Systematisches, zielorientiertes Vorgehen bis – Mehr vorbeugende Verbesserungen als nur Reaktionen 60% – Nur noch geringe Lücken in der Umsetzung von Problemlösungen	– Positive Trends in den meisten Hauptbereichen – In manchen Bereichen bessere Daten als Mitbewerber
70% – Systematisches, zielorientiertes Vorgehen, welches alle Bereiche einbindet bis – Eindeutige Verbesserungsprozesse 90% – Einbindung der meisten Mitarbeiter und Bereiche	– Sehr gute stabile Trends in den meisten Bereichen – Die meisten Daten sind besser als die vergleichbarer Firmen
– Umfassendes System, das alle Geschäftserfordernisse einbezieht 100% – Sehr gute Verbesserungsprozesse mit Detailanalysen – Alle Mitarbeiter und Bereiche sind beteiligt	– Exzellente Daten in allen wichtigen Geschäftsbereichen – Exzellente Verbesserung über die Zeit – Eindeutige Führung in der Industrie und beim Benchmarking

Tab. 2-4: Bewertungsrichtlinien für eine TQM-Selbstanalyse

Die Ausbildung der Assessoren hingegen dauert wesentlich länger, da an Fallstudien geübt werden muß. Zur Auswahl der Assessoren empfiehlt es sich, daß Grundkenntnisse im Qualitätsmanagement vorhanden sind und der Mitarbeiter in der Lage ist, eigenständige Projekte durchzuführen. Zusätzlich muß der Mitarbeiter neben seinen anderen Tätigkeiten pro Jahr einige Wochen für TQM-Analysen freigestellt werden. Die Ausbildung besteht aus den Kenntnissen und Interpretationen aller Bewertungskriterien und der praktischen Bewertung einer MBA-Bewerbung als Fallstudie. Die erste Auswertung wird von jedem Teilnehmer individuell durchgeführt, und dann werden die Ergebnisse in der Gruppe diskutiert und angeglichen. Jeder Assessor sollte pro Jahr mindestens zwei Analysen durchführen. Jede Bewertung wird von mindestens zwei unabhängigen Personen, die nicht aus der zu bewertenden Organisation kommen, durchgeführt. Der wichtigste Punkt ist regelmäßiges Praktizieren in der Gruppe.

Teilweise bilden Firmen ihre Assessoren selbst nach dem intern gewählten Modell aus, oder es besteht die Möglichkeit einer externen Schulung mit Zertifikat, z.B. durch die EFQM für den Europäischen Quality Award. Damit das Zertifikat gültig bleibt, muß mindestens eine externe Bewertung pro Jahr durchgeführt werden.

Für die erste TQM-Analyse zur Standortbestimmung empfiehlt es sich, dies durch externe, geschulte Berater durchführen zu lassen. Dies hat den Vorteil, daß man relativ schnell Feedback über die eigene Position mit den Stärken und Schwächen erhält, ohne gleich selbst ein langfristiges Ausbildungsprogramm zu starten. Besonders für kleinere Unternehmen ist dieses Vorgehen empfehlenswert. Häufig ist das Ziel, nicht ein umfassendes Qualitätsmanagement zu implementieren, sondern zuerst nur ein bis zwei Schwerpunkte zu verändern.

2.2.3 Die Methoden

In der Praxis haben sich vier verschiedene Methoden bewährt je nach dem Ziel, das mit der TQM-Analyse erreicht werden soll. Teilweise ergänzen sich diese Methoden und können auch parallel in einem größeren Unternehmen angewandt werden. Deutlich unterschiedlich ist der Aufwand, der je Methode notwendig ist:

Methode 1

Eine Beschreibung für alle Prozesse und Ergebnisse entsprechend den MBA-Kriterien von Tabelle 2 – 3 in Buchform. Diese Bewerbung für einen Qualitätspreis kann für den MBA nur in den USA eingereicht werden und für den EQA nur für in Europa ansässige Unternehmen.

Ergebnis: Bewertung des eigenen TQM-Systems durch externe Assessoren gegenüber einem internationalen Standard. Eventuell externe Auszeichnung und Publikation.

Aufwand: Mindestens sechs Monate intensive Arbeit eines Bewerbungsteams mit jeweils einem verantwortlichen Manager der oberen Führungsebene je Kategorie und ein bis zwei Mitarbeitern, die ihm zuarbeiten. Zusätzlich ist ein Redaktionsteam zur Erstellung der Grafiken und für die Schreibarbeit bereitzustellen. Außer der Auswertung der schriftlichen Bewerbung erfolgt ein Besuch der Lokation, um zu überprüfen, ob die beschriebenen Elemente auch den Tatsachen entsprechen. Dazu werden sowohl Führungskräfte wie auch Mitarbeiter über zwei bis drei Tage befragt.

Voraussetzungen: Es besteht ein etabliertes TQM-System seit mehreren Jahren, die notwendigen Verbesserungsprozesse sind eingeführt, und die Ergebnisse haben sich kontinuierlich von Jahr zu Jahr verbessert. Die Interpretation der Kriterien ist bekannt. Bevor eine externe Bewerbung eingereicht wird, empfiehlt es sich, ein bis zwei Selbstanalysen durchgeführt zu haben.

Vorteil: Es besteht ein klares Ziel: Einen internationalen Qualitätspreis zu gewinnen. Durch das externe Expertenteam bekommt man Feedback über die eigenen Stärken und Schwächen. Der Gewinn eines internationalen Qualitätspreises hat einen hohen Prestigewert und kann auch für die Werbung verwendet werden.

Nachteil: Der Aufwand, die Berwerbung zu erstellen, ist sehr hoch: Es entsteht schnell ein DIN-A4-Buch mit 60 bis 80 Seiten und über 100 Grafiken und Tabellen. Der Nutzen ist nur dann gegeben, wenn aus der Analyse die notwendigen Aktionen abgeleitet werden, um weitere Verbesserungen zu erreichen. Es besteht die Gefahr, daß die Mitarbeiter in der Bewerbung nur ein externes Prestigeobjekt sehen, wenn sie nicht parallel die Verbesserung selbst spüren.

Methode 2

Diese Methode unterscheidet sich von Methode 1 nur dadurch, daß die Beschreibung der Prozesse und die Ergebnisse nicht extern eingereicht werden, um einen Qualitätspreis zu gewinnen. Typisch ist diese Selbstanalyse entweder zur Vorbereitung für eine externe Bewerbung, zur Kontrolle des Erfolgs der TQM-Einführung oder, nachdem bereits extern ein Preis gewonnen wurde, um die weitere Verbesserung zu überprüfen.

Aufwand: Nur geringfügig kleiner als bei einer externen Bewerbung.

Voraussetzungen: Es müssen geschulte Assessoren von außerhalb der zu untersuchenden Organisationseinheit verfügbar sein.

Vorteile: Die jährliche Beschreibung ist die Basis für weitere Verbesserungen. Zusammen mit dem Ergebnis des Bewertungsteams über die Stärken und Schwächen und der Punktzahl, z.B. 470 Punkte, kann der Fortschritt von Jahr zu Jahr überprüft werden, und es ist häufig nur eine Fortschreibung der Werte gegenüber dem Vorjahr notwendig. Dadurch, daß sich die Führungskräfte mit diesem Soll-Ist-Vergleich beschäftigen, werden ihnen schnell die eigenen Defizite klar.

Nachteile: Der Aufwand ist sehr groß. Der Nutzen ist nur gegeben, wenn aus der Analyse Aktionen entstehen, die konsequent umgesetzt werden. Es besteht die Gefahr, daß ein sehr hoher Aufwand getrieben wird, um sich möglichst positiv darzustellen und dadurch eine hohe Punktzahl zu erreichen.

Methode 3

In diesem Fall wird nicht wie bei den Methoden 1 und 2 eine schriftliche Darstellung aller Elemente gefordert, sondern geschulte Assessoren besorgen sich die notwendigen Informationen durch Interviews. Dieses geschieht typischerweise durch Präsentationen der verantwortlichen Führungskräfte und durch Interviews vom Geschäftsführer bis hin zum einzelnen Mitarbeiter.

Ergebnis: Wie bei den Methoden 1 und 2, eine Bewertung der eigenen Stärken und Schwächen gegenüber einem internationalen Standard mit Punktebewertung je Kategorie. Es fehlt allerdings die schriftliche Darstellung des derzeitigen Zustands.

Aufwand: Es sind mindestens zwei externe, geschulte Assessoren notwendig. Bei großen Organisationen können vier bis sechs notwendig sein. Der Gesamtaufwand hängt von der Größe der Organisation ab; typisch ist eine Woche Vorbereitung, eine Woche vor Ort und eine Woche zur Auswertung.

Voraussetzung: Geschulte Assessoren von außerhalb der eigenen Organisation. Die notwendigen Daten sind aufbereitet und für die externen Berater verständlich.

Vorteile: Innerhalb weniger Wochen kann eine Analyse durchgeführt werden. Basierend darauf, können Aktionspläne definiert werden. Für die Umsetzung können, falls notwendig, externe Unternehmensberater für spezielle Projekte eingestellt werden, und der zeitliche und finanzielle Aufwand kann recht gut abgeschätzt werden.

Nachteile: Es gibt keine zusammenfassende schriftliche Darstellung des derzeitigen Zustandes. Eventuell später auftauchende Punkte lassen sich nur schwer nachvollziehen. Bedingt durch die kurze Zeit der Analyse sind die vorhandenen Daten nur teilweise entsprechend den Kriterien aus Tabelle 2–3 zugeordnet.

Methode 4

Im Gegensatz zu den anderen drei Methoden wird in einem Workshop innerhalb von zwei Tagen eine Bewertung der eigenen Situation durchgeführt. Teilnehmer an diesem Workshop sind die externen Moderatoren, der verantwortliche Leiter der zu untersuchenden Organisation oder Firma und die Führungskräfte aus zwei Ebenen unter ihm, so daß insgesamt drei Ebenen vertreten sind. Der MBA ist komprimiert auf ca. 35 Fragen, die von jedem Teilnehmer über Metaplan-Technik bewertet werden. Mögliche Fragen sind in Kapitel 2.2.4 dargestellt. Mit Hilfe der Moderatoren wird in dem Workshop ein Konsens über die Bewertung der Stärken und Schwächen mit Punktebewertung hergestellt.

Aufwand: Der Aufwand bei dieser Methode ist am geringsten. Der Workshop selbst, an dem die betroffenen Führungskräfte teilnehmen, dauert zwei Tage. Außer den zwei Moderatoren nehmen zwölf bis maximal 15 Führungskräfte teil. Zusätzlich sind ca. eine Woche Vorbereitung und eine Woche Auswertung notwendig.

Voraussetzung: Geschulte Assessoren, die sowohl in der Bewertungsmethode, als auch in der Moderationstechnik Erfahrung haben. Es muß ein gemeinsamer Wille der Führungskräfte für diese Analyse und die daraus abgeleiteten notwendigen Veränderungen vorhanden sein .

Vorteile: Innerhalb sehr kurzer Zeit kann die eigene Situation analysiert werden. Diese Bewertung findet gemeinsam im Team statt, so daß spätere Aktionen sehr viel leichter zu definieren sind. Weiterhin sind Teambildungsprozesse und Identifikation innerhalb der Gruppe der teilnehmenden Führungskräfte am besten von allen Methoden ausgeprägt. Es ergibt sich eine gute Basis für weitere Aktionen, bei dem Aufwand und Kosten recht gut abgeschätzt werden können.

Nachteile: Es gibt bisher nur wenige erfahrene Moderatoren. Die Punktebewertung ist relativ und kann nur als Richtwert gelten. Das Ergebnis hängt mit von der Stimmung in der Gruppe ab und kann durch einzelne Teilnehmer stark beeinflußt werden.

2.2.4 Eine kleine Selbstanalyse

Zum besseren Verständnis der TQM-Analyse nach dem Malcolm Baldrige Award sind im folgenden die wichtigsten Elemente komprimiert auf 35 Fragen dargestellt. Dies kann eine Basis sein für eine Bewertung nach Methode 4 und bietet dem Leser die Möglichkeit, seine eigene Organisation oder Firma kurz zu bewerten. Die Beurteilung der maximalen Punktzahl erfolgt nach den Bewertungsrichtlinien in Tabelle 2-4, nachdem vorher der Mittelwert der Prozentverteilung je Kategorie gebildet wurde. Aus den Summen der Punkte über alle sieben Kategorien ist eine Selbsteinschätzung nach Tabelle 2-5 möglich.

1. Führung

1.1 Sind die Ziele des Unternehmens in bezug auf
Qualität, Vision und Marktposition definiert? _____ %

1.2 Wird das gesamte Managementteam an der Kommunikation und Umsetzung dieser Ziele beteiligt? _____ %

1.3 Wird der Fortschritt gegenüber diesen langfristigen
Zielen regelmäßig überprüft? _____ %

1.4 Gibt es ein System zur Auszeichnung und Motivation
von Mitarbeitern und Teams? _____ %

1.5 Ist die Leistung des einzelnen Mitarbeiters in bezug
auf das Gesamtziel definiert und wird sie regelmäßig
bewertet? _____ %

1.6 Nimmt das Management aktiv seine Verantwortung
gegenüber der Öffentlichkeit wahr? _____ %

Mittelwert _____ %

Punkte aus 1. _____

2. Information und Analyse

2.1 Gibt es ein umfassendes System zur Erfassung von
wichtigen Daten, das regelmäßig verbessert wird? _____ %

2.2 Gibt es ein System, nach dem die Analyse der Daten
erfolgt? _____ %

2.3 Werden regelmäßig Vergleiche von unternehmens-
wichtigen Daten mit anderen Firmen durchgeführt
(Benchmarking)? _____ %

2.4   Werden nur solche Daten erfaßt, die zur Erreichung der Ziele notwendig sind, und werden diese für Entscheidungen benutzt? _____ %

                                    Mittelwert _____ %

                                    Punkte aus 2. _____

3.   Strategische Qualitätsplanung

3.1   Gibt es Meßwerte für die Produktqualität und Dienstleistungen, abgeleitet aus den Kundenforderungen? _____ %

3.2   Werden diese Ziele regelmäßig überprüft und korrigiert? _____ %

3.3   Gibt es einen systematischen Prozeß, in dem diese Ziele entwickelt und definiert werden? _____ %

3.4   Sind diese Ziele von jedem betroffenen Mitarbeiter verstanden und akzeptiert? _____ %

                                    Mittelwert _____ %

                                    Punkte aus 3. _____

4.   Personalentwicklung und -führung

4.1   Gibt es ein System, um die Qualifikation der Mitarbeiter so zu entwickeln, daß sie ihre individuelle Zielsetzung erfüllen können? _____ %

4.2   Werden die innovativen Fähigkeiten der Mitarbeiter und ihre Zusammenarbeit im Team gefördert? _____ %

4.3   Wird sichergestellt, daß jeder Mitarbeiter entsprechend seiner Fähigkeiten optimal eingesetzt wird? _____ %

4.4   Gibt es ein Schulungsprogramm für alle Mitarbeiter,
        welches regelmäßig überprüft und verbessert wird?   _____ %

4.5   Haben sich die Mitarbeiterzufriedenheit und -moral in
        den letzten Jahren deutlich verbessert?   _____ %

                                Mittelwert   _____ %

                                Punkte aus 4.   _____ %

5.   Management der Prozeßqualität

5.1   Sind die Produktion und Geschäftsprozesse optimiert
        zur Erfüllung der Kundenanforderungen?   _____ %

5.2   Gibt es ein System, um Durchlaufzeiten zu reduzieren
        und auftretende Fehler zu minimieren?   _____ %

5.3   Sind die laufenden Aktivitäten hauptsächlich präventiv
        und nicht reaktiv?   _____ %

5.4   Werden regelmäßig analytische Methoden angewandt,
        um Fehlerursachen zu ermitteln?   _____ %

5.5   Wird die Effektivität der methodischen Ansätze regel-
        mäßig überprüft und verbessert?   _____ %

5.6   Werden alternative und innovative Methoden angewandt,
        um die Produktivität und Qualität zu verbessern?   _____ %

                                Mittelwert   _____ %

                                Punkte aus 5.   _____

6.   Qualitäts- und Geschäftsergebnisse

6.1   Haben sich die wichtigsten Qualitätsdaten entspre-
        chend der Kundenerwartung in den letzten Jahren ver-
        bessert?   _____ %

49

6.2 Haben sich die wichtigsten Geschäftsergebnisse besser entwickelt als die der Mitbewerber? _____ %

6.3 Haben sich die Geschäftsprozesse im Vergleich zu anderen Unternehmen verbessert? _____ %

6.4 Haben sich die Lieferanten in bezug auf Qualität, Liefertreue und Kosten verbessert? _____ %

Mittelwert _____ %

Punkte aus 6. _____ %

7. Kundenorientierung und -zufriedenheit

7.1 Werden die aktuellen und potentiellen Anforderungen der internen und externen Kunden regelmäßig ermittelt? _____ %

7.2 Werden die Mitarbeiter regelmäßig geschult, um sie besser auf interne und externe Kundenanforderungen vorzubereiten? _____ %

7.3 Gibt es ein System und klare Verantwortung im Umgang mit Kundenkontakten (z.B. Reklamationen)? _____ %

7.4 Gibt es ein System, um die Zusammenarbeit mit den Kunden ständig zu verbessern, und ist dieses erfolgreich? _____ %

7.5 Wird die Kundenzufriedenheit regelmäßig ermittelt, und hat sie sich in den letzten Jahren deutlich verbessert? _____ %

Mittelwert _____ %

Punktezahl aus 7. _____ %

Gesamtpunktzahl

Gesamtpunktzahl	Status der bewerteten Organisation
876 – 1000	Weltklasse, TQM ist voll eingesetzt und wirksam, führend gegenüber Mitbewerbern, starke Innovation.
751 – 875	TQM in allen wichtigen Bereichen eingesetzt, exzellente Integration und Verbesserungsprogramme, deutlicher Vorsprung vor Mitbewerbern, innovativ.
626 – 750	TQM eingeführt, Verbesserungsprozesse etabliert, kulturelle Veränderungen in den meisten Bereichen, gute Ergebnisse und Trends.
501 – 625	Gut dokumentierter Plan zur Einführung von TQM, Umsetzung in den meisten Bereichen, positive Trends in wichtigen Geschäftsergebnissen.
376 – 500	Qualitätsmanagement sichtbar, TQM-Einführung in vielen Bereichen, gute Erfolge in einigen wichtigen Ergebnissen.
201 – 375	Anfänge der TQM-Umsetzung in einigen Bereichen, Erfolge in einzelnen Geschäftsbereichen.
1 - 200	Ansätze von Qualitätsbewußtsein und TQM-Elementen, Geschäftsergebnisse sind eher zufällig.

Tab. 2-5: Status der TQM-Umsetzung im Vergleich zu einem internationalen Standard (MBA)

2.2.5 Ergebnisse am Beispiel IBM

Das Unternehmen IBM führt weltweit seit 1990 eine TQM-Selbstanalyse basierend auf dem Malcolm Baldrige National Quality Award durch. Die Basis dafür waren die Bewerbung und die Auszeichnung des Werkes Rochester, Minnesota, 1990 und die dabei erzielten sehr positiven Ergebnisse:

Zwischen 1988 und 1992 wuchs der Umsatz um 8,5 %, entsprechend der Marktanteil um 25 %. Die Kundenzufriedenheit verbesserte sich um 9 %, die Bestände reduzierten sich um 57 %, und die Garantiekosten verringerten sich um 59 %. In diesen vier Jahren wurden 200 000 AS/400-Computer ausgeliefert, mehr als der nächste größere Konkurrent innerhalb von sieben Jahren ausgeliefert hat. Aus der einheitlichen Bewertung ergeben sich für ein weltweit operierendes Unternehmen mit über 150 Organisationseinheiten einige wesentliche Vorteile:

1. Der Grad der Umsetzung und der Erfolg dabei sind je Organisationseinheit durch eine einzige Zahl darstellbar, nämlich durch die MBA-Punktzahl.
2. Basierend auf diesen jährlichen Ergebnissen kann ein Benchmarking-Report erstellt werden, der je Kategorie die besten Organisationen auflistet. Dadurch ist es leicht möglich, voneinander zu lernen.
3. Dadurch, daß jedes Jahr eine Analyse durchgeführt wird, können die erreichten Verbesserungen meßbar dargestellt und entsprechende Ziele gesteckt werden.
4. Durch die jährlich wiederkehrende Selbstanalyse gibt es international eine große Zahl ausgebildeter Assessoren, und jeder Manager muß sich regelmäßig mit den einzelnen TQM-Elementen beschäftigen.
5. Jedes Jahr ergibt sich eine Bewertung der Stärken und Schwächen, die als Basis für Verbesserungen und zum Setzen von Prioritäten genommen werden kann.

Die Analyse wird entsprechend der Methode 2 durchgeführt, wie in Kapitel 2.2.3 beschrieben. Gewisse Modifikationen und Verbesserungen wurden im Laufe der Jahre eingeführt. Die Basis bilden immer die für das betreffende Jahr geltenden Kriterien des Malcolm Baldrige Award in den USA, die weltweit angewandt werden. Die Sprache für die Selbstanalyse ist Englisch.

Abbildung 2-4 zeigt deutlich, wie sich von Jahr zu Jahr mehr Organisationen qualifiziert haben. Um einen gewissen Anreiz zu geben bzw. einen sportlichen Wettbewerb zu haben, werden Medaillen vergeben. Ende 1993 waren 75 % aller Mitarbeiter in einer Organisation tätig, die über 500 Punkte erreicht hatte.

Tabelle 2-6 zeigt, um wieviel Prozent die Organisationen mit über 500 Punkten in wichtigen Geschäftsprozessen 1993 besser abgeschnitten haben im Vergleich zu den anderen Organisationen, die dieses Niveau nicht erreicht haben.

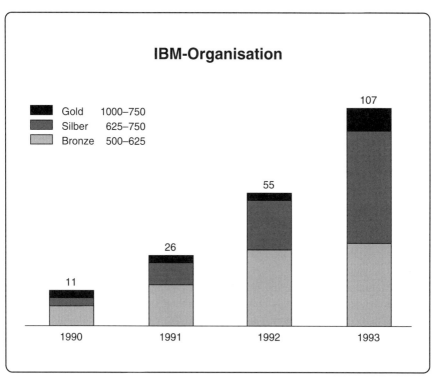

Abb. 2-4: Anzahl der IBM-Organisationen weltweit, die über 500 Punkte bei der TQM-Selbstanalyse nach dem Malcolm Baldrige Award erreicht haben.

Kundenzufriedenheit	+ 4 %
Mitarbeiterzufriedenheit	+ 8 %
Marktanteil	+ 14 %
Umsatz 1991 – 1993	+ 39 %
Operationaler Profit	+152 %

Tab. 2-6: Vergleich der wichtigsten Geschäftsprozesse

2.3 Kundenzufriedenheit

Eines der wichtigsten Elemente für den Erfolg von TQM ist die Kundenzufriedenheit. Nur zufriedene Kunden bestellen wieder, und ein unzufriedener Kunde hat mehr Einfluß auf den Gesamtumsatz, als zehn zufriedene Kunden. Jeder kennt die Zeitungsartikel über die „Montagsautos", die Verleihung der „Zitrone des Jahres" oder verärgerte Leserbriefe in den Fachzeitschriften. Wie häufig liest man über zufriedene Kunden? Wenn man etwas kauft, nimmt man es als Selbstverständlichkeit, daß das Produkt den Erwartungen entspricht.

> **Die Kundenzufriedenheit entscheidet über den Geschäftserfolg jedes Unternehmens.**

Ein sehr gutes Beispiel dazu ist SAS – Scandinavian Airlines Systems, die sich durch eine völlige Ausrichtung aller Mitarbeiter auf den Kunden aus den Verlusten herausgesteuert hat und 1988 die weltweit rentabelste Fluggesellschaft wurde (Carlzon 1992, S. 159).

Wie aus Abbildung 2-5 ersichtlich, gewinnt der Faktor Kundenzufriedenheit zunehmend an Bedeutung als wichtigster Faktor in der strategischen Planung. Allerdings ist dies in Deutschland immer noch weniger der Fall als in Japan oder Kanada.

Die Ausrichtung eines Unternehmens auf die Kundenwünsche ist für alle Unternehmen gleich wichtig, unabhängig, ob in der Fertigungsindustrie oder im Dienstleistungssektor. Selbst bei Behörden wäre dies wünschenswert. Es wurde bisher aber durch die fehlende Konkurrenz in der Praxis kaum umgesetzt.

Der Kunde zahlt das Gehalt eines jeden Mitarbeiters in einem Unternehmen. Es ist deshalb äußerst wichtig, einen permanenten Dialog zu haben, zwischen demjenigen, der etwas verkauft, und demjenigen, der etwas kauft. Es geht an dieser Stelle nicht darum, eine Marktstudie zu machen, warum ein bestimmtes Produkt gekauft wird, sondern nur um den Fall, daß ein

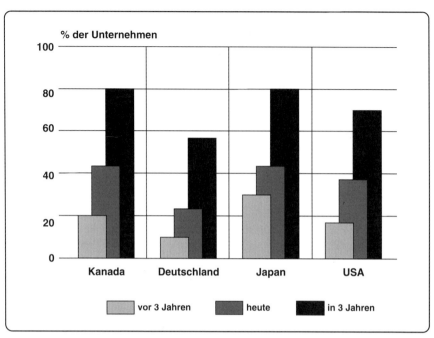

Abb. 2-5: **Prozent der Firmen, bei denen Kundenzufriedenheit höchste Priorität in der strategischen Planung hat**

(Quelle: Ernst + Young International Quality Study, 1993)

Kaufvertrag bereits zustande gekommen ist. Um es bildlich auszudrücken: Nicht die Personen, die auf der Straße an einem Schuhgeschäft vorbeigehen, sind Kunden in diesem Sinne, sondern nur die, die mit einem Paar gekaufter Schuhe aus dem Geschäft herauskommen. Es geht um den Zeitraum, nachdem der Kauf bereits getätigt wurde. Dies ist wichtig für die Beurteilung der Kundenzufriedenheit, da dann z.B. der Preis nicht mehr die große Rolle spielt, wie man gemeinhin denkt. Der Kunde hat sich bereits für die Ware oder Dienstleistung entschieden und den Preis akzeptiert. Jetzt ist für ihn wichtig, daß das erworbene Produkt seinen Erwartungen entspricht. Damit sind Faktoren wie Qualität, Lebensdauer, Garantieleistungen, Liefertermine und Zusammenarbeit wesentlich wichtigere Faktoren für die Kundenzufriedenheit. Zur Ermittlung der Meinung des Kunden haben sich drei wesentliche Methoden etabliert:

1. Der regelmäßige persönliche Dialog mit dem Kunden

Dieser ist durch keine Umfrage zu ersetzen. Die Initiative sollte vom Verkäufer ausgehen. Es sollten möglichst immer dieselben Personen diese Gespräche führen, da sich dadurch ein Vertrauensverhältnis aufbaut. Das Gespräch sollte regelmäßig stattfinden, so daß sich eine gewisse Routine ergibt. Diese Methode ist natürlich nur praktikabel bei wenigen großen Kunden.

2. Verschicken eines Fragebogens

Diese Methode kann ohne zu großen Aufwand bei jeder Anzahl von Kunden durchgeführt werden. Die Fragen sollten sich auf die Punkte beschränken, die aus Sicht des Kunden wichtig sind, und keine Marketingstudie ersetzen mit Fragen nach dem Alter, nach der Anzahl der Mitarbeiter in der Firma, nach dem Geschlecht usw. Damit ist die Bereitschaft wesentlich größer, diesen Fragebogen zu beantworten. Falls das Produkt nicht direkt an den Endkunden ausgeliefert wird, kann ein kurzer Fragebogen dem Produkt beigelegt werden.

3. Telefonumfragen

Diese Methode ist heute weit verbreitet und wird in den USA häufiger angewandt als bei uns. Es besteht dadurch die Möglichkeit, in sehr kurzer Zeit viele Fragen beantwortet zu bekommen, und man weiß, von wem die Fragen beantwortet wurden. Zusätzlich können verschiedene Mitarbeiter beim Kunden befragt werden. Die Meinung des Einkaufsleiters kann unterschiedlich sein zu der des Qualitätsleiters oder des Entwicklungsingenieurs. Üblich ist bei dieser Methode, eine repräsentative Stichprobe der Kunden zu befragen und diese dann statistisch auszuwerten. Es gibt bereits einige spezialisierte Firmen, die man mit einer derartigen Kundenumfrage beauftragen kann. Der Vorteil ist dabei, daß die Umfrage neutral ist und man auch die vergleichbaren Daten über die Konkurrenz bekommt.

Zusätzlich gibt es in einigen Branchen Firmen, die regelmäßig Studien durchführen und diese verkaufen. Ein bekanntes Beispiel dafür ist die *J.D.Power-Study* in den USA, die jährlich die Kundenzufriedenheit über alle Automobilmarken ermittelt. Damit weiß jeder Hersteller, an welcher Rangfolge er beim Kunden steht.

2.3.1 Geschäftsprozesse für die Praxis

Ein Modell für den Geschäftsprozeß Kundenzufriedenheit ist in Abbildung 2-6 dargestellt. Der Vorteil bei dieser Vorgehensweise liegt darin, daß dieser Prozeß für kleinere, mittlere und große Firmen angewandt werden kann und ein großer Teil der Informationen automatisch anfällt. Wichtig ist allerdings, daß dieser Prozeß beschrieben ist, mit klarer Verantwortung und in der täglichen Praxis auch so umgesetzt wird. Die wesentlichen Elemente innerhalb des Geschäftsprozesses sind:

Kundenauswahl	Auswahl der Kunden, die in die Auswertung aufgenommen werden. Kriterien können sein: Umsatz, strategische Bedeutung, geographische Lage.
Informationsquellen	1. Ergebnisse aus Kundenzufriedenheitsumfragen 2. Beschwerden von Kunden 3. Kritische Situationen, d.h. gravierende Probleme beim Kunden; mit dem eigenen Produkt; Potential, den Kunden zu verlieren 4. Kundengespräch 5. Notwendige Garantieleistungen und laufender Wartungs- und Reparaturaufwand
Analyse und Prioritäten	Alle Ergebnisse aus den verschiedenen Informationsquellen werden zentral ausgewertet, nach Prioritäten sortiert und der Geschäftsführung vorgelegt. Dies ist eine typische Aufgabe des Qualitätsmanagers.
Verantwortung und Aktionen	Innerhalb des Führungskräfteteams werden die Ergebnisse diskutiert, die Verantwortlichen benannt und die Aktionen abgestimmt. Dies sollte mindestens einmal monatlich mit den Geschäftsführern stattfinden.

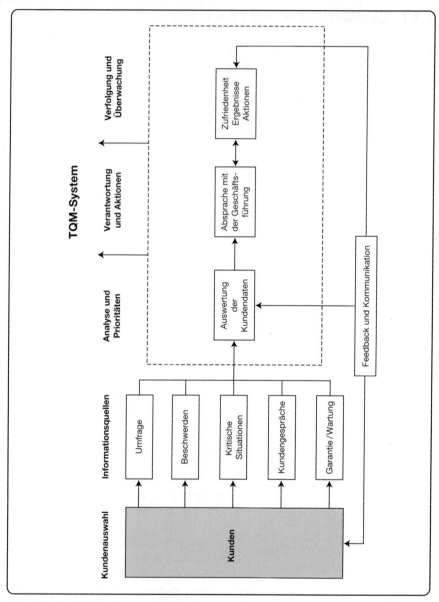

Abb. 2-6: Modell für den Geschäftsprozeß Kundenzufriedenheit (Quelle: IBM)

Verfolgung und Überwachung   Die Wirksamkeit der Aktionen in bezug auf die Verbesserung – aus Sicht des Kunden – wird laufend überwacht.

Feedback und Kommunikation   Es ist sehr wichtig, die Aktionspläne dem Kunden bekannt zu machen. Wenn der Kunde sieht, daß seine Probleme erkannt sind und daran gearbeitet wird, ist er eher bereit, auch kritische Situationen zu akzeptieren. Gleichbedeutend ist die interne Kommunikation.

Ein wesentliches Element, um die Zufriedenheit des Kunden aktiv zu beeinflussen, ist die regelmäßige Umfrage, d.h. nicht sporadisch, wenn gerade Probleme bestehen, sondern jeden Monat oder alle sechs Monate oder mindestens einmal pro Jahr. Es ist wichtig, daß dieser Prozeß „lebt“ und Teil der täglichen Arbeit ist. In Tabelle 2-7 ist an einem Beispiel aufgelistet, von welchen Personen beim Kunden man welche Information bekommen kann. Wie

Lieferant \ Kunde	Waren-eingang	Qualität	Einkauf	Ent-wicklung	Produktion	Vertrieb
Versand	X					
Technologie				X	X	X
Produktauswahl		X	X			
Spezifikation	X		X			
Dokumentation	X	X	X		X	
Logistik	X		X			
Liefertermine			X		X	
Flexibilität			X	X	X	
Problemreaktion		X				X
Verkauf			X			X
Techn. Unterstützung		X		X		X
Design				X		X

Tab. 2-7: Informationsmatrix im Verhältnis Lieferant – Kunde

aus dieser Matrix ersichtlich ist, reicht es normalerweise nicht, nur eine Person beim Kunden zu befragen. Natürlich ist es wichtig zu wissen, wer für die Kaufentscheidung verantwortlich ist, aber auch die anderen Funktionen innerhalb eines Unternehmens haben einen indirekten Anteil an der Kaufentscheidung. Wenn der Wareneingang laufend Probleme hat, weil die Lieferpapiere nicht korrekt ausgefüllt sind, sollte dies schnellstens korrigiert werden. Für eine langfristig erfolgreiche Zusammenarbeit müssen alle beteiligten Funktionen zufrieden sein.

2.3.2 Fragenkatalog

Im Folgenden soll ein einfacher Fragenkatalog erläutert werden sowie die einzelnen Elemente und die Auswertung beschrieben werden. Dies kann nur als Muster gelten und muß an die eigene Situation des Unternehmens auf dem Markt angepaßt werden. Es handelt sich in diesem Fall um eine schriftliche Umfrage. Die folgenden Elemente sollten dabei enthalten sein:

1. Persönliches Anschreiben des verantwortlichen Geschäftsführers, in dem er zum Ausdruck bringt, daß ihm die Meinung des Kunden wichtig ist
2. Erläuterung des Fragebogens, Ziel dieser Umfrage und Art der Auswertung
3. Hintergrundinformation über Kunden z.B. welches Produkt, wie lange schon Kunde, welche Funktion, Art der Firma
4. Fragenkatalog mit einfacher, aber verständlicher Bewertung
5. Möglichkeit für Kommentare
6. An wen dieser Fragebogen zur Auswertung zurückgeschickt werden soll.

Bei der Zusammenstellung des Fragenkatalogs ist es wichtig, nicht nur Fragen über das eigene Produkt bzw. Unternehmen zu stellen, sondern auch vergleichende Fragen über den Mitbewerber zu berücksichtigen. Diese Ergebnisse können dann die Basis bilden für weiteres Benchmarking, und man bekommt Informationen über die eigene Positionierung im Vergleich zum Mitbewerber beim Kunden.

Für die Bewertung jeder Frage von zufrieden bis unzufrieden ist es üblich, eine Skala von 1 – 4 bis maximal 1 – 10 zu benutzen. Bewährt hat sich eine Beurteilung nach folgendem Schema:

1	sehr gut	100 %
2	gut	75 %
3	neutral	50 %
4	schlecht	25 %
5	sehr schlecht	0 %
0	nicht zutreffend	–

Aus dem Mittelwert der Prozentwerte kann dann der Zufriedenheitsindex berechnet werden, z.b. die Kundenzufriedenheit 1994 ist 86 %, und dieser Wert kann als Trend über die Zeit aufgetragen werden. Beispiele für typische Fragen sind in der Liste auf Seite 62 angegeben.

2.4 Benchmarking

Einer der Begriffe, der im Zusammenhang mit TQM am häufigsten benutzt wird, ist Benchmarking. Gleichzeitig sind das Verständnis und die Interpretation dieser Methode sehr lückenhaft. Bei Diskussionen über die TQM-Ziele kommt das Thema schnell auf Benchmarking, wenn man dann nach konkreten Ergebnissen fragt, kommt wenig Substanz. Ähnlich verhält es sich bei der Selbstanalyse, basierend auf dem Malcolm Baldrige Award, wenn nach Benchmarking gefragt wird. Ergebnisse von Benchmarking werden an vielen Stellen benötigt, und man tut sich schwer, entsprechende Daten zu bekommen.

Nach D.T. Kearns, ehemaliger CEO Xerox Corp., ist Benchmarking *„the continuous process of measuring products, services and practices against the toughest competitions or those companies recognized as industry leaders."* *(Camp 1989, S. 10)* Sinngemäß übersetzt: „Benchmarking ist die Suche nach den besten Prozessen und Abläufen in der Industrie, mit dem Ziel, überlegene Leistungen zu erreichen. Ein Zielprozeß, der nicht nur neue Zielgrößen vorgibt, sondern auch den richtigen Weg dahin zeigt."

Häufig wird Benchmarking (BM) mit *Competitive Analysis* (CA) verwechselt. Bei der *Competitive Analysis* wird ein Produkt in bezug auf seine Eigenschaften mit anderen Produkten verglichen. Beim Benchmarking werden die Prozesse verglichen, die zu diesem Produkt führen. An einer Analogie aus dem Sport soll dieser Unterschied verdeutlicht werden: *Competitive*

1. Qualität

Wie zufrieden sind Sie mit der Produktqualität
       bei der Anlieferung?
       während der Lebensdauer?   _____
       im Vergleich zu Ihren besten Lieferanten?   _____

2. Technologie

Wie zufrieden sind Sie mit der Technik, der Verarbeitung,
der Bedienung usw.?   _____

Wie zufrieden sind Sie mit der gelieferten Dokumentation?   _____

Wie zufrieden sind Sie mit der Gesamtleistung?   _____

3. Liefertreue

Wie zufrieden sind Sie mit
       der Einhaltung der Liefertermine?   _____
       der Übereinstimmung Liefer- und Bestellmenge?   _____
       der Flexibilität bei Mengenänderung?   _____
       der Korrektheit der Lieferpapiere?   _____

Wie zufrieden sind Sie mit unserer Liefertreue und
Flexibilität im Vergleich zu Ihren besten Lieferanten?   _____

4. Preis

Wie zufrieden sind Sie mit unserem Preis-Leistungs-Verhältnis?   _____

Wie zufrieden sind Sie mit unseren finanziellen Konditionen?   _____

Wie ist unser Preis-Leistungs-Verhältnis im Vergleich zu
Ihren besten Lieferanten?   _____

5. Zusammenarbeit

Wie zufrieden sind Sie mit
       der Art der Zusammenarbeit?   _____
       unserer Reaktion auf Ihre Wünsche?   _____
       unserer Erreichbarkeit für Sie?   _____
       den Informationen, die Sie von uns bekommen?   _____
       unserer Zusammenarbeit im Vergleich zu Ihren
       besten Lieferanten?   _____

6. Allgemeines

Wie zufrieden sind Sie insgesamt als Kunde unseres
Unternehmens?   _____

Analysis untersucht, wer der schnellste Läufer über 1000 m weltweit ist. Benchmarking fragt danach, was zu tun ist, um möglichst schnell zu laufen (z.B. Ernährung, Training, Schuhe).

Ursprünglich geht das Wort „Benchmark" auf die Marke oder Kerbe in der Werkbank (bench) zurück, die dem Handwerker dazu diente, die Größe eines Werkstücks oder die Länge eines Stück Stoffes zu messen. Am bekanntesten dürfte heute der Begriff Benchmarking sein, um unterschiedliche Personalcomputer zu vergleichen. Dabei wird das Zusammenspiel aller Hard- und Softwarekomponenten mit einem standardisierten Computerprogramm untersucht und die Leistung mit einem Benchmark-Faktor ausgedrückt.

Anhand einiger Zahlen aus einer Umfrage in den USA 1993 von APQC International Benchmarking Clearinghouse wird die Bedeutung und Positionierung von Benchmarking verdeutlicht:

Wollen Sie in den nächsten Jahren mehr Benchmarking ausführen?

- ☐ 75 % erheblich mehr
- ☐ 21 % etwas mehr
- ☐ 4 % keine Änderung
- ☐ 0 % weniger

Was bedeutet für Sie Benchmarking?

- ☐ 79 % brauchen BM zum Überleben
- ☐ 95 % wissen nicht, wie man es macht
- ☐ 57 % sehen BM nicht als „Modeerscheinung"
- ☐ 89 % glauben, daß das Top-Management gefordert ist
- ☐ 79 % sehen die Notwendigkeit auch für kleine Unternehmen

Die Basis für das heutige Benchmarking wurde am Ende der 70er Jahre durch die Firma Xerox gelegt. Der Marktanteil war innerhalb weniger Jahre von 49 % auf 22 % gesunken. Die Herausforderung war, Programme zur Verbesserung der Qualität und zur Steigerung der Produktivität zu definieren. Die Basis dafür wurde durch Benchmarking geschaffen. Xerox als Hersteller von Kopiergeräten suchte nach einem erfolgreichen Beispiel, um die Logistik für den Versand der Wartungsteile zu verbessern. Beim amerikanischen Versandhaus für Sport- und Freizeitkleidung L.L. Bean in Freeport, Main, wurden sie fündig. Dieses Unternehmen hatte es geschafft, seine Waren im Lager dreimal so schnell herauszusuchen wie Xerox seine Ersatzteile. Die gesammelten Erfahrungen sind in dem Buch von Robert C. Camp „Benchmarking, The Search for Industry best Practices that lead to superior Performance" beschrieben. Dies ist heute immer noch das Standardwerk für BM, und auch neuere Veröffentlichungen basieren darauf. Nach Camp setzt sich der Benchmarking-Prozeß aus folgenden Schritten zusammen (Tab. 2-8):

1. Planung
2. Analyse
3. Integration
4. Umsetzung.

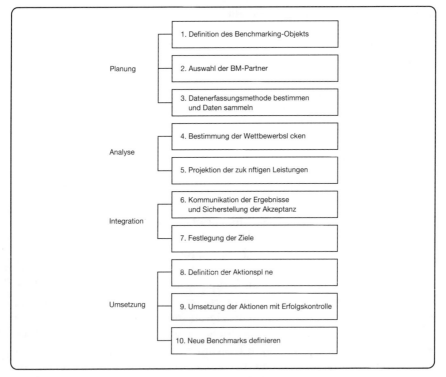

Tab. 2-8: Benchmarking-Prozeßschritte (Quelle: R. C. Camp 1989, S. 17)

64

Das Beispiel von Xerox und L.L. Bean ist der klassische Fall für Benchmarking. Inzwischen gibt es auch in Deutschland erste Ansätze, die publiziert wurden, und BM entwickelt sich zu einer Standardmethode im Rahmen von TQM. Gemeinsam ist bei all diesen Aktivitäten, daß man auch außerhalb seiner eigenen Firma und außerhalb der Branche nach erfolgreichen Beispielen sucht und von diesen lernt.

Im folgenden sollen die einzelnen Benchmarking-Prozeßschritte aus Tabelle 2-8 anhand von praktischen Beispielen erläutert werden. Im Prinzip ist BM heute bekannt, aber in der Anwendung ergeben sich noch viele Probleme. Die am häufigsten gestellte Frage lautet: „Woher bekomme ich Benchmarks?" Es gibt sicher viele Quellen, die später beschrieben werden, aber es gibt normalerweise für das individuelle Zielobjekt (z.B. einen Geschäftsprozeß) nicht die gesuchten Detailinformationen. Besonders als Konkurrent bekommt man dieses Insiderwissen auf legalem Wege nicht. Hier beginnt die Kunst, Benchmarking in der Praxis umzusetzen:

1. Definition des Benchmarking-Objekts

Dies können Schwachstellen sein, die sich aus den zuvor beschriebenen Selbstanalysen ergeben oder aus der Kundenzufriedenheitsumfrage. Typisch ist der Fall, daß man über das Produkt des Wettbewerbers in bezug auf Funktion, Qualität und Preis viele Informationen hat, aber durch welche Prozesse diese Ergebnisse erreicht werden, darüber gibt es keine Informationen. Der Phantasie sind keine Grenzen gesetzt für die Auswahl eines Objekts zum Leistungsvergleich. Um einige Beispiele zu nennen, können solche Objekte sein:

Organisation: Anzahl der Hierarchien, Anzahl Mitarbeiter je Führungskraft, Zuordnung der Verantwortung, Gehälter, prozentuale Verteilung der Mitarbeiter je Funktion, Verhältnis direkter zu indirekten Mitarbeitern.

Produkt: Wie schnell werden neue Produkte auf den Markt gebracht? Typenvielfalt, Vetriebsformen, Preise, Qualität.

Prozesse: Rechnungsschreibung, Telefonbeantwortung, Auftragsbearbeitung, Produktentwicklung, Einkauf, Ersatzteillagerung, Finanzabrechnung, Logistik.

Die Auswahl eines Benchmarking-Objekts ergibt sich aus der Situation des Unternehmens. Dies gilt sowohl für die Fertigungsindustrie als auch in zunehmenden Maße für Dienstleistungsunternehmen. Besonders die Optimierung der Geschäftsprozesse steht hier im Vordergrund. Um eine geeignetes BM-Objekt auszuwählen, können die folgenden Fragen hilfreich sein:

☐ Welche Faktoren sind kritisch für den Geschäftserfolg?
☐ Warum sind welche Produkte erfolgreich?
☐ Welche Faktoren beeinflussen Kundenzufriedenheit?
☐ Welche Probleme bereiten den größten Ärger?
☐ Was sind die größten Kostenverursacher?
☐ Wo wird der größte Wettbewerbsdruck gespürt?

Es kann sich sowohl um quantifizierbare Leistungsmerkmale handeln als auch um strukturelle Eigenschaften wie Geschäftsprozesse.

2. Auswahl der BM-Partner

Bei diesem Punkt scheitern häufig die ersten Ansätze von Benchmarking. Die wichtigsten Konkurrenten sind bekannt, aber die wirklich interessanten Daten erhält man von diesen sicher zuletzt. Deshalb muß man zuerst ein klar abgegrenztes BM-Objekt definieren und dann nach einem geeigneten Partner suchen, der in diesem Prozeß der beste ist oder für den dieser Prozeß besonders wichtig ist.

An einem einfachen Beispiel soll dies erläutert werden: Es soll der Prozeß „Kundenbeschwerden" verbessert werden. Der Kunde ruft an und sucht Hilfe für sein Problem. Der erste Kontakt geht in die Telefonzentrale. Die Telefonistin repräsentiert gegenüber dem Kunden das Gesamtunternehmen. Sie entscheidet darüber, ob und wie schnell der Kunde zufriedengestellt wird: Wie gut ist ihre Ausbildung? Welche Hilfsmittel braucht sie? Wie viele externe Anschlüsse bestehen? Wie lange dauert es im Durchschnitt, bis sie antwortet? Bekommt der Kunde nach der Weitervermittlung sofort den richtigen Gesprächspartner? Alle diese Einzelelemente müssen optimiert werden. Die Frage ist also, für welches Unternehmen ist dieser Ablauf mitentscheidend für den Geschäftserfolg? Jedes Unternehmen, das Direct-Marketing betreibt, ist von einer schnellen, eindeutigen Beantwortung der Telefonanrufe abhängig. Wer ist am erfolgreichsten in Deutschland? Mit dieser

Firma sollte man sich unterhalten. Vermutlich ist sie in einer völlig anderen Branche tätig und hat keine Bedenken, ihre eigenen Prozesse und Erfahrungen mitzuteilen.

Weitere Möglichkeiten auf der Suche nach einem BM-Partner können sein:

☐ Innerhalb des eigenen Unternehmens. Dies ist besonders einfach bei großen, internationalen Firmen. Es gibt sicher Abteilungen, die diesen Prozeß schon vor langer Zeit optimiert haben.

☐ Innerhalb des Verbandes. Hier können Zentralverbände eine große Hilfe sein. Sie kennen ihre Mitgliedsfirmen und wissen, wer wo erfolgreich ist. Da bietet sich eine Benchmarking-Studie direkt an. Leider wird dies bisher viel zu wenig genutzt.

☐ Unternehmen, die Qualitätspreise gewonnen haben. Die Beschreibung der Prozesse und Ergebnisse wird häufig publiziert.

☐ Unternehmen, die erfolgreich sind und über die in der Presse berichtet wird.

Kein Unternehmen ist auf allen Gebieten Klassenbester. Wichtig ist, die Partner zu finden, die in dem zu untersuchenden Bereich überdurchschnittlich erfolgreich sind. Daraus ergibt sich, daß es meistens notwendig ist, mehr als einen BM-Partner auszuwählen. Über einen weiteren Punkt bei der Auswahl des Partners sollte man sich von Anfang an im klaren sein. Partnerschaft bedeutet vollkommene Offenheit, das heißt, man muß auch selbst bereit sein, dem Partner die eigenen vergleichbaren Daten zur Verfügung zu stellen. Selbstverständlich sind alle erhaltenen Daten vertraulich zu behandeln.

3. Datenerfassungsmethoden bestimmen und Daten sammeln

Nachdem geeignete Benchmarking-Partner gefunden sind, die bereit sind, ihre eigenen Daten zur Verfügung zu stellen, muß ein Fragebogen erstellt werden. Dies sollte sehr sorgfältig gemacht werden, um zum einen so wenig Fragen wie notwendig zu haben, zum anderen keine wichtigen Einzelheiten zu unterschlagen. Die Interviews sollten immer von denselben Teammitgliedern (mindestens zwei) des Benchmarking-Teams durchgeführt werden. Damit wird sichergestellt, daß persönliche Eindrücke und Interpretationen gering sind und Vergleiche besser durchgeführt werden können.

Die Methode Benchmarking mit externen Partnern wird am besten verbunden mit einem Besuch beim Partner, persönlichen Diskussionen und einer Besichtigung des Unternehmens. Diese Methode bildet die Voraussetzung für den größten Erfolg, ist aber am aufwendigsten. Nicht so effektiv ist das Zusenden von Fragebögen, eventuell in Kombination mit Telefongesprächen. Eine weitere Methode ist es, externe Unternehmensberater oder Forschungsinstitute mit einer derartigen Studie zu beauftragen. Dabei ist es üblich, daß die Ergebnisse dieser Studie allen beteiligten Unternehmen zur Verfügung gestellt werden. Häufig wird eine derartige Studie auch ohne direkten Auftrag durchgeführt, und die Ergebnisse mit Auswertung und Interpretation können gekauft werden. Typische Beispiele sind:

☐ International Quality Study by Ernst + Young and American Quality Foundation 1992 - 93. Bei dieser Studie wurden 800 Firmen aus den Branchen Auto, Computer, Banking und Medical in den Ländern, Kanada, Deutschland, Japan und den USA zum Thema TQM befragt. Ein Beispiel für ein Ergebnis ist im Abbildung 2-7 dargestellt.
☐ Made in Germany, die große Benchmarking-Studie der IBM Deutschland gemeinsam mit der Universität Regensburg. Insgesamt wurden in persönlichen Interviews in 1993/94 204 Geschäftsführer und Produktionsleiter zu Elementen von TQM befragt. Welche Informationsquellen die Befragten benutzten, ist in Abbildung 2-8 als Beispiel dargestellt.

Die dritte Methode der Datensammlung ist die Auswertung von allgemein zugänglichen Veröffentlichungen. Dies können statistische Jahrbücher sein, Geschäftsberichte, Artikel in Fachzeitschriften, Tagungsunterlagen oder Tageszeitungen und Magazine. Einige Bibliotheken bieten auch Auswertungen von Veröffentlichungen zu speziellen Stichworten an. Beispiele für Benchmarks in den USA sind in Tabelle 2-9 dargestellt.

4. Bestimmung der Wettbewerbslücken

Die Analyse der Benchmarking-Ergebnisse sollte unmittelbar nach den Interviews durchgeführt werden. Das BM-Team geht gemeinsam die persönlichen Aufzeichnungen durch und einigt sich auf eine gemeinsame Bewertung. Wichtiger als das zahlenmäßige Ergebnis des BM-Partners sind die Prozesse, die zu diesen Ergebnissen geführt haben. Es kann sehr gut sein, daß die eigenen Ergebnisse vergleichbar sind, aber trotzdem einzelne Pro-

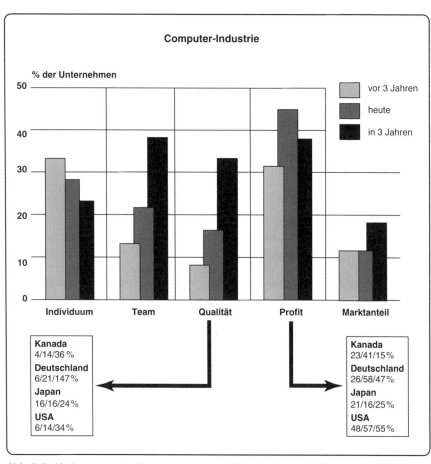

Abb. 2-7: Verlagerung der Unternehmensprioritäten in bezug auf den Leitungsbonus für Führungskräfte mit den regionalen Unterschieden für Qualität und Profit über die Zeit. (Quelle: Ernst + Young IQS, 1993)

zesse beim Partner deutlich effektiver sind. Diese Punkte können in einem persönlichen Interview adressiert werden, während sie in einem standardisierten Fragebogen nicht berücksichtigt würden. Abgeleitet aus der Summe der Ergebnisse im Vergleich zum eigenen Unternehmen, kann die Leistungslücke definiert werden. Bei der Analyse muß berücksichtigt werden, daß auch die besten Unternehmen sich laufend weiter verbessern.

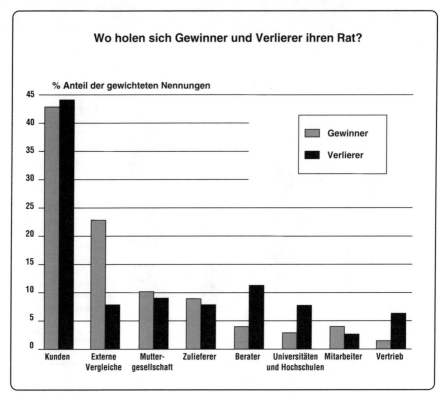

Abb. 2-8: Wo holen sich Unternehmen ihre Informationen?

(Quelle: Benchmarking-Studie „Made in Germany" IBM, 1994)

5. Projektion der zukünftigen Leistungslücke

Bevor Ziele definiert werden können und Aktionen eingeleitet werden, muß man berücksichtigen, daß die Analyse den heutigen Zustand beschreibt. Die Wettbewerbslücken sind also dynamisch und müssen als Trend über die Zeit dargestellt werden (Abb. 2-9). Um den Anschluß an die Industrie zu erreichen, muß die Lernkurve deutlich steiler sein. Aus der Lernkurve der Vergangenheit, den heutigen BM-Lücken und einer realistischen Projektion für die Zukunft können dann die individuellen Ziele über die Zeit abgeleitet werden.

70

Funktion / Objekt	Benchmark
Benchmarking-Methoden	AT&T, Corning, Digital Equipment, Ford Motor, Hewlett Packard, IBM, Motorola, Texas Instruments, Xerox
Competitive Analysis	British Telecom, IBM, Ford Motor, Eastman Kodak, Xerox
Controlling	Hewlett Packard, Motorola, Tektronix
Kostenkontrolle	Advanced Micro Devices, Tektronix
Durchlaufzeit – Bestellung bis Auslieferung	Domino's Pizza, Federal Express, Frito Lay, Motorola
Durchlaufzeit – Design bis Markt	Apple Computer, Sun Microsystems
Durchlaufzeit – Material bis Produkt	Levi Strauss
Versand	Federal Express, L.L. Bean, Mary Kay Cosmetics, Wal-Mart
Mitarbeiterausbildung	Disney, Ford Motor, Polaroid
Umweltmanagement	Ben & Jerry's, Dow, Du Pont, 3M, Weyerhaeuser
Intellectual Property Management	AT&T, IBM, Intel, Texas Instruments, Toshiba
Lagerhaltung	Apple Computer, Federal Express, Frito Lay, Marshall Industries, National Semiconductor, Westinghouse
Fertigungsindustrie	Allen-Bradley, Hewlett Packard, IBM, Motorola, Toyota, Toshiba, Yamazaki Mazak
Einkauf – Design + Engineering	Apple Computer, AT&T, Hewlett Packard
Produktentwicklung	AT&T, Beckman Instruments, Cincinnati Milacron, Digital Equipment, Hewlett Packard, Honda, Intel, 3M, Motorola, Panasonic, Sony
Einkauf allgemein	AT&T, Compaq Computer, Digital Equipment, Hewlett Packard, Honda, IBM, ICL, Intel, Nokia, SCI Systems, Thomson Group, Xerox
Qualitätsmanagement	AT&T, Florida Power & Light, IBM, Motorola, Solectron, Westinghouse, Xerox
Lieferantenmanagement	AMP, Apple Computer, Compaq Computer, Ford Motor, Levi Strauss, Motorola, Sun Microsystems, Xerox
Technologietransfer-Management	3M, Square D

Tab. 2-9: Benchmarking Studie über Geschäftsprozesse   (Quelle: Dataquest, April 1993)

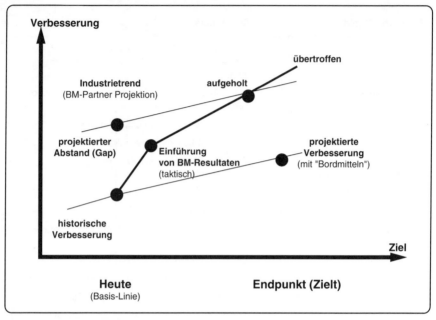

Abb. 2-9: Projektion der eigenen Verbesserung im Vergleich zum Industrietrend

6. Kommunikation der Ergebnisse und Sicherstellung der Akzeptanz

Häufig wird der Fehler gemacht, die Ergebnisse – besonders wenn sie für das eigene Unternehmen nicht sehr positiv sind, – unter Verschluß zu halten. Dies ist verständlich, da die betroffenen Führungskräfte eventuell eigene Versäumnisse aus der Analyse ableiten. Diese Blockade muß als erstes überwunden werden. Es ist egal, von wem man lernt, wichtig ist, daß sich die eigenen Ergebnisse schneller verbessern als im Mittelwert der vergleichbaren Industrie. Die durchgeführte Benchmarking-Studie muß den Führungskräften im Detail erklärt werden, sowohl die zahlenmäßigen Ergebnisse als auch die Analyse der potentiellen Ursachen. Es müssen bei allen Beteiligten das Verständnis und die Akzeptanz erreicht werden, sonst fällt es später außerordentlich schwer, die notwendigen Aktionen umzusetzen. Die wichtigsten Ergebnisse müssen auch dem Betriebsrat und den Mitarbeitern erläutert werden. Eigene Erfahrungen über viele Jahre haben gezeigt, daß besonders

72

erfolgreiche Firmen im Laufe der Zeit den Blick für ihre eigene Situation im Wettbewerb verlieren. Es stellt sich eine gewisse Art von Überheblichkeit ein, und der „Schock" ist später um so größer. Benchmarking ist eine Methode, besonders auch in guten Jahren den Blick für die Realität nicht zu verlieren. Die Mitarbeiter müssen regelmäßig Feedback bekommen über das Ergebnis ihrer Arbeit im Vergleich zum Markt. Wenn man der Beste ist, sollte dies unter Beteiligung aller Mitarbeiter honoriert werden, wenn es Defizite gibt, sollten diese von allen verstanden und die notwendigen Aktionen gemeinsam umgesetzt werden.

7. Festlegen der Ziele

Aus den heutigen Wettbewerbslücken und der Projektion über die Zeit können die Ziele definiert werden. Diese müssen dynamisch sein, um die Lernkurve sicherzustellen, und aufsetzen auf dem heutigen Ist-Zustand. In der Zielsetzung müssen sich auch die Vision und Marktposition des eigenen Unternehmens reflektieren. Ein Handelshaus in München muß andere Ziele haben als eine vergleichbare Firma, die europaweit tätig ist. Das Ziel eines multinationalen Unternehmens muß es sein, Nummer eins auf dem Weltmarkt zu werden. Es muß der Zielmarkt definiert werden, in dem man innerhalb der eigenen Branche zukünftig „Klassenbester" sein will. Dies kann z.B. sein:

- [ ] der lokale Markt
- [ ] Markt innerhalb Deutschlands
- [ ] Markt innerhalb Europas
- [ ] weltweit.

Es dauert eventuell einige Jahre, das Ziel zu erreichen, oder man schafft es doch nicht ganz, aber trotzdem muß das Ziel immer sein, der Beste zu werden. Die festgelegten Ziele sind Bestandteil der operationalen Ziele jeder Funktionseinheit.

8. Definition der Aktionspläne

Die Ergebnisse des Benchmarking zeigen dem Unternehmen, wo es im Vergleich zum Klassenbesten steht. Um die daraus abgeleiteten Ziele zu erreichen, müssen Dinge gegenüber früher geändert werden. Je nach Steilheit der notwendigen Lernkurve reichen eventuell kontinuierliche Verbesserungen aus, doch meist werden drastische Veränderungen notwendig sein. Vorhandene Prozesse müssen völlig neu strukturiert werden, und teilweise sind grundlegende Veränderungen notwendig (Reengineering). Die notwendigen Aktionspläne müssen meßbare Ziele und eine klare Zuordnung der Verantwortung enthalten. Die Ziele müssen realistisch sein und von jedem Mitarbeiter verstanden werden können. Dieser Prozeß wird in späteren Kapiteln detailliert beschrieben.

9. Umsetzungen der Aktionen mit Erfolgskontrolle

Eine erfolgreiche Umsetzung der Aktionen benötigt zwei notwendige Voraussetzungen:

☐ Die oberste Leitung muß sich den Fortschritt der Aktivitäten und Ergebnisse regelmäßig ansehen, bei Bedarf Unterstützung geben und motivieren und loben für besondere Erfolge. Es darf kein Zweifel daran bestehen, daß das Erreichen der Ziele für die verantwortliche Führungskraft wichtig ist.
☐ Die betroffenen Mitarbeiter sind in die Umsetzung der Aktionen voll integriert. Sie glauben an den Erfolg und haben die notwendigen Mittel, die gesteckten Ziele zu erreichen.

Der Fortschritt wird regelmäßig dargestellt, z.B. in Form vom Grafiken, die an der Wand in der Produktion, im Pausenraum oder im Flur hängen. In größeren Zeiträumen sollten die ursprünglich gesteckten Ziele im Vergleich zum erreichten Ergebnis überprüft werden.

10. Neue Benchmarks definieren

Besonders in der heutigen Zeit ist das Management von Veränderungen die größte Herausforderung. Benchmarking ist kein einmaliger und abgeschlossener Prozeß, sondern muß Bestandteil der normalen Planungs- und Verbesserungsaktivitäten werden. Da sich auch das Umfeld laufend ändert, muß der beschriebene Prozeß regelmäßig durchgeführt werden. In der Praxis hat es sich nicht bewährt, ein zentrales Benchmarking-Team zu haben. Die Verantwortung muß innerhalb der einzelnen Funktionseinheiten etabliert sein und von diesen eigenverantwortlich durchgeführt werden. Eventuell kann es notwendig sein, Schulung in Benchmarking durch externe Berater durchzuführen oder sich bei den Umfragen und Auswertungen von diesen helfen zu lassen; aber die Verantwortung und der Wille müssen immer von den verantwortlichen Führungskräften ausgehen.

2.5 Zusammenfassung

Die Basis für alle Veränderungen ist die Kenntnis über die eigene Position mit allen Stärken und Schwächen. Diese Analyse sollte regelmäßig jährlich, unabhängig von der aktuellen Geschäftssituation, durchgeführt werden. Es ist wesentlich einfacher, in guten Zeiten die Methode zu trainieren und eine gewisse Systematik über alle Organisationen und Mitarbeiter zu etablieren, als in schlechten Jahren kurzfristig „Rettungsmaßnahmen" umzusetzen. Ein Abschwung der Wirtschaft kann dadurch leichter abgefangen werden, und die Auswirkungen auf die Geschäftsergebnisse, wie auch auf jeden einzelnen Mitarbeiter, sind weniger drastisch.

Weltweit etablierte Methoden sind dafür:

☐ TQM-Selbstanalyse
☐ Kundenzufriedenheitsumfragen
☐ Benchmarking.

Alle drei Methoden werden von erfolgreichen Unternehmen parallel eingesetzt. Jede Methode hat ihre Stärken und Schwächen, und erst aus der Summe aller drei Methoden erhält man eine vollständige Analyse über die eigene Position.

Auch wenn diese Methoden zuerst innerhalb der Fertigungsindustrie entwickelt wurden, werden sie heute verstärkt im Dienstleistungssektor eingesetzt. Jedes Unternehmen, unabhängig von der Größe und der Branche kann einzelne Elemente ohne großen Aufwand anwenden.

Die Erkenntnis für die Notwendigkeit von Veränderungen hat sich in Deutschland in den letzten zwei Jahren allgemein durchgesetzt. Es fehlt aber teilweise noch der Wille, diese Veränderungen umzusetzen und sich flexibel an die dynamischen Veränderungen des Marktes, die sich durch die Globalisierung ergeben haben, anzupassen. Auch wenn nach der tiefen Rezession von 1992 bis 1994 die Wirtschaft langsam wieder in Schwung kommt, werden langfristig nur solche Unternehmen erfolgreich sein, die sich laufend verbessern, und das schneller als der Rest der Industrie im Mittel.

3. Mitarbeiter und Zielsetzung

Traditionelle Unternehmensstrukturen gleichen, je nach Größe, einer Pyramide mit vielen hierarchischen Ebenen. Das Grundkonzept dafür leitet sich aus den Theorien von F.W. Taylor (1856 bis 1915) ab, der die Arbeitsteilung zwischen denen, die denken, und lenken, und denen, die wertschöpfend arbeiten, beschrieben hat. Das klassische Beispiel dafür ist die Einführung der Fließbandarbeit bei Ford in den USA. Diese Arbeitsteilung hat sich über viele Jahre hinweg bewährt, und die Produktivität und Wirtschaftlichkeit konnten deutlich gesteigert werden. Allerdings führte dies auch dazu, daß sich die Anforderungen an die Fähigkeiten dieser beiden Gruppen immer weiter auseinanderentwickelte. Von den Führungskräften, die lenken und kontrollieren, wurde ein immer breiteres Wissensspektrum gefordert, sowohl fachlich als auch in der Personalführung und in der Betriebswirtschaft. Parallel dazu haben sich die Anforderungen an die Mitarbeiter, die ausführen und produzieren, bis hin zur Fließbandarbeit immer weiter spezialisiert, wobei es nur darauf ankommt, einige wenige Handgriffe möglichst schnell und reproduzierbar durchzuführen. Durch Begriffe wie „White Colour and Blue Colour Worker" wurde diese Teilung auch im Sprachgebrauch verdeutlicht.

Diese hohe Spezialisierung und fachliche Anforderung an die indirekten Funktionen, die der Produktion zuarbeiten, führten dazu, daß sich um die Produktion eine Vielzahl von eigenständigen Funktionen entwickelte. Ein Verhältnis von 2:1 zwischen Mitarbeitern in indirekten Funktionen und Mitarbeitern in der Produktion war in großen Produktionsbetrieben üblich. Abbildung 3-1 zeigt eine typische Organisation, wie sie noch vor wenigen Jahren in vielen Großbetrieben existierte. Immer weniger Mitarbeiter waren in der Produktion mit wertschöpfenden Tätigkeiten beschäftigt, und immer mehr mußten ihnen zuarbeiten. Diese Zweiteilung drückte sich nicht nur im Gehalt aus, der Werker in der Produktion hat ein deutlich niedrigeres Einkommen als der Ingenieur in der Planung, sondern auch in der sozialen Wertschätzung und Hierarchie. Für einen Techniker aus der Produktion, der bisher meist im Schichtbetrieb arbeitete, bedeutet das Versetzen in eine indirekte Funktion eine Beförderung und den sozialen Aufstieg. Er kommt regelmäßig morgens um acht, hat seinen eigenen Schreibtisch mit Telefon und

Computer und trägt seine eigene Kleidung. Die Mitarbeiter in den indirekten Funktionen führen immer mehr ein Eigenleben und beschäftigen sich gegenseitig, anstatt ihre ursprüngliche Aufgabe, die in der Unterstützung der Fertigung besteht, wahrzunehmen. Bei den immer schneller werdenden Produkt- und Technologiewechseln, wie sie z.B. in der Halbleiterindustrie üblich waren, führte diese Arbeitsteilung häufig zu einer zusätzlichen Belastung bei einem neuen Produktanlauf. Für die Produktentwicklung, die Planung der Produktionslinie und das Betreiben der Linie waren unterschiedliche Funktionen verantwortlich. Bei Anlaufschwierigkeiten in bezug auf Qualität, Funktionalität und Anlagenstabilität ergaben sich viele Reibungsverluste, bis eine klare Problemverantwortung durch Klärung der „Schuldfrage" etabliert war.

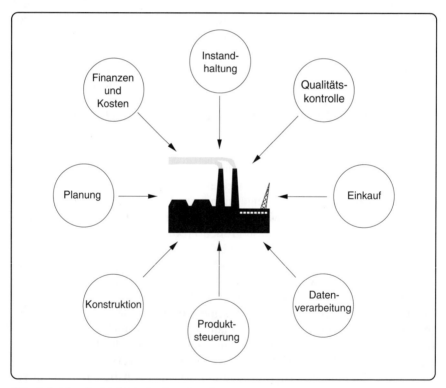

Abb. 3-1: Klassische Organisation eines Produktionsbetriebs

Außer den vorher beschriebenen, immer komplexer werdenden betrieblichen Abläufen ergaben sich in den letzten Jahren zwei weitere Faktoren, die drastische Veränderungen der bisherigen Abläufe und Organisationen notwendig machten:

1. Das Gefälle zwischen Lohn- und Lohnnebenkosten je Arbeitsstunde in Deutschland im Vergleich zu anderen Ländern wurde durch die Globalisierung der Märkte immer kritischer. Neben der Produktivität wurden die Lohnkosten zum entscheidenden Faktor der Herstellungskosten. Die folgende Aufstellung zeigt die Unterschiede in den Kosten pro vergleichbarer Arbeitsstunde:

Heilbronn   = 100 % = DM 40,–/Stunde
Santa Cara/Californien = 65 % = DM 26,–/Stunde
Manila/Philippinen   = 10 % = DM 4,–/Stunde
Shanghai/China   =   5 % = DM 2,–/Stunde
(Quelle: Technologiekongreß-Bericht, IHK Heilbronn, Band 7, 1994)

Sicher ist es nicht möglich, diese Unterschiede durch höhere Produktivität und Mitarbeiterabbau zu kompensieren, aber es ist ein mitentscheidender Faktor für Neuinvestitionen. Wie sich aus Tabelle 1-1 ergibt, sind schon innerhalb der Europäischen Union die Lohnkostenunterschiede erheblich und werden durch die Öffnung nach Osten verstärkt.

2. Nachdem die soziale Not überwunden war und der wirtschaftliche Aufschwung und die Verbesserung des Lebensstandards für jeden in der westlichen Welt spürbar wurden, begann in den 60er Jahren ein Wertewandel. Beginnend bei der Jugend, stand nicht das materielle Wachstum im Vordergrund, sondern die Selbstverwirklichung, Persönlichkeitsentfaltung und Umweltbewußtsein. Dies hat sich bis heute fortgesetzt zur sogenannten Generation X: sehr gut ausgebildete 20 bis 30jährige, arbeitslos oder in „Mac-Jobs" beschäftigt, ohne Zukunftsperspektive und Leitbilder. Dieses ist sicher die größte soziale Verantwortung der Wirtschaft und Politik in den nächsten Jahren, allen Schulabgängern wieder Arbeitsplätze zu bieten.

Parallel dazu hat sich auch die Akzeptanz von Autorität verändert. Eine Anweisung durch eine Führungskraft wird nicht deshalb automatisch umgesetzt, weil sie von einer Führungskraft kommt, sondern sie will von den Mitarbeitern verstanden und akzeptiert sein. Autorität durch Hierarchie ist immer weniger erfolgreich, gefordert sind soziale und fachliche Kompetenz bei der Überzeugung der Mitarbeiter. Dies erleben wir alle auch im täglichen Leben. Wenn mein Vater zu mir sagte: „Sohn, mäh' den Rasen", dann habe ich das gemacht, weil es mein Vater sagte. Bei meinem Sohn reicht dies nicht mehr. Hier sind Überzeugung und Erklärung notwendig, warum gerade er heute den Rasen mähen soll.

Auf diese gesellschaftlichen und wirtschaftlichen Veränderungen muß sich die Industrie heute einstellen, nicht nur in der Produktion, sondern auch im Dienstleistungssektor. Allgemein hat sich dafür der Begriff Lean Management durchgesetzt. „Lean Management ist eine integrierte Gesamtheit von Entscheidungs- und Handlungshilfen sowie Einstellungen, mit denen die Unternehmung in einer turbulenten Umwelt auf Dauer haltbare Wettbewerbsvorteile erzielen und ihren Wert erhöhen kann. Lean Management umfaßt drei Begriffe: zentrale Steuerung, dezentrale Führung durch multidisziplinäre Teams, die mit Entscheidungsbefugnis ausgestattet sind, und eine gemeinsame Kultur" (Hinterhuber, Krauthammer 1994, S. 294). Teilweise sind heute die Begriffe Lean Management und Lean Production negativ belegt, weil sie als Job-Killer angesehen werden. In den folgenden Kapiteln wird, basierend auf praktischen Erfahrungen, die Einführung von eigenverantwortlichen Teams (Gruppenarbeit) mit individueller Zielvereinbarung und mit den dazugehörenden unterstützenden Personalprogrammen beschrieben.

3.1 Kommunikation

Einer der wichtigsten Faktoren bei der Einführung und erfolgreichen Umsetzung von TQM ist die richtige Kommunikation. Sowohl zu wenig als auch zu viel Kommunikation kann schädlich sein. Wenn, nachdem die Entscheidung getroffen ist, daß TQM eingeführt werden soll, alle Mitarbeiter im Detail informiert werden, welche Veränderungen man von TQM erwartet, erzeugt dies Ängste und Unsicherheit. Zusätzlich werden Erwartungen aufgebaut, die sich realistisch nicht kurzfristig in den nächsten Monaten realisieren lassen. Es muß nicht jeder Mitarbeiter zu jeder Zeit über alles informiert sein. Die Erfahrung, basierend auf regelmäßigen Umfragen, zeigt, daß auch bei einer deutlichen Steigerung der Kommunikation durch die Führungskräfte immer ein gewisses Mißtrauen und Unsicherheit übrig bleiben. Auf die Frage: „Wie zufrieden sind Sie mit der Information, die Sie durch Ihre Führungskräfte bekommen?", kann man nicht erwarten, daß alle Mitarbeiter „sehr zufrieden" antworten.

Wichtig ist, daß die Kommunikation mit den tatsächlichen Veränderungen im Betrieb parallel läuft. Nichts ist schlimmer als Ankündigungen durch die Geschäftsleitung, die sechs Monate später widerrufen werden müssen. Wichtiger als die reine Sachinformation ist der Aufbau einer Vertrauensbasis zwischen Belegschaft und Geschäftsführung. Wenn dieses Vertrauen besteht, ist das Bedürfnis deutlich geringer, über alle Einzelheiten informiert zu werden.

Eine sehr wichtige Rolle spielt dabei die Einbeziehung des Betriebsrates in alle TQM-Aktivitäten von Anfang an. Da das Resultat von einer TQM-Umsetzung immer mitbestimmungspflichtige Aktionen enthält, wie Organisationsänderungen, Veränderungen von Arbeitsplätzen und -inhalten und eventuell Entlassungen, sollte der Betriebsrat frühzeitig einbezogen und beteiligt werden. Die einzelnen Stufen der TQM-Einführung laufen in der Hierarchie parallel zur Kommunikation von oben nach unten. Bevor die nächste Ebene eingebunden wird, sollte eine Einigung mit allen bisher Beteiligten erzielt werden. Mit einem einfachen Test läßt sich der Status innerhalb des Führungsteams in einer Ebene schnell ermitteln:

Jeder schreibt auf je eine Metaplan-Karte, was aus seiner Sicht die drei wichtigsten Unternehmensziele sind. Diese werden in Gruppen an die Wand geklebt und verglichen. Die Wahrscheinlichkeit ist groß, daß zu Anfang große Abweichungen bestehen. Was kann man dann von den untergeordneten Ebenen erwarten? Die Karten bilden dann die Basis für die anschließende Diskussion und Einigung (Verabredung).

Der folgende Ablauf zeigt die wichtigsten Stufen der Kommunikation über alle Unternehmensebenen:

1. Einigung innerhalb der obersten Leitung

Mit der obersten Leitung werden üblicherweise der verantwortliche Geschäftsführer und die an ihn direkt berichtenden Funktionsleiter bezeichnet.

In dieser Gruppe muß zuerst eine Einigung über die Zielsetzung erreicht und die Bereiche identifiziert werden, in denen eine Veränderung notwendig ist. Die Basis dafür bilden die Ergebnisse aus der vorher beschriebenen Standortanalyse. Erst wenn in diesem Kreis der unabdingbare Wille für Veränderungen vorhanden ist, sollte die weitere Kommunikation erfolgen.

Ein entsprechender Workshop dauert nach ausführlicher Vorbereitung etwa zwei Tage und sollte außerhalb der normalen Büroumgebung stattfinden. Für die Vorbereitung und Moderation ist die Unterstützung eines externen Beraters empfehlenswert. Das Ergebnis dieses Workshops sollte sein:

Vision

Was ist langfristig unser übergeordnetes Ziel? Es sollte mindestens zwei bis drei Jahre Gültigkeit haben und ein übergeordnetes Unternehmensziel sein. Typische Beispiele dafür sind:

- [ ] kundenfreundlichstes Unternehmen
- [ ] Nummer eins in Kundenzufriedenheit
- [ ] Entwicklungszeit halbieren
- [ ] Nummer eins in Qualität und Zuverlässigkeit
- [ ] 100 % Liefertreue (Serviceability)
- [ ] Herstellungskosten um 30 % reduzieren
- [ ] Marktführer in Deutschland/Europa/weltweit.

Ziele

Die Definition von meßbaren Zielen über die Zeit, die die Vision unterstützen, ist unbedingt notwendig. Erst wenn die Kennzahlen (Critical Success Factors) definiert sind, die auch später meßbar sind und monatlich oder quartalsweise überprüft werden, kann der Rest des Unternehmens erfolgreich beteiligt werden. Mit der Aussage: „Wir wollen das kundenfreundlichste Unternehmen sein" ist jeder sofort einverstanden und macht so weiter wie bisher.

Verantwortung

Außer dem Geschäftsführer als Machtpromoter sollte ein Mitglied des Führungsteams die Verantwortung für das TQM-Projekt haben. Bei umfangreichen Projekten sollte dieser temporär von seinen bisherigen Aufgaben freigestellt werden. Auch dadurch werden Zeichen gesetzt, wie wichtig dieses Projekt ist. Die Verantwortung für die TQM-Umsetzung kann nicht delegiert werden.

Zeit

Es sollte ein grober Zeitrahmen definiert werden. Details sind zu diesem Zeitpunkt nicht nötig, sondern nur die wichtigsten Stationen über die nächsten ein bis zwei Jahre. Das erste Pilotprojekt kann schon nach sechs Monaten meßbare Erfolge vorzeigen, während eine Veränderung der Unternehmenskultur mindestens zwei Jahre dauert.

Kommunikation

Definition der Kommunikationskaskade bis zu jedem einzelnen Mitarbeiter.

2. Vorstellung und Erläuterung der unter 1. erarbeiteten Elemente innerhalb des mittleren Führungskräfteteams

Zu diesem Zeitpunkt liegen die Vision und die Verantwortung fest, aber alle anderen Größen können in diesem Workshop modifiziert werden. Ziel ist es, das Verständnis über die eigene Situation zu erreichen, Einigung über die Kennzahlen und Termine zu erzielen und die Sicherstellung, daß *alle* Führungskräfte hinter diesem Projekt stehen. Für diesen Workshop ist etwa ein Tag erforderlich.

3. Information aller Mitarbeiter

Dafür haben sich zwei Möglichkeiten der Kommunikation bewährt: Alle Mitarbeiter werden durch den Geschäftsführer in einer gemeinsamen Veranstaltung informiert. Der Nachteil dabei ist, daß bedingt durch die vielen Teilnehmer kaum eine Möglichkeit für Diskussionen besteht. Bei der zweiten Möglichkeit werden die Mitarbeiter von ihrem jeweiligen Funktionsleiter informiert. Der Vorteil ist dabei, daß funktionsspezifische Diskussionen möglich sind.

4. Plakate

Um die Wichtigkeit diese Projektes zu demonstrieren, ist ein Plakat mit der Darstellung der Vision hilfreich. Ein Beispiel hierfür ist in Abbildung 3-2 dargestellt. Bei größeren Organisationen sind außerdem Merkblätter und Broschüren notwendig und regelmäßige Artikel in den vorhandenen Firmenpublikationen angebracht.

Neben diesen Aktivitäten, die in direktem Zusammenhang mit der Einführung von TQM stehen, hat jedes Unternehmen etablierte Kommunikationskanäle zwischen den Führungskräften und den Mitarbeitern. Da die Umsetzung die Beteiligung aller Mitarbeiter erfordert und sich für viele eine direkte Veränderung ergeben wird, ist es notwendig, den bisher bestehenden Dialog zu intensivieren und möglichst Ängste und Fragen frühzeitig aufzufangen. Es muß dabei beachtet werden, daß der Dialog in beiden Richtungen funktionieren muß. Also auch vom Mitarbeiter bis zur obersten Führungsebene.

Nachfolgend sind Möglichkeiten der regelmäßigen Kommunikation dargestellt. Viele davon sind üblicherweise Bestandteil der vorhandenen Personalprogramme:

Abteilungsbesprechung	Diese findet regelmäßig an vorher festgelegten Terminen statt. Teilnehmer sind alle Mitarbeiter einer Abteilung und die Führungskraft. Gastredner können bei Bedarf eingeladen werden.
Betriebsversammlung	Zu dieser lädt der Betriebsrat viermal pro Jahr ein. Es nimmt die gesamte Belegschaft teil, zusammen mit der Geschäftsführung, dem Betriebsrat und Vertretern der Gewerkschaften.
Fördergespräch	Einmal pro Jahr bespricht der Abteilungsleiter mit jedem einzelnen Mitarbeiter die Ziele für das kommende Jahr und wie seine Leistungen im abgelaufenen Jahr waren. Zusätzlich werden die notwendigen Schulungen und die berufliche Weiterentwicklung abgesprochen. Die wesentlichen Ergebnisse werden protokolliert.

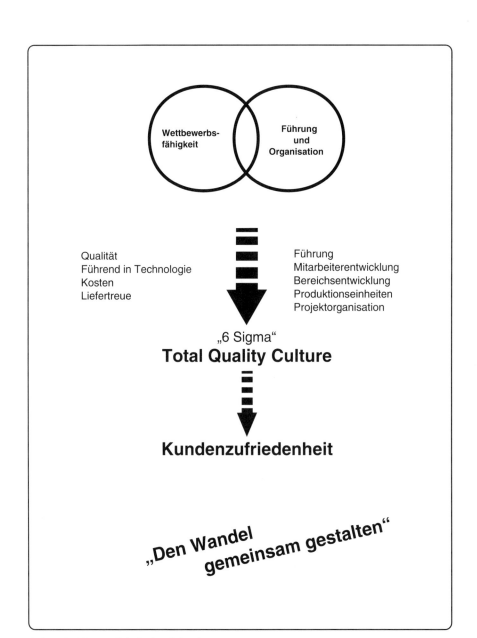

Abb. 3-2: Vision „Fabrik der Zukunft"

Runder Tisch	Der Funktionsleiter lädt eine ausgewählte Gruppe von Mitarbeitern ein und diskutiert mit diesen aktuelle Probleme.
Ebenensprung	Der Geschäftsführer oder Funktionsleiter lädt einen Mitarbeiter aus seiner Organisation ein, der nicht direkt an ihn berichtet. Das Ziel ist es, sich in einem vertraulichen Gespräch über Probleme und die Stimmung (Betriebsklima) zu informieren.
Offene Tür	Wenn ein Mitarbeiter mit seiner direkten Führungskraft einen Konflikt hat, kann er mit der nächsthöheren Führungskraft ein vertrauliches Gespräch führen ohne persönliche Nachteile für ihn. Im Ausnahmefall kann das Gespräch über mehrere Ebenen gehen.
Offen gesagt	Jeder Mitarbeiter kann der Geschäftsführung einen Brief mit Fragen oder Kommentaren schreiben. Jeder Brief wird kurzfristig beantwortet. Der Absender ist dem Beantworter nicht bekannt. Anonymität wird sichergestellt.
Rundgang	Der Geschäftsführer oder Funktionsleiter macht regelmäßig Rundgänge durch die Fertigung und andere Abteilungen, um sich über die Stimmung vor Ort ein Bild zu machen und für die Mitarbeiter ansprechbar zu sein.

3.2 Zielvereinbarung

Abgeleitet aus der TQM-Standortanalyse, zusammen mit Daten über Kundenzufriedenheit und Benchmarking wurde die eigene Situation analysiert und abgeleitet daraus die Schwerpunkte und Ziele, in Form einer Vision mit Kennzahlen, für die Zukunft definiert. Diese Ziele müssen für jeden Mitarbeiter definiert werden, so daß jeder einzelne weiß, was sein Anteil am Gesamterfolg ist. Diese Einzelziele müssen für den Mitarbeiter verständlich und akzeptabel sein und in der Summe die übergeordneten Unternehmensziele unterstützen. Erst das strukturierte Zusammenarbeiten aller Beschäftigten stellt die Erfüllung der gesteckten Ziele sicher. Ein einzelner, egal wie hoch in der Hierarchie, kann nichts erreichen.

Ein zweiter Grund für die Notwendigkeit eines strukturierten Zielsetzungsprozesses liegt in der Identifikation mit den gesetzten Zielen. Jeder hat schon einmal die Aussage eines Abteilungsleiters gegenüber seinen Mitarbeitern gehört: „Die da oben haben sich wieder noch höhere Ziele für das neue Jahr ausgedacht. Ich glaube zwar nicht, daß es machbar ist, aber wir müssen es trotzdem versuchen." Bei dieser Art der Kommunikation (Transparent Management) läßt sich leicht ermessen, wie hoch die Motivation der Mitarbeiter ist, dieses Ziel auch wirklich zu erreichen. Es läßt sich nicht ausschließen, daß bewußt oder unbewußt ein Teil der Energie darauf verwandt wird nachzuweisen, daß diese Ziele nicht erreichbar sind. Außer der Kommunikation der Einzelziele müssen auch die Akzeptanz und die Identifikation mit diesen Zielen sichergestellt sein. Es wird also ein Zielvereinbarungsprozeß benötigt und nicht nur eine Zielsetzung.

In Abbildung 3-3 ist ein Zielvereinbarungsprozeß dargestellt, wie er in der Praxis entwickelt und seit mehreren Jahren in der Produktion IBM Deutschland angewandt wird. Im folgenden werden die Inhalte, der Ablauf und die möglicherweise auftretenden Probleme beschrieben.

Die Ziele

Die Kennzahlen und abgeleiteten Einzelziele werden in fünf Kategorieren eingeteilt, die je nach Unternehmensart unterschiedlich sein können. Innerhalb dieser Kategorien sollten alle Einzelziele zugeordnet werden, so daß zumindest bis zu jeder Abteilung in jeder Kategorie Einzelziele definiert sind. Dadurch sind eine umfassende Durchdringung und Verknüpfung über das gesamte Unternehmen sichergestellt. Bis zu jedem einzelnen Mitarbeiter werden sich meistens keine Einzelziele in jeder Kategorie ergeben. Hier muß ausreichend Flexibilität vorhanden sind, sich auf die notwendigen Punkte zu beschränken.

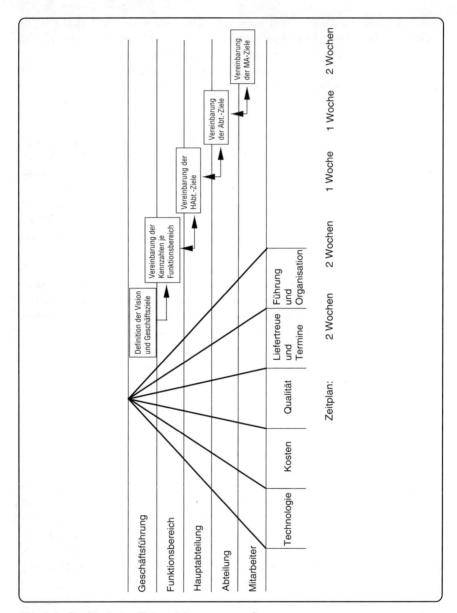

Abb. 3-3: Strukturierter Zielvereinbarungsprozeß

(Quelle: IBM)

Für einen Produktionsbetrieb können die fünf Kategorien mit einigen Beispielen für Einzelziele folgendermaßen aussehen:

1. Technologie:	Maschinenverfügbarkeit mit MTBF (Meantime between Failures) und MTR (Meantime to Repair), Maschinendurchsatz in Gutteile pro Stunde, Reduzierung von Energie und Materialverbrauch, Abfallreduzierung und Recycling
2. Kosten:	Herstellungskosten, Bestände, Einkaufskosten, EDV-Kosten, Lohnkosten durch Mitarbeiter, Reisekosten, Wartungsteilekosten, Garantiekosten
3. Qualität:	Kundenzufriedenheit, Ausschuß, Defekte bei der Auslieferung, Ausfälle beim Kunden, Qualität der angelieferten Produkte, Nacharbeit
4. Liefertreue und Termine:	Ausgelieferte Gutteile pro Monat/Jahr, Liefertreue in Prozent, Auftragserfüllung, Durchlaufzeiten, Auftragsbearbeitung, Reaktionszeit auf Auftragsänderung, Verhältnis Wertschöpfungszeit zur Gesamtdurchlaufzeit, Einhalten von Terminzusagen
5. Führung und Organisation:	Mitarbeiterzufriedenheit, Anzahl meldepflichtiger Unfälle, Krankheitsrate, Fluktuation, Kommunikation mit den Mitarbeitern, Vereinfachung von Abläufen, Förderung und Entwicklung von potentiellen Führungskräften, Schulung und Ausbildung

Die Endziele müssen so definiert werden, daß sie eindeutig, meßbar und erreichbar sind.

Nur was meßbar ist, wird auch verbessert.

Die Wichtigkeit und Priorität der Ziele werden dadurch bestimmt, wie wichtig die Einhaltung für den Kunden ist. Die Einhaltung von Lieferterminen

89

und die ausgelieferte Qualität sind für den Kunden wichtiger als Nacharbeit und Durchlaufzeit, auch wenn diese direkt voneinander abhängen. Bei dem Kunden muß es sich nicht nur um den externen Endkunden handeln, sondern dies kann auch ein interner Kunde sind. Besonders innerhalb Kategorie 5 ist zu beachten, daß hervorragende Leistungen nur mit gut ausgebildeten und motivierten Mitarbeitern erzielt werden können.

> **Kundenzufriedenheit kann nur mit zufriedenen Mitarbeitern erreicht werden.**

Weiterhin ist es hilfreich, daß jede Führungskraft sich ein persönliches Ziel setzt und dieses an seine Mitarbeiter kommuniziert. Dieses Ziel sollte nicht technisch, sondern ein Thema aus Kategorie 5 sein.

Der Prozeß

Wie in Abbildung 3-3 dargestellt, müssen die Ziele innerhalb der fünf Kategorien von der Geschäftsführung bis zu jedem Mitarbeiter heruntergebrochen werden. Dieser Prozeß läuft nicht nur von oben nach unten, sondern es muß auch die Möglichkeit bestehen, Korrekturen von unten nach oben durchzuführen. Die langfristige Vision und die operativen Kennzahlen werden dadurch nicht verändert, sondern nur die Art bzw. der Weg, wie diese erreicht werden.

An einem Beispiel soll dies verdeutlicht werden: Als übergeordnetes Ziel wird vorgegeben, die Nacharbeit um 50 % zu reduzieren. Dies kann von der betroffenen Abteilung aber nur erreicht werden, wenn sich die Qualität der angelieferten Teile verbessert und die Stabilität einer Maschine optimiert wird. Diese zwei Einzelziele werden nach oben getragen und von einer anderen Funktion übernommen oder innerhalb der Hauptabteilung gelöst.

Nachdem die übergeordneten Geschäftsziele durch die Geschäftsführung definiert wurden, sind bei dem weiteren Aufbrechen und der Verabredung der Ziele jeweils zwei Ebenen beteiligt:

90

Vereinbarung der Kennzahlen je Funktionsbereich	In einem Workshop zwischen den Funktionsleitern und der Geschäftsführung werden die Geschäftsziele für das kommende Jahr auf die Bereiche aufgeteilt und die Verantwortung definiert. Spannungen ergeben sich in dieser Runde, inwieweit die Geschäftsziele „vorgegeben" sind oder noch diskutiert werden können und wie die Verteilung über die einzelnen Bereiche erfolgt. Für diesen Workshop sind ein bis zwei Tage anzusetzen. Externe Moderation ist empfehlenswert.
Vereinbarung der Hauptabteilungsziele	Jeder Funktionsleiter teilt seine persönlichen Ziele über die einzelnen Hauptabteilungen auf. Dem mittleren Management kommt in diesem Prozeß als Bindeglied zwischen der Unternehmensführung und den ausführenden Abteilungen eine entscheidende Rolle zu. Dauer etwa ein Tag.
Vereinbarung der Abteilungsziele	Jeder Hauptabteilungsleiter erläutert seine persönlichen und akzeptierten Ziele seinen Abteilungsleitern. Die Verteilung der Ziele auf die einzelnen Abteilungen findet im Team statt.
Vereinbarung der Mitarbeiterziele	Der Abteilungsleiter ordnet jedem Mitarbeiter einen Anteil seiner persönlichen Zielsetzung zu. Er wird nicht alle Elemente an seine Mitarbeiter weitergeben können, besonders nicht Ziele in Kategorie 5. Bei bereits gut funktionierenden Abteilungen und Teams kann dieser Prozeß in der Gruppe erfolgen, sonst muß er individuell mit jedem Mitarbeiter stattfinden.

Nach Abschluß dieses Prozesses, der bei fünf Ebenen etwa acht Wochen dauert, hat jeder Beschäftigte eine schriftliche Zielvereinbarung, die von ihm verstanden und akzeptiert wurde. In der Praxis ist es hilfreich, ein Formblatt mit den fünf Kategorien zu verwenden, auf dem die quantifizierten Individualziele und Termine eingetragen sind. Dieses Formblatt wird, nachdem es ausgefüllt ist, vom Vorgesetzten und Untergebenen unterschrieben. Jeder bekommt eine Kopie. Dies ist die Basis für das kommende Jahr und kann für die Leistungsbewertung und Beurteilung herangezogen werden. Falls Leistungsprämien vergeben werden, müssen die Kriterien dafür von diesen Zielen abhängen und entsprechend auf dem Formblatt vermerkt werden. Bei Änderungen während des Jahres, wie Volumen- oder Produktänderungen, werden diese kurz durchgesprochen und in das Formblatt eingetragen. Bei kleineren Organisationen mit weniger Ebenen kann der Prozeß entsprechend abgekürzt werden.

Die Kontrolle

Während des Jahres wird der aktuelle Fortschritt regelmäßig mit dem gesetzten Ziel verglichen. Dies geschieht üblicherweise jeden Monat oder jedes Quartal. Außer der Kontrolle sind auch die Unterstützung und das Lob wichtig. Falls einzelne Ziele nicht erreicht werden, die später den Gesamterfolg in Frage stellen können, müssen hier frühzeitig Hilfe und Unterstützung gegeben werden. Außerdem demonstriert das Führungsteam durch gegenseitige Hilfe, daß ihm das Erreichen der gesetzten Ziele wichtig ist. Erfolge und hervorragende Leistungen sollten während des Jahres zelebriert und kommuniziert werden. Hierfür ist es sehr hilfreich, die Möglichkeit der Teamauszeichnung zu haben. Eine Einladung zum Abendessen für das erfolgreichste Team motiviert mehr als eine Prämie am Jahresende.

Auch für die Darstellung der aktuellen Situation empfiehlt es sich, daß man sich auf eine einheitliche Darstellung einigt. Beim heutigen Stand der Datenverarbeitung können diese Grafiken mit wenig Aufwand erstellt werden. Die Zielwerte werden für das gesamte Jahr eingetragen, und jeden Monat wird ein weiterer Punkt mit dem aktuellen Status eingefügt. Ein Beispiel dafür ist in Abbildung 3-4 dargestellt. Am besten werden diese Darstellungen von dem für diesen Parameter Verantwortlichen selbst vorgenommen. Außer dem aktuellen Status für den laufenden Monat sollte auch ein Ausblick auf die nächsten ein bis drei Monate gezeigt werden. Der Vergleich der

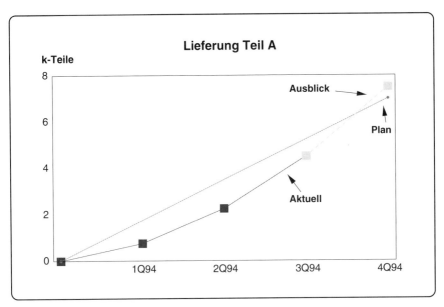

Abb. 3-4: Beispiel für einen Plan-Ist-Vergleich zur Kontrolle der Zielerreichung

Projektion mit der aktuellen Entwicklung zeigt, wie gut das Verständnis und die Beeinflußbarkeit sind. Allein dadurch, daß der Mitarbeiter diese Grafik regelmäßig darstellen und erklären muß, ergibt sich eine starke Identifikation mit den aktuellen Vorgängen.

Durch das Aufteilen der Geschäftsziele in viele Einzelziele ergibt sich ein recht großer Datenanfall, der von unten nach oben verdichtet werden muß. Dies geschieht in umgekehrter Reihenfolge zu der am Anfang des Jahres erfolgten Zielvereinbarung. Jeder berichtet nur die Daten nach oben weiter, für die er verantwortlich ist und die in seiner Zielsetzung enthalten sind. Es empfiehlt sich, die Daten auf der Geschäftsführerebene auf ein einziges Blatt zu verdichten, das die wesentlichen Kennzahlen enthält. Falls notwendig, können zusätzlich Grafiken der Funktionsleiter bzw. Hauptabteilungsleiter verwendet werden. Das ist der Vorteil, wenn alle Daten in einem einheitlichen Format gespeichert und dargestellt werden. Es ist nicht mehr notwendig, für die Monats- oder Quartalsbesprechung extra Grafiken mit Trendanalysen und Plan-Ist-Vergleichen zu erstellen.

Mittlere und größere Unternehmen haben heute üblicherweise eine zentrale Datenverarbeitung mit dezentralem Zugriff von jedem Arbeitsplatz über ein Datenterminal bzw. Personalcomputer. Daten von der Produktion, vom Versand oder vom Vertrieb werden direkt eingegeben, in dem entsprechenden Format abgespeichert und können als Grafik von jedem berechtigten Arbeitsplatz abgerufen werden, jeweils im Vergleich zu den definierten Planwerten. Abbildung 3-5 zeigt eine derartige Datenhierarchie für ein mittleres Unternehmen.

Die Daten auf Geschäftsführerebene werden auf eine Seite verdichtet, entweder als Plan-Ist-Vergleich oder als „Ampel-Chart", wie es in Tabelle 3-1 dargestellt ist. Beim „Ampel-Chart" werden die Kennzahlen nicht als Zahl

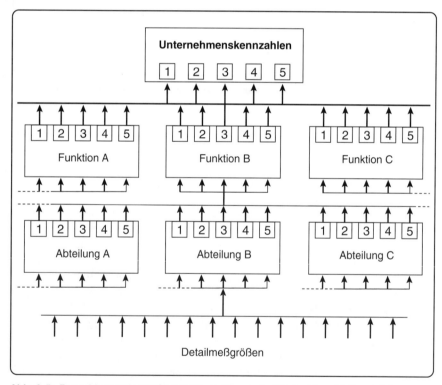

Abb. 3-5: Datenhierarchie und Verdichtung für regelmäßigen Plan-Ist-Vergleich

angegeben, da dies sehr schnell unübersichtlich werden kann, sondern als farbiger Punkt, entsprechend einer Verkehrsampel:

○ Grün: Ist-Wert gleich oder besser als Zielwert. Positiver Trend.
X Gelb: Ist-Wert < 10 % schlechter als Zielwert. Keine Unterstützung notwendig.
★ Rot: Ist-Wert > 10 % schlechter als Zielwert. Gefährlicher Trend. Unterstützung ist notwendig.

Plan-Ist-Vergleich 1994   Monat September

| Kennzahlen 1994 | | Gesamtunternehmen | | | Produktlinie | | |
		Ziel 12/94	Ist 9/94		A	B	C
– Kundenzufriedenheit							
Umfrage	%	90	89	x	o	o	x
Lieferfähigkeit	%	100	85	★	o	x	★
Ausgelieferte Defekte	ppm	500	300	o	o	o	o
Ausfälle beim Kunden	ppm	80	50	o	o	o	o
Menge		–	–	–	o	x	★
– Qualität							
Ausschuß	kppm	150	221	★	o	o	★
Nacharbeit	%	10	15	★	o	x	★
Lieferantenrückweise	ppm	800	324	o	–	–	–
Durchlaufzeit	Tagen	–	–	–	o	o	x
– Finanzen							
Umsatz	Mio DM	154	110,3	o	o	o	x
Herstellkosten	Mio DM	121	88,5	o	o	o	o
Bestände	Mio DM	17	18,7	x	o	o	x
Produktkosten	Mio DM	–	–	–	o	o	★
Profit vor Steuern	Mio DM	22	17,1	o	o	o	x
– Sonstiges							
Mitarbeiterzufriedenheit	%	15	78	–	–	–	–
Meldepflichtige Unfälle	%	8	5,6	o	x	o	o
Abwesenheitsrate	%	5	6,3	★	★	x	o

Tab. 3-1: Beispiel eines Ampel-Charts für den monatlichen Plan-Ist-Vergleich eines Fertigungsbetriebs

Da man sich vorher auf die Planwerte geeinigt hat, ist es ausreichend, nur über die Kennzahlen zu sprechen, die im abgelaufenen Monat durch einen roten Punkt gekennzeichnet sind. Für diese werden die Detaildaten und Aktionspläne durch die verantwortliche Führungskraft dargestellt. Innerhalb von ein bis zwei Stunden kann auf diese Art auch über komplexe Abläufe ein Überblick erzielt und alle notwendigen Punkte durchgesprochen werden.

3.3 Mitarbeitereinbindung (Empowerment)

Durch die relativ hohen Lohn- und Lohnnebenkosten in Deutschland hat sich in den letzten Jahren der Druck verstärkt, Arbeitsplätze abzubauen. Dies geschieht zum einen dadurch, daß besonders die Produktion Teile ihrer Fertigung in Niedriglohnländer verlagert, zum anderen dadurch, daß die Produktivität weiter gesteigert wird. Es geht darum, Standortnachteile auszugleichen und die Wettbewerbsposition zu verbessern, und dies geht meist zu Lasten von Arbeitsplätzen. In Tabelle 3-2 sind die Arbeitsplätze im internationalen Vergleich dargestellt. Arbeitsplätze abzubauen, um zu rationalisieren, kann nur langfristig erfolgreich sein, wenn parallel oder noch besser vorher die Arbeitsinhalte entsprechend verändert werden. Dies geschieht einmal dadurch, daß unnötige Arbeiten identifiziert und abgeschafft werden, und dadurch, daß alle Mitarbeiter stärker und aktiv in den Prozeß einbezogen werden. Die Einbeziehung aller Mitarbeiter ist eines der wesentlichen Elemente bei der Einführung von TQM. Es bereitet aber auch die größten Schwierigkeiten bei der Umsetzung. Die Führungskräfte müssen lernen, mehr Verantwortung an die Mitarbeiter zu delegieren (Empowerment), und die Mitarbeiter müssen lernen, einen Teil der Verantwortung für den Unternehmenserfolg zu übernehmen.

In der klassischen Organisation nach Abbildung 3-1 können 70-80 % der wesentlichen Produktionskennzahlen für

☐ Qualität,
☐ Durchlaufzeit,
☐ Kosten

nicht direkt durch die Werker in der Produktion beeinflußt werden. Der weitaus größte Teil der Wertschöpfung findet dort statt, doch trotzdem sind

Land	Direkt = Entgelt	Personal- zusatzkosten	Arbeitskosten insgesamt
Westdeutschland	23,44	19,22	42,67
Schweiz	26,05	13,50	39,55
Japan	21,34	15,96	37,30
Frankreich	14,71	13,78	28,50
USA	19,46	8,39	27,84
Großbritannien	15,65	6,50	22,15
Australien	15,49	5,58	21,07
Portugal	4,31	3,49	7,80

Tab. 3-2: Arbeitskosten im internationalen Vergleich in DM je Stunde (Fertigungsindustrie)
(Quelle: IW)

der Einfluß und damit die Identifikation mit diesen Kennzahlen gering. Obwohl die Mitarbeiter im Privatleben die Finanzierung für ihre Wohnung erstellen, aktiv in Vereinen und in der Politik sind und teilweise sehr kreative Hobbies haben, beschränkt sich ihre Tätigkeit im Berufsleben auf das Durchführen von einfachen, manuellen Tätigkeiten.

Abgeleitet aus Erfahrungen in Japan, begannen Ende der 80er Jahre die ersten Firmen damit, eigenverantwortliche Teams einzuführen, was heute allgemein mit Gruppenarbeit bezeichnet wird. Basierend auf einer Untersuchung der Universität Mannheim hat von den hundert größten deutschen Unternehmen bisher knapp ein Drittel Gruppenarbeit eingeführt (manager magazin 12/94):

	1989	1993
Gruppenarbeit geplant	2 %	12 %
Gruppenarbeit eingeführt	23 %	32 %
Gruppenarbeit eingestellt	0 %	4 %

Unter dem Begriff Gruppenarbeit und Mitarbeitereinbindung gibt es viele verschiedene Modelle, von der Gruppe mit fünf Mitarbeitern, die bei der Mercedes-S-Klasse die Türen montieren, bis zur Produktionseinheit (PEH) bei IBM mit 200 Mitarbeitern, die verantwortlich ist für einen Produktionsabschnitt. Ziel aller Modelle ist es, die von F. W. Taylor beschriebene Arbeitsteilung durch eigenverantwortliche Teams zu ersetzen. Die Erfahrung in der Praxis hat gezeigt, daß dieser Prozeß um so erfolgreicher ist, je größer die Eigenverantwortung der Gruppe ist. Es gibt nicht das Idealmodell für alle Gelegenheiten, für die Fließbandproduktion genauso wie für die Fertigung mit Prozeßzentren oder im Dienstleistungsbereich. Jedes Unternehmen ist anders und hat gewachsene Strukturen und eine Firmenkultur.

Das Verlagern von Verantwortung von oben nach unten muß behutsam eingeführt und individuell angepaßt werden. Basierend auf der Erfahrung seit 1989 mit der Einführung von eigenverantwortlichen Produktionseinheiten in mehreren Produktionslinien der IBM Deutschland, werden im folgenden einige Anregungen und Erfahrungen beschrieben.

Produktionseinheiten

Produktionslinien zur Herstellung von 4-MB-Speicherchips, Keramiksubtraten mit 70 Lagen und Leiterplatten mit bis zu 28 Lagen setzen sich aus etwa 400 Einzelprozessen zusammen. Probleme beim Anlauf neuer Produkte in bezug auf Qualität und Durchlaufzeiten und zu hohe Herstellungskosten machten es notwendig, Ende der 80er Jahre durch Reengineering völlig neue Geschäftsprozesse und Verantwortungen in der Produktion einzuführen. Ausgehend von der in Abbildung 3-1 beschriebenen Organisationsstruktur mit vielen Verantwortlichen, war es das Ziel, eine Organisation innerhalb der Fertigung mit folgenden Zielen zu etablieren:

1. Ein Team mit einer Führungskraft ist verantwortlich für einen Streckenabschnitt der Gesamtproduktion.
2. Das Team ist voll verantwortlich für Qualität, Kosten, Menge und Durchlaufzeiten.
3. Diese Werte sind meßbar an der Schnittstelle zwischen einem Team und dem nächsten.
4. Die Abhängigkeit von unterstützenden Funktionen ist ein Minimum.

Beginnend mit dem Pilotprojekt einer Produktionslinie, wurde die gesamte Produktion aufgeteilt in drei Einheiten (Streckenabschnitte), für die jeweils ein Hauptabteilungsleiter mit ca. 200 bis 300 Mitarbeitern verantwortlich war. Nach und nach wurde die Verantwortung der unterstützenden Abteilungen integriert:

Instandhaltung   Die vorbeugende Wartung und die Reparatur von Maschinen wurden bisher von der zentralen Instandhaltung durchgeführt. Wenn diese an einer Maschine arbeiteten, konnte der Maschinenbediener nicht arbeiten, er hatte Ausfallzeiten. Untersuchungen hatten gezeigt, daß ein großer Teil der vorbeugenden Wartung und einfache Reparaturen, bei entsprechender Schulung, durch den Maschinenbediener selbst durchgeführt werden konnten. Dies trifft besonders für die Anlageneinrichtung nach Reparaturen und Abschaltungen zu. Etwa 70 % werden heute durch den Anlagenbediener eigenverantwortlich durchgeführt.

Qualität   Ursprünglich war eine zentrale Qualitätssicherung vorhanden, die an vielen Stellen des Prozeßablaufes eine 100 %ige oder Stichprobenprüfung durchführte. Diese Funktion wurde komplett eliminiert. Der Produktionsmitarbeiter ist eigenverantwortlich für das von ihm hergestellte Teilprodukt, und er weiß, daß es für die Qualität keine Zwischenkontrolle mehr gibt. Jeder Mitarbeiter ist gleichzeitig Kunde und Lieferant. Die Aufgaben der zentralen Qualitätsgruppe beschränken sich auf die Verbindung zum Kunden (Vertreter der externen Kunden in der Fertigung), Analyse und Zuordnung von Produktionsausfällen und dem Qualitätsmanagement-System nach ISO 9000 mit Handbuch und Auditierung.

Fertigungssteuerung   Die mengenmäßige Steuerung aller Teilnummern, der Einstart neuer Teile bzw. die Bereitstellung von Materialien, die Verteilung der Bestände über die Produktionslinie (Work in Process), die Projektion der Liefermengen und die Abstimmung mit den einzelnen Einheiten werden von einer übergeordneten Gruppe durchgeführt, die dem Fertigungsleiter direkt untersteht.

Prozeßsteuerung   Die Herstellung derartig komplexer Produkte erfordert eine genaue Abstimmung und Optimierung der

Anlagen- und Produktionsparameter. Die Ingenieure, Physiker, Chemiker, Informatiker, die bisher zentral für die Optimierung der Ausbeute und Einhaltung der Spezifikationen verantwortlich waren, wurden komplett in die Fertigung integriert. Sie unterstützen jetzt ihre Prozeßabschnitte direkt und bearbeiten übergreifende Probleme im Matrix-Management.

Die Konzeption der Produktionseinheiten ist in Abbildung 3-6 dargestellt zusammen mit den die Fertigung direkt und indirekt unterstützenden Bereichen. Abbildung 3-7 zeigt die Zuordnung der Verantwortung innerhalb der Produktion und den umgebenden Elementen, die teilweise durch die noch verbleibenden kleinen Stabsgruppen ausgeführt wird.

Damit diese Gruppen ihre Eigenverantwortung täglich in der Praxis ausüben können, müssen ihr einige Hilfsmittel zur Verfügung gestellt werden. Diese sind entweder schon vorhanden und müssen nur entsprechend modifiziert werden, oder sie müssen parallel mit der Umstrukturierung zur Verfügung gestellt werden. Reengineering nur im Fertigungsbereich ohne die Umstellung bzw. Einführung einer entsprechenden Datenunterstützung funktioniert nicht. An einigen Beispielen für Kennzahlen und deren Kontrolle über die Zeit in der Produktion soll dies verdeutlicht werden:

Qualität	Der Ausschuß (Schrott) bzw. die Nacharbeit muß für jede/n Prozeßabschnitt/Anlage in bezug auf Menge, Ursache und Zeit zur Verfügung stehen. Die Prozeßfähigkeit muß vor der Übergabe an die Fertigung bestimmt sein. Statistische Prozeßkontrolle (SPC) sollte für alle kritischen Parameter etabliert sein. Mehr Einzelheiten dazu in Kapitel 4.
Kosten	Die Kostenauflaufkurve über die gesamte Produktion ist bekannt. Jede Einheit kennt ihre eigene Wertschöpfung (Value Add) und die durch sie verursachten Kosten. Diese stehen monatlich zur Verfügung als Plan-Ist-Vergleich für Mitarbeiterkosten, Material, Energie, Abschreibungen, Umlagen usw.

100

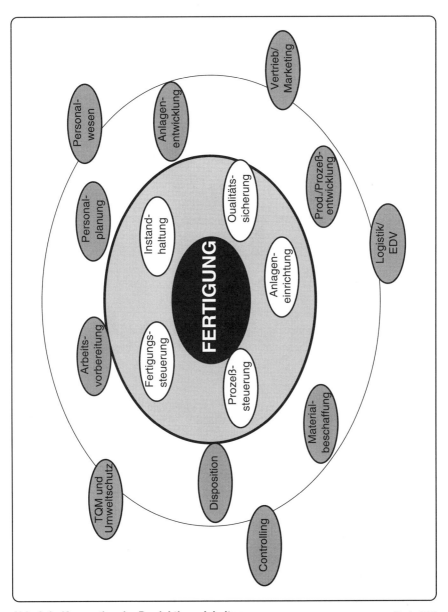

Abb. 3-6: Konzeption der Produktionseinheiten (Quelle: IBM)

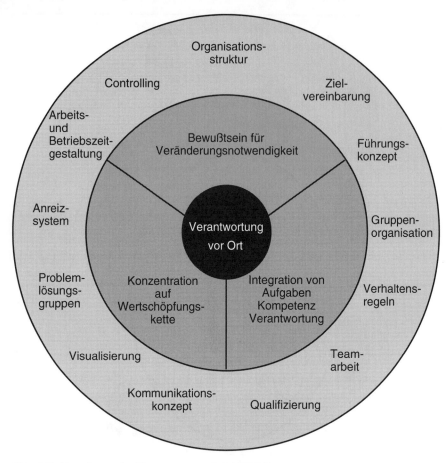

Abb. 3-7: Zuordnung der Verantwortung beim PEH-Konzept   (Quelle: IBM)

Menge und Zeit   Der aktuelle Status aller im Prozeß befindlichen Halbfertigprodukte je Teilenummer kann jederzeit aus dem Logistiksystem abgerufen werden zusammen mit dem Durchsatz und Schrott je Arbeitsfolge. Basierend auf der Durchlaufzeit und der Kapazität kann die Auslieferung der Gutteile vorhergesagt werden.

Bedingt durch den Kostendruck wird häufig die Anzahl der Mitarbeiter reduziert, ohne den verbleibenden Mitarbeitern diese Hilfsmittel zur Verfügung zu stellen, um ihre Produktivität entsprechend zu steigern. In der Praxis hat es sich bewährt, innerhalb der Fertigung einen Raum zur Verfügung zu stellen als Produktions-Informations-Zentrum (PIZ). An den Wänden hängen Flipcharts, auf denen die wesentlichen Parameter wie Anlagenstatus, Durchsatz, Mengenverteilung und Schrott manuell für den heutigen Tag dargestellt werden. Die verantwortlichen Gruppenleiter bzw. Mitarbeiter treffen sich hier täglich oder bei Schichtübergabe und besprechen die aktuelle Situation. Entscheidungen werden sofort durch die Anwesenden getroffen. Für Ausnahmefälle sind Spielregeln etabliert, wann welche Führungskraft zu verständigen ist. In dem Raum stehen keine Stühle, da die Besprechungen nur kurz sind.

Innerhalb der Produktionseinheit werden alle Mitarbeiter zusammengefaßt, die notwendig sind, um diesen Produktionsabschnitt zu betreuen. Zusätzlich zu den bisherigen Mitarbeitern sind jetzt auch die Ingenieure und Techniker zur Anlagen- und Prozeßunterstützung in der gleichen Abteilung. Dadurch bilden sich schnell Gruppen, die für „ihre " Anlage und „ihren" Prozeß verantwortlich sind. Teamarbeit der Mitarbeiter ist wesentlich stärker gefordert, ohne daß der Abteilungsleiter direkt involviert ist. Diese gravierenden Umdenkungsprozesse erzeugen unterschiedliche Ängste und Probleme je nach Mitarbeitergruppe und Unternehmenshierarchie:

☐ *Produktionsfachkraft:* Bei diesen Mitarbeitern wurde die Umstellung am besten aufgenommen. Sie spürten schnell, daß sie mit ihrer wertschöpfenden Tätigkeit stärker im Mittelpunkt standen und ihre „soziale Position" innerhalb des Werkes aufgewertet wurde. Es wurde deutlich mehr in Schulung investiert, und ihre Ideen und Meinungen waren gefragt. Die veränderten Anforderungen sind in Abbildungen 3-8 dargestellt.

☐ *Fertigungsleiter:* Bei den Führungskräften in der Fertigung bildeten sich zwei Gruppen: die älteren, erfahrenen Abteilungsleiter, die sich innerhalb der Fertigung hochgearbeitet und einen konservativen Führungsstil hatten, und die jüngeren Führungskräfte mit qualifizierter Fachausbildung. Der ersten Gruppe fiel es schwer, sich an die neuen Strukturen anzupassen, und rückblickend sind nur wenige in ihrer bisherigen Position verblieben. Jüngere Führungskräfte mit der entsprechenden sozialen Kompetenz und fachlichen Qualifikation konnten sich an die neuen Anforderungen besser anpassen. Über die Zeit wurden etwa 50 % dieser Mitarbeiter-

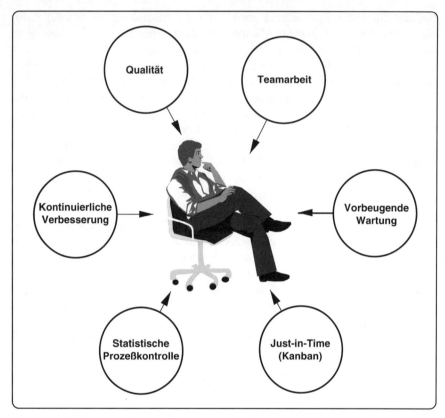

Abb. 3-8: Veränderte Anforderungen an eine Produktionsfachkraft (Quelle: IBM)

gruppe durch Ingenieure aus den ehemaligen Servicefunktionen besetzt, die den erhöhten fachlichen Anforderungen gewachsen waren.

☐ *Fach- und Hochschulabsolventen:* Die meisten dieser fachlichen Führungskräfte haben sich schnell in ihrer neuen Rolle zurechtgefunden und eine Führungsrolle in diesen neuen Teams übernommen. Gewisse Schwierigkeiten ergaben sich zu Anfang, da sie jetzt in der Fertigungsabteilung waren und teilweise im Schichtbetrieb arbeiten mußten. Da aber alle Mitarbeiter betroffen waren und es die alten Gruppen nicht mehr gab, war dies bald überwunden.

☐ *Mittleres Management:* In dieser Gruppe ergaben sich die größten Widerstände. Der Autor war selbst verantwortlich für einen unterstützenden Ingenieurbereich. Es war für ihn zu Anfang schwer vorstellbar, daß die Fertigung seine Verantwortung mit übernehmen konnte und insgesamt weniger Mitarbeiter benötigt werden. Inzwischen hat die Praxis gezeigt, ohne diese gravierende Umstrukturierung wären die in Kapitel 7 beschriebenen Erfolge nicht möglich gewesen. Ein großer Teil dieser Führungskräfte hat seine bisherige Position verloren, auch bedingt durch flachere Strukturen, und hat heute neue Aufgaben innerhalb des Projektmanagements oder im Stab übernommen oder ist in den vorzeitigen Ruhestand gegangen. Generell wurde dies dadurch erleichtert, daß die Verantwortung (Macht, Gehalt) nicht mehr davon abhängt, wieviele Mitarbeiter an ihn berichten, sondern welchen Einfluß er im Matrix-Management auf den Unternehmenserfolg hat.

☐ *Oberes Management:* In dieser Gruppe waren jetzt besonders Vertrauen und Geduld gefordert. Die operativen Entscheidungen waren weit nach unten delegiert, und die Geschäftsführung wurde normalerweise nur monatlich innerhalb der oben beschriebenen Plan-Ist-Vergleiche eingebunden. Die entstandenen Freiräume ließen mehr Zeit für personelle und strategische Führung (Leadership).

Um diese tiefgreifenden Veränderungen durchzusetzen (Management of Change), hat es sich bewährt, ein bis drei Tage dauernde Teambildungsworkshops über drei Ebenen hinweg durchzuführen. Unausgesprochene Ängste für die eigene Zukunft können so besser abgefangen werden. Diese Workshops müssen durch externe Moderatoren betreut werden. Von der aus Japan übernommenen einheitlichen Firmenkleidung für alle Beschäftigten, vom Produktionsleiter bis zum untersten Mitarbeiter, wurde abgesehen. Wenn in dem täglichen Umgang miteinander der Teamgeist und die Gemeinsamkeit nicht zum Ausdruck kommen, kann dies durch eine „Uniform" auch nicht kompensiert werden.

3.4 Dienstleistungsbereich

Die wesentlichen Elemente von TQM wurden in der Fertigungsindustrie und da besonders im Automobilbau entwickelt. Zunehmend wird TQM auch

Produktion	Dienstleistung
– Hoher Kapitaleinsatz	– Hoher Mitarbeitereinsatz
– Technische Ausbildung	– Persönlichkeit/Auftreten
– Produkt hat langfristigen Wert	– Produkt wird sofort konsumiert
– Reparatur und Garantie	– Gewährleistungsmöglichkeit gering
– Wenige MA haben Kundenkontakt	– Die meisten MA haben Kundenkontakt
– Weltweite Produktverfügbarkeit	– Lokaler Konsum
– Lagerhaltung möglich	– Sofortige Verfügbarkeit
– Komplexe Produkte	– Kunde glaubt, Produkt bewerten zu können
– Kunde ist abhängig vom Hersteller	

Abb. 3-9: Vergleich der TQM-Anforderungen

im Dienstleistungssektor eingeführt. Während in der Produktion viel von Anlagen, Prozessen und Technologie abhängt, ist hier der Mitarbeiter der kritische Erfolgsfaktor. Abbildung 3-9 zeigt die Anforderungen im Vergleich zwischen Produktion und Dienstleistung.

Der Faktor Kundenzufriedenheit ist auch hier entscheidend für den Geschäftserfolg, aber verglichen zur Produktion sehr viel schwieriger zu erreichen. Viele Mitarbeiter haben Kontakt mit dem Kunden, und jeder Einzelkontakt entscheidet über die Zufriedenheit des Kunden, ob er kauft und ob er wiederkommt. Wenn der Geschäftserfolg eines Dienstleistungsunternehmens von der Qualität und Kompetenz der Mitarbeiter auf der untersten Hierarchieebene abhängt, muß hier besonders investiert werden. Diese Mitarbeiter müssen laufend eigene Entscheidungen treffen, und der Rest der Organisation sollte sie nur unterstützen. An einigen Beispielen sollen diese Veränderungen erläutert werden: Die Firma Breuninger, Stuttgart, hat vor einigen Jahren die „umgedrehte Pyramide" eingeführt. Die Entscheidung, ob ein Kunde kauft, hängt außer von Produkt und Preis von der jeweiligen Verkäuferin oder vom Verkäufer ab. Alle anderen Mitarbeiter haben sich dieser Aufgabe unterzuordnen, d.h., in der Hierarchie sind sie um so „unwichtiger", je weiter sie vom Kunden weg sind (Abb. 3-10).

Ein weiteres Beispiel für die Delegation von Verantwortung zum einzelnen Mitarbeiter aus der Luftfahrt: Wenn früher die Stewardeß dem Passagier

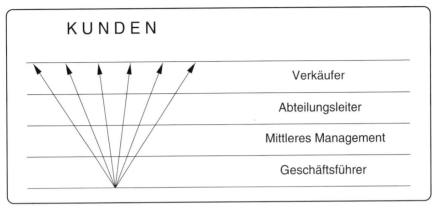

Abb. 3-10: Prinzip der umgedrehten Unternehmenspyramide im Dienstleistungsbereich

Kaffee über den Anzug gegossen hat, bekam dieser außer einer Entschuldigung ein Formblatt, das er zusammen mit der Rechnung für die Reinigung einreichen mußte, um sein Geld zurückzubekommen. Heute kann die Stewardeß sofort entscheiden und dem Passagier einen Pauschalbetrag im Umschlag geben, der dem entstandenen Schaden entspricht. Der gesamte Verwaltungsaufwand entfällt, und der Passagier hat sofort sein Geld. Eventuell nimmt er es für einen neuen Anzug, den er sich gleich nach der Landung kauft, da ihm der alte schon lange nicht mehr gefiel.

Ein letztes Beispiel aus der Hotelbranche: Der erste und meist wichtigste Kundenkontakt findet an der Rezeption statt. Der Mitarbeiter an der Rezeption verfügt über einen kleinen Geldbetrag und kann über diesen nach eigenem Gutdünken für den Kunden verfügen. Ein Gast kommt spät an und sein Zimmer wurde schon vergeben. Der Portier zahlt dem Gast das Taxi zu einem anderen Hotel, nachdem er dort ein Zimmer besorgt hat. Der Gast wird dies sicher nicht vergessen und weitererzählen.

Im Dienstleistungsbereich sind die Delegation der Verantwortung und die Mitarbeitereinbindung mit ihren Ideen und Vorschlägen noch wichtiger als in der Produktion. Dies muß bei der Ausbildung der Mitarbeiter und Optimierung der Geschäftsprozesse berücksichtigt werden. Auf der anderen Seite ist die Zielsetzung einfacher und beschränkt sich auf die Kundenzufriedenheit und die sie unterstützenden Faktoren.

3.5 Mitarbeiterzufriedenheit

Die komplette Einführung von TQM zieht sich bei größeren Organisationen über mehrere Jahre hin. Auf der Hälfte der Strecke sollte eine Befragung aller Mitarbeiter stattfinden, um die Meinung und Stimmung aller festzustellen. Zum einen ergibt sich daraus der bisherige Einführungsgrad von TQM und zum anderen der aktuelle Stand der Mitarbeiterzufriedenheit. Nur mit zufriedenen Mitarbeitern kann eine hohe Kundenzufriedenheit erzielt werden. Die Auswertung wird getrennt nach Führungskräften und Mitarbeitern durchgeführt. Was die Führungskräfte wissen, muß noch lange nicht bei allen Mitarbeitern bekannt sein. Folgende Elemente sollten in dieser Meinungsumfrage berücksichtigt werden:

1. Das Unternehmen
2. Die eigene Aufgabe
3. Die Ausbildung
4. Die TQM-Kenntnisse
5. Das Management.

Die Umfrage erfolgt natürlich anonym und muß vorher mit dem Betriebsrat abgestimmt sein. Falls bereits schon regelmäßig Meinungsumfragen stattfinden, sollten – falls dies noch nicht der Fall ist – bei der nächsten TQM-Fragen enthalten sein.

Vor einer Umfrage muß man sich über die Form des Feedbacks an die Mitarbeiter im klaren sein und bereit sein, abgeleitet aus den Erkenntnissen, Aktionspläne umzusetzen. Wenn man die Mitarbeiter nach ihrer Meinung fragt und hinterher passiert nichts, wird mehr Schaden angerichtet als ohne Meinungsumfrage. Das kann auch bedeuten, daß Führungskräfte, die ihrer Führungsaufgabe nicht gewachsen sind, von ihrer Tätigkeit entbunden werden. Die folgenden 22 Fragen, die im einzelnen an die Gegebenheiten im Unternehmen angepaßt werden müssen, sind ein Beispiel für eine Meinungsumfrage. Die zu untersuchende Firma oder Unternehmenseinheit wird dabei XYZ genannt.

Die Auswertung erfolgt nach dem gleichen Schema wie bei der Kundenzufriedenheitsumfrage:

1	sehr gut	100 %		4	schlecht	25 %
2	gut	75 %		5	sehr schlecht	0 %
3	neutral	50 %		0	nicht zutreffend	–

1. Wie beurteilen Sie Ihre Zufriedenheit innerhalb von XYZ?
2. Wie sehen Sie XYZ im Vergleich zu anderen Unternehmen, die Sie kennen?
3. Wie gut praktiziert XYZ den Grundsatz „Kundenzufriedenheit ist oberstes Ziel"?
4. Wie gut, glauben Sie, stellt sich XYZ auf die Veränderungen des Geschäftsumfeldes ein?
5. Wie gut gefällt Ihnen die Tätigkeit, die Sie ausüben?
6. Wie zufrieden sind Sie mit der Zeit, die Ihnen Ihre Arbeit für Ihr Privatleben läßt?
7. Wie gut wurden Sie in Ihre heutige Tätigkeit eingearbeitet?
8. Wie gut können Sie Ihre Fähigkeiten und Kenntnisse in der heutigen Tätigkeit nutzen?
9. Wie beurteilen Sie Ihre Ausbildung durch XYZ in den letzten zwölf Monaten, um den sich ändernden Arbeitsanforderungen gewachsen zu sein?
10. Wie zufrieden sind Sie mit der Möglichkeit bei XYZ, eine höherwertige Tätigkeit in der Zukunft auszuüben?
11. Wie gut kennen Sie Ihre eigenen Ziele und verstehen deren Beitrag zum Gesamterfolg von XYZ?
12. Wie gut kennen Sie TQM mit seinen übergeordneten Elementen und Zielen?
13. Wie schätzen Sie die Aussicht ein, daß durch TQM die Wettbewerbsfähigkeit für XYZ verbessert wird?
14. Wie zufrieden sind Sie mit der Information, die Sie innerhalb von XYZ in den letzten zwölf Monaten bekommen haben?
15. Wie gut, glauben Sie, übt Ihre Führungskraft ihre Tätigkeit aus?
16. Wie zufrieden sind Sie mit der Anerkennung für gute Leistung?
17. Wie gut beurteilen Sie die Möglichkeit, eigene Ideen einzubringen und umzusetzen?
18. Wie gut beurteilen Sie die Möglichkeit, selbst Einfluß auf die Kundenzufriedenheit zu nehmen?
19. Wie beurteilen Sie die Zusammenarbeit mit anderen Abteilungen?
20. Wie beurteilen Sie die Qualität der Arbeitsergebnisse Ihrer Abteilung?
21. Wie beurteilen Sie die Möglichkeit, die Effektivität Ihrer eigenen Arbeit zu verbessern?
22. Wie beurteilen Sie den Fortschritt, den Sie persönlich in den letzten zwölf Monaten gemacht haben, um Ihre Tätigkeit besser den Kundenwünschen anzupassen und höchste Qualität zu liefern?

3.6 Zusammenfassung

Die Voraussetzung und Basis für eine erfolgreiche TQM-Einführung ist die Schaffung von eigenverantwortlichen, möglichst autonomen Organisationseinheiten. Diese Gruppen sind ausgerichtet auf die Erfüllung von Kundenwünschen und -bedürfnissen. Alle anderen Aufgaben haben sich diesem Ziel unterzuordnen. Der Kunde kann sowohl innerhalb des eigenen Unternehmens sein wie auch extern. Allerdings muß dabei beachtet werden, daß letztendlich nur der externe Kunde die Gehälter zahlt. Innerhalb dieser Gruppen hat jeder Mitarbeiter meßbare Ziele, die sich aus den Unternehmenskennzahlen ableiten. Er ist selbst verantwortlich für die Qualität seiner Arbeit und ist ständig gefordert, eigene Ideen zu entwickeln, um die Effektivität und Qualität zu verbessern.

Um diese strukturellen Veränderungen zu erreichen, sind kleine Verbesserungen (KVP) nicht ausreichend, sondern eine Neudefinition der bisherigen Organisationsstrukturen und Geschäftsprozesse ist notwendig (Reengineering). Dabei wird man in der Praxis nicht alles parallel verändern, sondern mit einem Pilotprojekt beginnen und daraus lernen. Dieses bildet das Modell für andere Bereiche, die nach und nach folgen. Hier darf man nicht ungeduldig sein und falsche Erwartungen wecken. Ein Pilotprojekt kann nach sechs Monaten meßbare Verbesserungen bringen, die Umstrukturierung eines ganzen Unternehmens dauert Jahre. Häufig scheitert die TQM-Umsetzung daran, daß das obere Management nicht die erforderliche Ausdauer hat, da sich z.B. die Wettbewerbssituation inzwischen wieder verbessert hat. Ein anderer Grund dafür ist die mangelnde Bereitschaft, die Verlagerung der Verantwortung nach unten konsequent umzusetzen.

Abgeleitet aus der TQM-Standortanalyse werden die Ziele in Form von Kennzahlen (Critical Success Factors) für die nächsten Jahre entwickelt. Diese werden durch die strukturierte Zielvereinbarung heruntergebrochen bis zu jedem Mitarbeiter. Dieser Prozeß muß parallel verlaufen zur Umstrukturierung der Organisation und Geschäftsprozesse.

Die beschriebenen Veränderungen erfordern andere Mitarbeiterqualifikationen, die durch Schulung und Teamworkshops aufgebaut werden müssen. Machen wir uns nichts vor, nicht alle Mitarbeiter und Führungskräfte sind den

	Werker	Vorarbeiter	Meister	Funktions-leiter
Soziale Kompetenz				
o Konfliktfähigkeit	2	3	4	4
o Kommunikationsfähigkeit	2	3	4	4
o Teamfähigkeit	2	3	4	4
o Disziplin	2	3	4	4
Methodische Kompetenz				
o Kontinuierlicher Verbesserungsprozeß	2	4	4	4
o Kanban	3	3	4	3
Fachliche Kompetenz				
o Qualitätssicherungstechniken	2	3	4	3
o Logistik/Steuerung	2	3	4	3
o Rüstzeit/Losgrößen	3	3	4	2
Handlungskompetenz				
o TQM-Kultur	2	3	3	4
o Kunden-/Lieferantenbeziehung	2	2	4	4
o Materialflußmanagement	1	2	4	3
o Wettbewerbsfähige Kosten	2	3	4	4

1 = kennen
2 = verstehen/behalten
3 = können/anwenden
4 = beherrschen/anleiten/schulen

Tab. 3-3: Kompetenz der einzelnen Unternehmensebenen (Qualifikation) (Quelle: IBM)

zukünftigen Anforderungen gewachsen. Es werden sich die Arbeitsinhalte aller Tätigkeiten verändern, und nicht alle Beschäftigten werden hinterher noch einen Job haben. Es ist die soziale Kompetenz des Managements gefordert. Tabelle 3-3 zeigt die erforderliche Kompetenz je Organisationsebene.

Die praktische Umsetzung kann mit sechs Einzelschritten zusammengefaßt werden:

1. Definition von Kennzahlen und Zielen
2. Hierarchische Zieldelegation durch strukturierte Zielvereinbarung

3. Neustrukturierung der Verantwortung und Geschäftsprozesse
4. Pilotprojekt für Rationalisierung
5. Einbindung aller Mitarbeiter und Aufbau von eigenverantwortlichen Gruppen
6. Eindeutige Zuordnung von Verantwortung und Meßkriterien.

4. Null-Fehler-Programm

In den letzten Jahren hat sich eine deutliche Bewußtseinsänderung im Zusammenhang mit dem Begriff Qualität ergeben. Nicht nur durch die Namensänderung von Qualitätssicherung zu Qualitätsmanagement, sondern auch durch die Einstellung gegenüber Fehlern und Defekten. In den 80er Jahren wurden auftretende Schwierigkeiten statistisch erfaßt, Kontrollkarten geführt und die meisten der vorhandenen Defekte aussortiert. Ein signifikanter Anteil an der endgültigen Produktqualität wurde „erprüft" und nicht gefertigt. Das Ziel war, ein Optimum zwischen der Anzahl der Fehler und den Kosten, diese zu verhindern (auszusortieren), zu finden. Es gab also eine „akzeptable" Anzahl Defekte. Inzwischen hat sich die Einstellung deutlich geändert, es gibt keine akzeptablen Fehler mehr, sondern das Ziel sind null Fehler. Kostenanalysen über Produkte vom Design bis zum Ende ihrer Lebensdauer haben gezeigt, daß weniger Fehler sich rechnen und kostengünstiger sind (Abb. 4-1). Die ursprüngliche Betrachtungsweise führte zu Suboptimierung, die zwar die besten Kosten innerhalb eines Abschnitts in der Kette bringen konnte, sich aber insgesamt nicht rechnete.

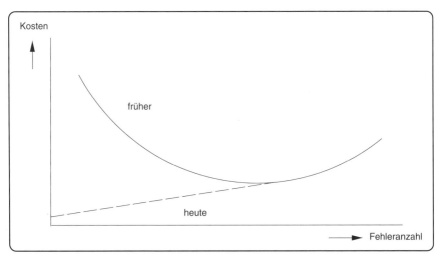

Abb. 4-1: Zusammenhang zwischen Fehlern und Kosten (heute: je weniger Fehler, desto besser ist die Wettbewerbsfähigkeit)

Das Ziel ist heute: Jedes Zulieferteil und jeder Prozeß muß defektfrei sein. Sehr deutlich zeigt sich dies in der Automobilindustrie. Paul Hansen, Herausgeber des „Hansen Report on Automotive Electronics", beschreibt die kritischen Erfolgsfaktoren der Zulieferindustrie folgendermaßen:

☐ Ein QM-System, das die ISO 9000-Anforderungen bei weitem übertrifft.
☐ Wie die Qualität gemanagt wird, ist genauso wichtig wie die Ergebnisse.
☐ Risikoabschätzungen durch FMEA (Fehler-Möglichkeits- und -Einflußanalyse).
☐ Cp (Prozeßfähigkeit) – Ziel ist 2,0 oder 6 Sigma innerhalb der Spezifikation. Das bedeutet praktisch null Fehler.
☐ Niedrigste Kosten, mit 3 bis 5 % Reduzierung jedes Jahr.

Das bedeutet in der Praxis, trotz deutlich höherer Komplexität und mehr Funktion gehen die Herstellkosten immer weiter nach unten, und die Qualität wird immer besser. Ein Beispiel dafür ist die Mikroelektronik. Die Herstellkosten für ein 256-KB-DRAM (Dynamic Random Access Memory)-Chip waren Mitte der 70er Jahre die gleichen wie für ein 4-MB-Chip heute, allerdings hat sich die Funktionalität um den Faktor 15625 erhöht, und die Qualität ist um mehr als den Faktor 100 besser geworden. Schon vor über zehn Jahren wurde bei IBM die *Corporate Guideline 105C* herausgegeben, die festlegt, daß jedes neue Produkt eine niedrigere Fehlerrate haben muß als das Produkt, das es ersetzt. Dies bezieht sich auf das ganze Produkt und wird nicht normiert auf die Funktion.

Der Zusammenhang zwischen Fehlervermeidung und entstehenden Kosten kann durch die „Faktor-10" Faustformel beschrieben werden: Ein Fehler beim Design verursacht zehnmal höhere Kosten in der Produktion, ein Fehler in der Produktion zehnmal höhere Kosten bei der Auslieferung und hundertmal höhere beim Endkunden in der Anwendung. Je früher also das potentielle Auftreten eines Fehlers verhindert wird, um so billiger ist es insgesamt. Ein Beispiel dafür war Ende 1994 der Designfehler im Pentium Chip von Intel. Ein kleiner Fehler im Schaltkreis, der sehr billig zu beheben gewesen wäre, verursachte Folgekosten von über 800 Millionen Dollar, ganz abgesehen von dem Imageverlust für das Unternehmen. Die Auswirkungen für die gesamte PC-Branche sind noch gar nicht abzuschätzen, nicht nur für die Hardware, sondern auch für die Software. Welches Sofwareprogramm ist schon fehlerfrei innerhalb aller möglichen Anwendungskombinationen? Ein

Grund, warum gerade ISO 9000 und TQM in dieser Branche derzeit in der Breite eingeführt werden.

Ein weiteres Beispiel für Produkthaftung aufgrund von Qualitätsproblemen ist das Hubble-Weltraumteleskop. Am 27.9.1993 schrieb die F.A.Z. unter dem Titel: „Schadensersatz für Weltraumteleskop – Für den Fehlschliff im Hauptspiegel des Hubble-Weltraumteleskops, der für eine Unschärfe der Aufnahmen des Fernrohrs verantwortlich ist, müssen die Hersteller jetzt 25 Millionen Dollar Schadensersatz zahlen. Dafür brauchen sie nicht mehr mit einem Gerichtsprozeß zu rechnen. Im Untersuchungsbericht der Allen-Kommission war schon im November 1990 festgestellt worden, daß das Unternehmen Perkin Elmer den Fehler durch Verwendung eines falsch geeichten Prüfgeräts fahrlässig verursacht hat. Hinweise auf einen möglichen Defekt des Spiegels seien der NASA verschwiegen worden." Konsequente Anwendung vom Kapitel 4.11 der ISO 9000-Norm hätte hier sicher geholfen.

Das Ziel ist heute eindeutig definiert: keine Fehler in allem, was wir tun, oder:

Do it right the first time.

Das gilt nicht nur für die Qualität des ausgelieferten Produktes, sondern auch für den Herstellungsprozeß. Eine hohe Schrott- oder Nacharbeitsrate ist immer ein Indiz dafür, daß das Endprodukt auch potentiell Qualitätsprobleme hat. Ein gewisser Schlupf läßt sich nicht ausschließen. Genauso haben alle Verzögerungen und Wartezeiten in der Produktion einen negativen Einfluß auf das Geschäftsergebnis durch höhere Bestände, schlechte Reaktionszeit auf Kundenwünsche und flachere Lernkurven. Aus der Produktion kommend setzt sich der Fokus auf absolute Qualität auch immer mehr im Dienstleistungssektor durch. Besonders in diesem Bereich ist Nacharbeit oder Ersatz des Produktes meistens nicht möglich.

4.1 6-Sigma-Prozeß

In der Praxis ist es üblich, nicht von null Fehlern, sondern von 6 Sigma zu sprechen, da es statistisch Null im Prinzip nicht gibt. Es ist nicht Ziel dieses Buches, die statistischen Grundlagen zu erläutern; dafür gibt es ausreichend Fachliteratur. Aber trotzdem müssen einige Begriffe und Zusammenhänge bekannt sein, um den Begriff Null-Fehler-Prozeß bzw. 6 Sigma besser zu verstehen:

Sigma   Die Standardabweichung wird mit dem griechischen Buchstaben Sigma bezeichnet und ist das Maß für die Breite einer Normalverteilung wie in Abbildung 4-2 dargestellt. In dem beschriebenen Zusammenhang ist Sigma ein Gradmesser für die Fehlerfreiheit von Produkten, Prozessen oder Dienstleistungen, wobei die verwendeten Daten auf Fehler bezogen werden. Durchschnittswerte sind demnach nicht geeignet, da sie Fehler verdecken. Typische Fehler sind Grenzwertüberschreitungen nach oben oder unten.

ppm   In der Praxis wird der Fehlerpegel in ppm = parts per million dargestellt, d.h. die Anzahl der Fehler bei einer Million Ergebnissen. Dadurch ist die Empfindlichkeit im Vergleich zu Prozent erhöht: 10000 ppm = 1 %. Wenn ein Prozeß 99 % defektfrei ist, kann das wohl kaum noch verbessert werden, aber wenn man 10000 ppm Defekte hat, gibt es noch ausreichend Möglichkeit für Verbesserungen. Der Zusammenhang zwischen Sigma und ppm ist in Tabelle 4-1 dargestellt.

Ausbeute   Die Prozeßausbeute oder im Englischen Yield bezeichnet die Anzahl Gutteile inklusive Nacharbeit im Vergleich zu den gestarteten Teilen und wird in Prozent gemessen. Die Gesamtausbeute hängt ab von der Anzahl der Einzelprozesse und der Qualität jedes Einzelprozesses. Komplexe Produktionslinien, wie für die 4-MB-Chip-Produktion, haben etwa 400 Prozesse. Wenn jeder Prozeß innerhalb von 4 Sigma kontrolliert wird, ist die Gesamtausbeute 8,28 % und bei 6 Sigma 99,8 %. Die Zusammenhänge sind in Tabelle 4-2 dargestellt. Aus dieser Tabelle können

116

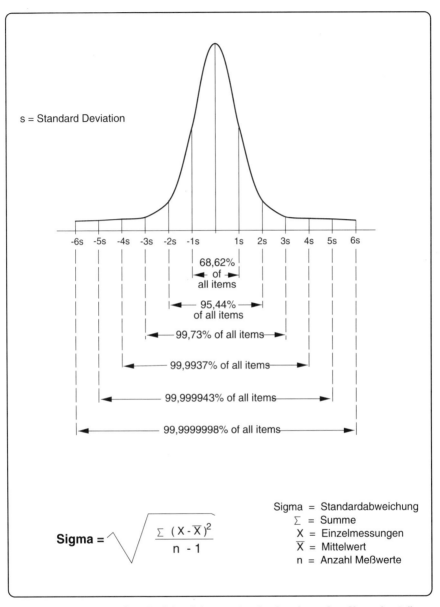

Abb. 4-2: Definition der Standardabweichung unter der Annahme einer Normalverteilung

Anzahl Fehler in 1 M Ereignissen ppm	Sigma-Wert
66810	3,00
39850	3,25
22750	3,50
11870	3,75
6210	4,00
2890	4,25
1350	4,50
560	4,75
233	5,00
86	5,25
32	5,50
10,5	5,75
3,4	6,00

Tab. 4-1: Zusammenhang zwischen ppm und Sigma unter Berücksichtigung einer Mittelwertverschiebung um 1,5 Sigma

die Anforderungen an die Qualität jedes Einzelprozesses für eine geplante Produktion einfach abgelesen werden.

Cp   Cp ist der Prozeßfähigkeitsindex oder in Englisch Process Capability Index. Er drückt die Qualitätsfähigkeit eines Prozesses unter Berücksichtigung seiner Steuerung aus. Cp ist eine Kenngröße, welche die Entwicklungsspezifikation den Fertigungsmöglichkeiten des Prozesses gegenüberstellt. Große Werte sind besser. Der Zusammenhang zwischen Cp, Ausbeute, Defektrate und Stichprobe ist in Tabelle 4-3 dargestellt. Siehe auch Abbildung 4-3.

Cpk   Cpk ist der korrigierte Prozeßfähigkeitsindex oder in Englisch Corrected Process Capability Index. Er berücksichtigt neben der Streuung des Fertigungsprogrammes zusätzlich auch die Lage des Prozeßmittelwertes zu den Spezifikationsgrenzen. Ein großer Cpk-Wert zeigt, daß der Prozeß wirklich in seiner Charakteristik reproduzierbar ist.

Anzahl Prozeßschritte	3 Sigma +/-	4 Sigma +/-	5 Sigma +/-	6 Sigma +/-
1	93,32	99,379	99,976	99,999
7	61,63	95,733	99,839	99,9976
10	50,08	93,96	99,768	99,9966
20	25,08	88,29	99,536	99,9932
40	6,29	77,94	99,074	99,9664
60	1,58	68,81	98,614	99,9796
80	0,40	60,75	98,156	99,9728
100	0,10	53,84	97,70	99,966
150	-	39,36	96,61	99,949
200	-	28,77	95,45	99,932
300	-	15,43	93,26	99,898
400	-	8,28	91,11	99,864
500	-	4,44	89,02	99,830
600	-	3,38	86,97	99,796
700	-	1,28	84,97	99,762
800	-	0,69	83,02	99,729
900	-	0,37	81,11	99,695
1000	-	0,20	79,24	99,661
1200	-	0,06	75,88	99,593
3000	-	-	50,15	98,985
17000	-	-	1,91	94,384
38000	-	-	0,01	87,880
70000	-	-	-	78,820
150000	-	-	-	60,000

Tab. 4-2: Zusammenhang Gesamtausbeutung in % zur Standardabweichung Sigma der Einzelprozesse, Mittelwertverschiebung um 1,5 Sigma

Cp	% Ausbeute	Defektrate		Stichprobe, um 1 Fehler zu finden
		%	ppm	
0.66	99	1	10,000	100
1	99,7	0,3	3,000	333
1,1	99,9	0,1	1,000	1,000
1,3	99,99	0,01	100	10,000
1,33	99,994	0,006	60	16,666
1,47	99,999	0,001	10	100,000
1,63	99,9999	0,0001	1	1,000,000
2,0	99,9999998	0,0000002	2PPB	500,000,000

Tab. 4-3: Der Effekt des Prozeßfähigkeitsindex Cp

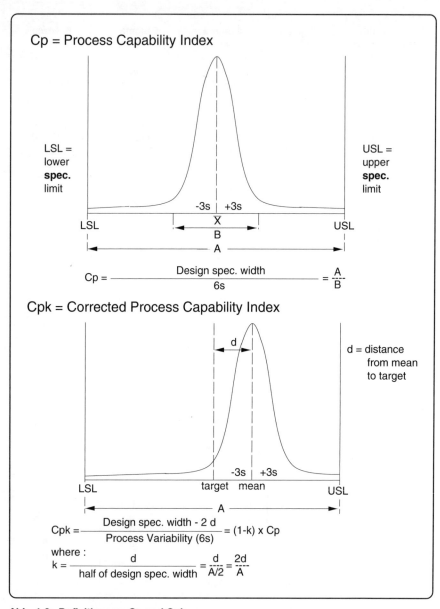

Cp = Process Capability Index

LSL =
lower
spec.
limit

USL =
upper
spec.
limit

-3s | +3s

LSL

X

USL

B

A

$$Cp = \frac{\text{Design spec. width}}{6s} = \frac{A}{B}$$

Cpk = Corrected Process Capability Index

d

d = distance
from mean
to target

-3s | +3s

LSL

target mean

USL

A

$$Cpk = \frac{\text{Design spec. width - 2 d}}{\text{Process Variability (6s)}} = (1-k) \times Cp$$

where :

$$k = \frac{d}{\text{half of design spec. width}} = \frac{d}{A/2} = \frac{2d}{A}$$

Abb. 4-3: Definition von Cp und Cpk

120

Definition eines 6-Sigma-Prozesses

Spezifikationsbreite > = 12 Sigma und
Prozeßverschiebung < = +/- 1,5 Sigma
oder
Cp > = 2,0 und
Cpk > = 1,5

Der Begriff 6 Sigma wurde Ende der 80er Jahre von Motorola als Maßeinheit für Fehlerhäufigkeit, mit den beschriebenen Zusammenhängen zwischen ppm und Sigma definiert. Basierend auf empirischen Versuchen hat Motorola herausgefunden, daß sich ein typischer Prozeß im Laufe der Zeit um etwa 1,5 Sigma verschieben kann und deshalb eine Verschiebung von 1,5 Sigma in der Berechnung berücksichtigt. Das Resultat ist, daß 3,4 ppm 6 Sigma entsprechen. Wenn dieses Ziel erreicht ist, sollte sicher nur eine Verschiebung von 0,5 Sigma angenommen werden, entsprechend 6 Sigma = 20 ppb (parts per billion). Ein weiterer Faktor in diesem Zusammenhang ist OFE (opportunity for error) und bezeichnet die Möglichkeit, daß ein Fehler auftreten kann.

Dies wird z.B. in der Halbleiterproduktion berechnet nach: OFE = 3 N+T+2, wobei N die Anzahl der Anlagen ist; der Faktor 3 entsteht dadurch , daß jedes Teil beladen – prozessiert – entladen wird; T ist die Anzahl der Transporte zwischen Prozeßzentren, und 2 kommt vom Eingang und Ausgang der Linie. Andere Beispiele für die Anwendung von OFE sind: Million Lines of Code in einem Softwareprogramm, Stunden Verfügbarkeit einer Anlage pro Monat oder Anschläge pro Monat für eine Schreibmaschine.

Durch die Definition von 6 Sigma als Ziel und als Meßlatte für den Besten (BOB = Best of Breed) ergibt sich eine einfache Möglichkeit, auch komplexe Prozesse miteinander zu vergleichen und klare Ziele zu setzen. Durch diese Zielsetzung, die im ersten Ansatz vielleicht „utopisch" erscheint, werden völlig neue Ideen generiert und bisher gewohnte Prozesse völlig neu definiert (Reengineering). Nur durch solche aggressiven Ziele werden neue Denkanstöße und Produkte initiiert. Einige Beispiele aus der Entwicklung und Produktion sind im folgenden aufgeführt:

☐ Abgeleitet aus dem heutigen Status (Baseline) und dem Endziel 6 Sigma können für alle wesentlichen Parameter Ziele gesetzt werden und der aktuelle Status damit verglichen werden.

☐ Verschiebung vom 3-Sigma-Design zum 6-Sigma-Design, um später einen robusteren Prozeß zu haben.

☐ Drastisch höhere Anforderungen an die Entwicklung in jeder Phase.

☐ Einführung von Cp und Cpk als Parameter zur Prozeßkontrolle.

☐ Einführung von SPC (Statistical Process Control).

☐ Als Teil der Geschäftsprozesse verstärkter Fokus auf Reduzierung der Durchlaufzeiten und Defekte.

☐ Zusätzliche Ausbildung und stärkere Mitarbeitereinbindung.

☐ 6-Sigma-Anforderungen an alle Lieferanten von Anlagen und Materialien.

☐ Verstärkte Zusammenarbeit zwischen Entwicklung und Produktion.

Einige praktische Beispiele für Defektraten sind in Abbildung 4-4 dargestellt. Der entscheidende Faktor für 6-Sigma-Produkte und -Prozesse wird in der Entwicklung bestimmt (Design for Robustness). Fehler, die hier begangen werden, lassen sich später in der Produktion nur mit sehr hohen Kosten ausgleichen. Deshalb können auch bei der Einführung von 6-Sigma-Prozessen als Teil von TQM nicht innerhalb eines Jahres alle Ziele erreicht werden.

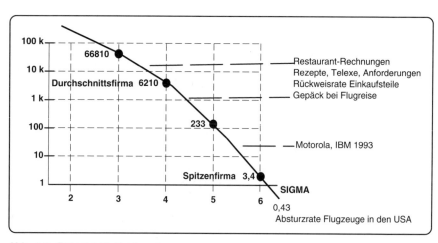

Abb. 4-4: Beispiel für Fehlerraten

122

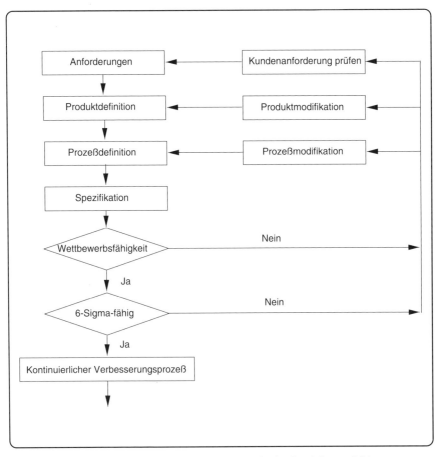

Abb. 4-5: Geschäftsprozeß für ein 6-Sigma-Design in der Produktentwicklung

Wichtig ist, daß eine strukturierte Methode mit den entsprechenden Geschäftsprozessen und Zielen etabliert wird. Die Verbesserungen stellen sich dann über die Zeit von alleine ein. Abbildung 4-5 zeigt den Geschäftsprozeß Entwicklung für ein 6-Sigma-Design. Das frühe Zusammenspiel von Entwicklung, Fertigung, Qualitätssicherung, Einkauf und Vertrieb wird heute mit Simultaneous Engineering bezeichnet. Nur durch dieses Zusammenspiel lassen sich fehlerfreie Produkte zu wettbewerbsfähigen Kosten herstellen.

4.2 Meßbare Ziele setzen

Mit der Schaffung von eigenverantwortlichen Gruppen, der strukturierten Zielvereinbarung und der Definition eines Idealzieles null Fehler sind die wichtigsten Voraussetzungen vorhanden, um konkrete und meßbare Ziele zu setzen. Außer daß die Ziele erreichbar sein müssen und vom verantwortlichen Mitarbeiter akzeptiert sind, müssen zwei weitere Voraussetzungen erfüllt sein:

1. Die Ziele müssen hierarchisch aufeinander aufbauen und die Summe aller Einzelziele die Unternehmenskennzahlen unterstützen. Ein Beispiel dafür ist eine Hauptabteilung (in Abb. 4-6 dargestellt). Für jedes Einzelziel ist ein Mitarbeiter bzw. eine Führungskraft verantwortlich. Üblicher-

Hauptabteilungs-leiter	Abteilungs-leiter	Fehler Verantwortlicher	Top 5 Fehler	ppm Ist 12/93	Ziel 12/94
		Fehler A	insgesamt	8000	2500
	Petermann A 8000/2500	Müller	A1	3000	1000
		Baumann	A2	1000	300
		Schneider	A3	1000	300
		Peter	A4	500	180
		Renz	A5	500	180
		Fehler B	insgesamt	5000	1800
	Schütz B 5000/1800	Merkle	B1	2000	700
Perlitz 17000/5700ppm		Walz	B2	1000	300
		Schlecht	B3	500	150
		Schmidt	B4	500	150
		Zonk	B5	200	70
		Fehler C	insgesamt	4000	1400
	Schilling C 4000/1400	Meier	C1	1500	500
		Stahl	C2	1000	300
		Sauer	C3	500	150
		Bauer	C4	200	70
		Hein	C5	200	70

Abb. 4-6: Beispiel für die Aufteilung der Verantwortung innerhalb einer Hauptabteilung mit Zuordnung der Fehlerverantwortung auf einzelne Mitarbeiter (in ppm)

weise beschränkt man sich bei komplexen Prozessen auf die ersten zehn Fehler mit dem größten Einfluß oder bei einfachen Prozessen auf die wichtigsten fünf, abgeleitet aus der Pareto-Analyse.

2. Die Ziele müssen meßbar und der aktuelle Status regelmäßig überprüfbar sein. Nur was meßbar ist, kann auch verbessert werden. Das setzt natürlich voraus, daß entsprechende Prüf- und Meßmittel vorhanden sind. Details dazu sind in der ISO 9000-Norm unter 4.11 beschrieben. Während die Vision kulturelle und strategische Schwerpunkte setzt, sind hier sehr konkrete Ziele gemeint.

Das Idealziel: keine Fehler, keine Defekte, keine Ausfälle, keine Verluste, keine unnötigen Tätigkeiten, keine Wartezeiten usw. kann sehr leicht definiert werden. Schwieriger ist es, basierend auf dem heutigen aktuellen Zustand die Einzelziele über die Zeit zu definieren, um möglichst nahe an das Idealziel heranzukommen. Das kurzfristige Ziel muß schon so aggressiv sein, daß völlig neue Ideen notwendig sind, um es zu erreichen. Meistens kann ein großer Teil der Verbesserung durch KVP erreicht werden, und einige wenige Prozesse benötigen Reengineering.

Basierend auf den Arbeiten von Motorola und IBM hat sich ein Verbesserungsfaktor von zehnmal alle zwei Jahre bewährt. Das bedeutet, wenn ein ausgeliefertes Produkt heute 800 ppm (0,08 %) Ausfälle pro Jahr hat, ist das Ziel in zwei Jahren 80 ppm und in vier Jahren 8 ppm. Damit ist man dem Ziel 6 Sigma schon sehr nahe gekommen, hat aber dafür vier Jahre gebraucht. Eventuell ist dieses Produkt nicht geeignet, um 6 Sigma zu erreichen, oder die Marktanforderungen brauchen kein Null-Fehler-Produkt. Im ersten Ansatz erscheint das Ziel

zehnfache Verbesserung alle zwei Jahre

als sehr hoch und nicht erreichbar. Doch nur durch solche Zielsetzung können die notwendigen Verbesserungen in einer endlichen Zeit erreicht werden. Es gibt inzwischen ausreichend Praxisbeispiele, bei denen ein Verbesserungsfaktor von zehnmal in zwei Jahren und hundertmal in vier Jahren erzielt wurde.

Am Beispiel einer Produktionslinie, bestehend aus drei Produktionseinheiten (PEH), soll dieser Prozeß beschrieben werden, der in der Übersicht in

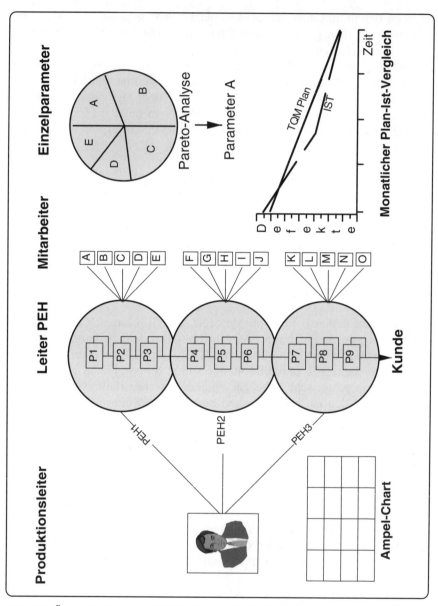

Abb. 4-7: Übersicht für einen Null-Fehler-Prozeß für drei Produktionseinheiten (PEH)

Abbildung 4-7 dargestellt ist. Jede PEH ist verantwortlich für eine bestimmte Strecke der gesamten Produktion. Innerhalb dieser Strecke befinden sich einzelne Prozeßanlagen (P1 – P9), von denen jede sich über SPC (Statistical Process Control) selbst kontrolliert. Abweichungen gegenüber der vorgegebenen Spezifikation führen zu Nacharbeit oder Schrott. Über eine Pareto-Analyse werden die fünf Defekte mit den größten Auswirkungen bestimmt. Damit sind etwa 80 % aller Probleme adressiert, und auf diese konzentriert man sich. Die Liste der Einzelparameter A – O wird sich über die Zeit ändern, da neue Parameter in der Wertigkeit nachrücken. In diesem Falle werden damit die 15 Hauptprobleme der gesamten Produktion beschrieben. Basierend auf der Vorgabe zehnfache Verbesserung alle zwei Jahre, liegt damit für jeden Einzelparameter der monatliche bzw. jährliche Zielwert fest und kann regelmäßig im Plan-Ist-Vergleich überprüft werden.

Für jeden Einzelparameter ist ein Mitarbeiter verantwortlich. Er ist in diesem Fall der Projektleiter für die Lösung dieses Problems und stellt im Matrix-Management über die Organisation die notwendigen Aktionen zur Verbesserung sicher. Dieses Ziel ist Bestandteil seiner Zielvereinbarung, und eventuell ist ein Teil seines Gehalts abhängig davon, ob das Ziel zum Jahresende erreicht wird.

4.3 Prozeß- und Produktverbesserung

Die Ziele sind gesetzt, die Verantwortung ist zugeordnet, und jetzt beginnt erst die richtige Arbeit. Damit nicht jeder Projektverantwortliche in eine unterschiedliche Richtung rennt, selbst eine Methode entwickelt und dann andere Mitarbeiter in sein Projekt einbindet, ist eine Systematik notwendig. Es würde sonst schnell zum Chaos führen, mit mehr Problemen als vorher und einem Arbeitsvolumen, das niemand mehr überblickt. Basis für die Analyse und die daraus abgeleiteten Aktionspläne ist die vorhandene EDV (Elektronische Datenverarbeitung), wie sie heute mehr oder weniger in jedem Betrieb etabliert ist. In jeder Produktion gibt es den Materialfluß und einen gegenläufigen Informationsfluß, wie in Abbildung 4-8 dargestellt. Im folgenden soll jetzt detailliert auf diesen Informationsfluß eingegangen werden.

Außer den Datensystemen, die für den Materialfluß verantwortlich sind, wie FLS (Floor Logistic System) und PPS (Parts Planing System), gibt es ein Sy-

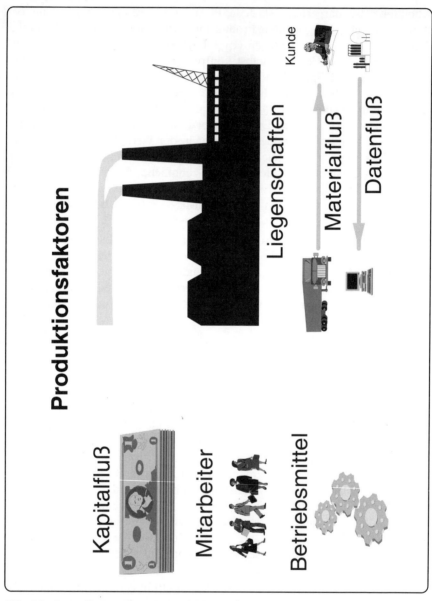

Abb. 4-8: Gegenläufiger Material- und Datenfluß in der Produktion

stem, in welchem die technischen und qualitätsrelevanten Daten erfaßt werden. Dieses wird mit dem Oberbegriff CAQ (Computer Aided Quality) bezeichnet. Diese Datensysteme sind zusammengefaßt unter dem Oberbegriff CIM (Computer Integrated Manufacturing), d.h. die rechnergestützte Fertigung, wie sie in Abbildung 4-9 dargestellt ist. Es ist dies das Wechselspiel zwischen den Systemen zur Sicherstellung der technischen Produkteigenschaften und Qualität (CAQ) und der Mengensteuerung. Ein CAQ-System setzt sich aus vielen einzelnen Modulen zusammen, von denen je nach Unternehmensgröße nicht alle gleichzeitig eingesetzt werden. Die einzelnen Module zur Verarbeitung von Qualitätsdaten können in folgenden Gruppen zusammengefaßt werden:

1. Q-Planung
2. Q-Prüfung
3. Q-Auswertung
4. Q-Unterstützung.

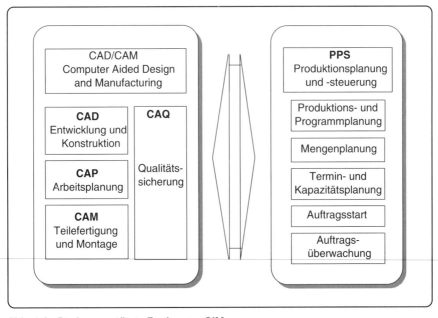

Abb. 4-9: Rechnergestützte Fertigung – CIM

Eine Zusammenstellung der möglichen Module je Gruppe ist in Abbildung 4-10 dargestellt. Im ersten Ansatz sieht diese Liste sehr kompliziert und teuer aus, doch es werden nicht alle Module gleichzeitig verwendet, sondern je nach Anwendung einzelne ausgewählt. Zuerst müssen die relevanten Prozeß- und Produktdaten definiert und erfaßt werden. Deshalb ist die unter 4.2 beschriebene Vorarbeit notwendig, um sich nur auf die wesentlichen Produktdaten zu beschränken. Damit diese Produktdaten innerhalb der Spezifikation kontrolliert werden können, müssen die dazu führenden Prozeßdaten innerhalb ihrer statistischen Grenzen bekannt sein und laufend geregelt werden. Diese Methode wird mit dem Begriff SPC – Statistical Process Control bezeichnet. Sie ist die Basis für die Verbesserung der Prozeßfähigkeit mit den Kontrollgrößen Cp und Cpk und ein wichtiges Hilfsmittel für den Anlagenbediener in der Produktion, damit er eigenverantwortlich die Produktqualität sicherstellen kann.

In jedem Produktionsbetrieb fällt laufend eine große Menge von Daten an. Teilweise sind dies passive Daten, d.h. von Meßinstrumenten, die nur einen Wert anzeigen, teilweise sind dies aktive Daten von Meßgeräten, die bei Über- oder Unterschreitung eines Grenzwertes eine Aktion auslösen, und teilweise sind dies Prüfdaten, die beim Messen oder bei einer Inspektion anfallen. Durch die richtige Erfassung und Verdichtung dieser Daten kann sehr viel Geld eingespart werden. Nicht die Menge ist entscheidend, sondern die Konzentration auf die wesentlichen Daten. Eine Detailbeschreibung würde über den Rahmen dieses Buches hinausgehen, doch einige wesentliche Elemente im Zusammenhang mit der SPC-Einführung werden im folgenden dargestellt.

Datenerfassung

Früher wurden die Daten manuell erfaßt und als Teil der Qualitätssicherung in Kontrollkarten eingetragen. Mit der Weiterentwicklung der Datenverarbeitung ging man dazu über, die Daten entweder in dezentrale Personalcomputer oder über Datenterminals in den Host einzugeben. Die entsprechenden Kontrollcharts werden am Bildschirm angezeigt oder ausgedruckt. Anhand dieser Daten werden die Entscheidungen für Prozeßänderungen, Nacharbeit oder Verschrottung getroffen.

Moderne Produktionsanlagen haben heute eine normierte Datenschnittstelle, über die in der einen Richtung alle relevanten Parameter abgefragt

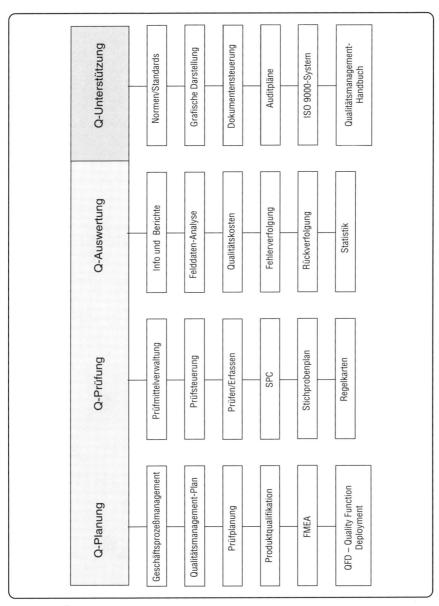

Abb. 4-10: Übersicht über CAQ-Module

(Quelle: IBM)

und in der anderen Richtung die erforderlichen Korrekturen veranlaßt werden können. Diese Anlagen sind integraler Bestandteil der gesamten Datenverarbeitung. Die Anlagen entsorgen alle anfallenden Daten über eine Client/Server-Architektur direkt zum Host. Die erforderlichen Korrekturen werden direkt vom Server dezentral ausgeführt. Die Anlage kann auch bei Ausfall der Host-Verbindung weiter produzieren. Ein Beispiel ist in Abbildung 4-11 aufgeführt.

Datenauswahl

Die Fülle der anfallenden Daten wird in unterschiedliche Kategorien eingeteilt. Man unterscheidet dabei zwischen:

☐ Level-1-Parametern, die von der Entwicklung innerhalb der definierten Spezifikation festgelegt sind. Dies sind typischerweise elektrische oder

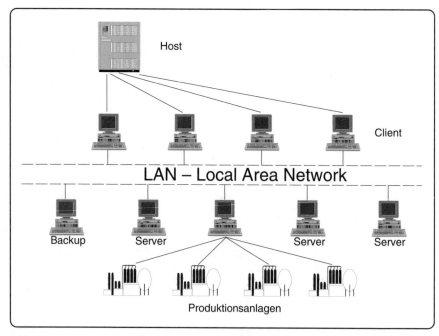

Abb. 4-11: Systemarchitektur einer modernen Produktionslinie

132

mechanische Produktionseigenschaften. Für sie werden die Cp- und Cpk-Werte bestimmt.

☐ Level-2-Parametern. Diese sind Anlagenkenngrößen wie Temperaturen, Drücke und Flüsse, d.h. Prozeßparameter, die die Level-1-Parameter direkt beeinflussen. Aus dieser Gruppe werden die kritischen Parameter ausgewählt und über SPC kontrolliert.

Welcher Level-2-Parameter welchen Einfluß auf das Produkt hat, kann teilweise durch physikalische und chemische Zusammenhänge bestimmt werden. Zusätzlich werden Erfahrungswerte aus der Vergangenheit herangezogen und Korrelationen während der Vorfertigung durchgeführt. Bei komplexen Prozessen ist es empfehlenswert, die Level-2-Parameter bewußt zu variieren, um so das Prozeßfenster zu bestimmen und zu überprüfen, wie robust der Design ist.

In der Praxis werden ausgehend von den spezifizierten Produktparametern (Level 1) alle diese beeinflussenden Prozeßparameter (Level 2) innerhalb der maximal möglichen Schwankung variiert. Dies wird durch vorher eindeutig definierte Versuche ermittelt (DOE – Design of Experiment). Im Normalfall gibt es immer mehrere Einflußgrößen, die voneinander abhängen, sich gegenseitig beeinflussen und unterschiedliche Auswirkungen auf die Produkteigenschaften haben. Als Teil der Prozeßqualifikation werden diese gezielt verändert in Plus- und Minus-Richtung innerhalb der 6-Sigma-Standardabweichung.

An einem Beispiel soll dies verständlich gemacht werden: Innerhalb des Herstellungsprozesses von Halbleiterchips wird an mehreren Prozeßstufen eine Schicht in einer Plasmaätzanlage abgetragen. Die Abtragsrate kann dabei abhängen von:

☐ Vorreinigung
☐ Losgröße
☐ Beschaffenheit der Schicht
☐ Anlageneinstellung
☐ Unterschiede zwischen Anlagen
☐ Flußrate der Reaktionsgase
☐ Temperatur, Zeit, Druck
☐ Lieferant der Reaktionsgase.

Für alle diese Einflußgrößen wird in einem multifaktoriellem Versuch die optimale Parametereinstellung definiert, d.h. das endgültige Prozeßfenster bestimmt, in dem diese variieren dürfen. Dies wird als Teil der SPC-Einführung mit den Aktionsgrenzen und -kriterien in das CAQ-System eingegeben. Der Prozeß ist damit qualifiziert und für die Serienproduktion freigegeben. Alle zukünftigen Veränderungen wie neue Anlagen, neue Lieferanten von Prozeßmaterialien, andere Losgrößen usw. müssen durch eine neue Versuchsmatrix neu qualifiziert werden und können erst *danach* für die Produktion freigegeben werden.

Kann mit den vorhandenen Anlagen und Prozessen die 6-Sigma-Forderung für das Produkt überhaupt sichergestellt werden? Wenn ja, mit welchem Zeitaufwand und zu welchen Kosten? Dies sind wesentliche Fragen im Zusammenhang mit Simultaneous Engineering. Die praktische Umsetzung von SPC setzt sich aus folgenden Schritten zusammen:

1. Definition der Level-1-Parameter durch die Entwicklung. Diese werden in der Produktspezifikation zusammengefaßt mit den oberen und unteren Grenzwerten.
2. Definition der Level-2-Parameter gemeinsam durch die Entwicklung und Produktion. Aus dieser Liste werden die kritischen Parameter ausgewählt.
3. Installation von Kontrolldiagrammen für die kritischen Parameter mit SPC-Kontrolle.
4. Installation von Rückkopplungsschleifen (Feedback Loops).
5. Kontrolldiagramme, die in der Praxis ausprobiert und optimiert sind.

Datenauswertung

Einer der großen Vorteile durch die Einführung von SPC ist, daß Entscheidungen, ob in den Prozeßfluß eingegriffen wird oder nicht, nicht mehr oder weniger zufällig durch den Mitarbeiter erfolgen, sondern auf statistisch abgesicherten Erfahrungswerten beruhen. Wenn die Temperatur in einem Ofen den oberen Grenzwert überschreitet, wird dem Maschinenbediener über vorher festgelegte Kriterien (z.B. nach Western Electric) Hilfestellung gegeben, ob er eingreifen muß oder ob die Abweichung statistisch nicht relevant ist und innerhalb der normalen Streuung des Ofens liegt. Ein typisches Beispiel für ein Kontrolldiagramm ist in Abbildung 4-12 dargestellt.

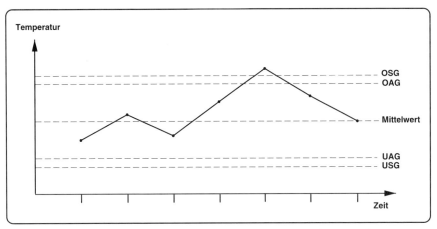

Abb. 4-12: Beispiel für ein Kontrolldiagramm (Qualitätsregelkarte) mit den Grenzwerten
OSG – Obere Spezifikationsgrenze, OAG – Obere Aktionsgrenze,
USG – Untere Spezifikationsgrenze, UAG – Untere Aktionsgrenze

Die vorhandene Datenbank, in der die Prozeßdaten produkt- oder zeitbezogen abgespeichert sind, bildet die Basis für weitere Analysen und Auswertungen. Defekte an ausgelieferten Produkten können einzelnen Prozessen und Anlagen zugeordnet werden. Durch diese Korrelation kann der Prozeß weiter optimiert werden, um zu einem fehlerfreien Produkt zu gelangen. Im Idealfall sind die Anlagen und Prozesse so stabil, daß Prüfungen, Tests und Inspektionen vollständig entfallen können.

Wie sieht heute eine moderne Produktionslinie aus? Diese ist in der Lage, fehlerfreie Produkte stabil über die Zeit herzustellen, notwendige Entscheidungen werden durch den Maschinenbediener eigenverantwortlich getroffen, und die Herstellkosten sind ein Minimum: Der Produkt- und Datenfluß einer derartigen Architektur ist in Abbildung 4-13 dargestellt.

1. Von der Entwicklung kommt in enger Zusammenarbeit mit der Produktion ein 6-Sigma-Design, d.h., das Produkt kann innerhalb der normalen Prozeßschwankungen produziert werden ohne Abweichungen zur vorgegebenen Spezifikation.
2. Die Prüf-, Meß- und Testdaten sowie die Prozeßparameter werden in einer zentralen Datenbank gespeichert. Die Meßgeräte und Prozeßanlagen

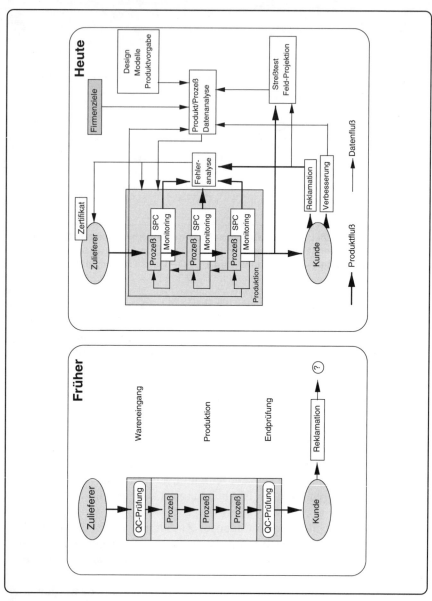

Abb. 4-13: Produkt- und Datenfluß in einer SPC-kontrollierten Produktion (Quelle: IBM)

136

entsorgen ihre Daten selbständig über eine normierte Schnittstelle. Manuelle Dateneingabe ist nicht notwendig.

3. Die Anlagen kontrollieren und regeln sich innerhalb der vorgegebenen SPC-Grenzen. Ein Kontrolldiagramm wird dem Maschinenbediener online am Bildschirm dargestellt. Bei Abweichungen außerhalb der Aktionsgrenzen bekommt er am Bildschirm eine Nachricht über mögliche Ursachen und Vorgaben, welche Aktion er als nächstes durchzuführen hat. Er benötigt nur im Ausnahmefall andere Mitarbeiter zur Unterstützung.

4. Die Anlagen sind so konstruiert, daß sie über 800 Stunden MTBF (Meantime between Failures) erfüllen.

5. Die Aktionsgrenzen (OAG, UAG), wie in Abbildung 4-12 dargestellt, werden über die Zeit automatisch eingeengt, so wie sich die Prozesse stabilisieren. Wenn innerhalb einer Woche keine Aktionsgrenzen verletzt werden, werden die Grenzen z.B. um 10 % eingeengt. Dies muß symmetrisch gemacht werden, damit es keine Mittelwertverschiebung gibt.

6. Die Ausbeute bzw. Qualität wird je Abschnitt oder für die gesamte Produktion als First-Pass-Yield berechnet, d.h. ohne Nacharbeit. Die Gefahr ist groß, daß die Ausbeute oder Qualität nur durch hohe Nacharbeit erreicht wird. Der wirkliche Zustand der Linie ist sonst nicht bekannt, und es entstehen teilweise sehr hohe Zusatzkosten.

7. Fehler am Endprodukt können jederzeit den einzelnen Produktionsabschnitten bzw. der Anlage, die sie verursacht hat, zugeordnet werden (Rückverfolgbarkeit).

4.4 Reduzierung der Durchlaufzeiten

Vergleichbar mit dem vorher beschriebenen Null-Fehler-Prozeß, der ein fehlerfreies Produkt anstrebt, verhält es sich bei der Reduzierung der Durchlaufzeiten. Das Ziel hierbei ist es, die Prozeßzeit möglichst nahe an die Wertschöpfungszeit zu bringen.

Wertschöpfungszeit = Prozeßzeit

Wichtig ist dabei zu beachten, daß unter Wertschöpfung nur der Teil eines Prozesses zu verstehen ist, für den der Endkunde bereit ist, extra zu bezahlen. Wie häufig hört man auf die Frage: „Wie lange dauert es in Ihrem Unternehmen von der Auftragsannahme bis zur Produktauslieferung?" die Antwort: „So etwa eine Woche". Im weiteren Gespräch stellt sich dann heraus, daß die reine Wertschöpfungszeit etwa zwei Stunden beträgt, aber so genau wüßte man es nicht. Je kleiner der Betrieb, desto größer dieses Mißverhältnis.

Dies trifft übrigens nicht nur in den Produktionslinien zu, sondern auch im Dienstleistungssektor. Wie lange dauert es, Geld von einer Bank zur anderen zu überweisen? Einige Tage, und der Buchungsaustausch über die EDV dauert einige Millisekunden. Es soll hier nicht unterstellt werden, daß diese Verzögerung bewußt gemacht wird. Doch es gibt auch andere Beispiele. Erst wenn der Kunde nur für die Zeit bezahlt, in der er eine Wertschöpfung bekommt, sind diese Dienstleistungen entsprechend optimiert. Man stelle sich einen Friseursalon vor, in dem die gesamte Prozeßzeit fünf- bis siebenmal so hoch wie die Rohprozeßzeit ist. Der Haarschnitt würde dann einen Tag dauern. In der Produktion war es bei guten Firmen Ende der 80er Jahre noch üblich, daß die gesamte Durchlaufzeit fünf bis siebenmal länger dauerte als die Rohprozeßzeit. Heute hat IBM mit der CFM-(Continous-Flow-Manufacturing-)Methode z.B. bei der Mehrschichtkeramik oder 4-MB-Chip-Fertigung stabile Werte von 2,2 Mal erreicht (Metzger 1994, S. 59).

Über Qualität, Schrott und Nacharbeit werden viele detaillierte Analysen durchgeführt und sind Modelle, Methoden, Auswertungsprogramme und Formblätter entwickelt. Zur Reduzierung der Durchlaufzeiten in der Produktion oder innerhalb von Geschäftsprozessen im Dienstleistungsbereich gibt es wenig strukturierte Ansätze, obwohl hier eine große Hebelwirkung in bezug auf Kosten und Kundenzufriedenheit besteht:

1. Die notwendigen Bestände in der Produktion (WIP – Work in Process) hängen direkt ab von der Durchlaufzeit. Dieses gebundene Kapital kann leicht innerhalb kurzer Zeit halbiert werden. Hier liegt auch einer der Kostenvorteile von Just-in-Time-Manufacturing.
2. Die Lernkurve beim Anlauf neuer Produkte hängt direkt davon ab, wie schnell die Teile fertiggestellt werden. Nimmt man die Rohprozeßzeit für einen 4-MB-DRAM-Prozeß mit etwa 18 Tagen, multipliziert mit dem Faktor 5-7, ist man sofort bei 100 Tagen, bis das Produkt fertiggestellt

und getestet ist. Die Anzahl der Lernschleifen (Feedback Loops) ist sehr begrenzt innerhalb eines Jahres und die Anlaufkurve flach.

3. Innerhalb der Produktion gibt es immer wieder unvorhergesehene Vorfälle: Stromausfall, Rohrbruch, Materialprobleme usw. Die Menge des davon betroffenen Produktes und damit das finanzielle Risiko sind direkt proportional zur Durchlaufzeit.

4. Wie schnell man ein neues Produkt von der Entwicklung zum Endverbraucher bringen kann und einen höheren Preis dafür verlangt, hängt direkt von der Durchlaufzeit in der Entwicklung und Produktion ab. Wenn diese Zeit länger ist als die Veränderungen des Marktes, kann dies schnell zu Akzeptanzproblemen beim Kunden führen wie beim S-Klasse-Modell von Mercedes.

5. Die Kaufentscheidung eines Kunden hängt häufig davon ab, wie flexibel der Hersteller auf Mengen- und Teilmengenänderungen reagieren kann. Dies hängt natürlich auch von der Art der Fertigung ab. Auftragsfertigung (Build to Order) verhält sich anders, als wenn die Teile auf Lager produziert werden.

6. Wie häufig das eingesetzte Kapital innerhalb eines Jahres umgeschlagen werden kann (Turn-over), hat direkten Einfluß auf die Preisgestaltung. Im Einzelhandel, wo das Produkt innerhalb von Tagen umgeschlagen wird, kann man mit deutlich geringeren Aufschlägen wesentlich profitabler sein als beim Anlagenbau mit der Durchlaufzeit von einigen Monaten.

Dies sollen nur einige Beispiele sein für die Auswirkungen von langen Durchlaufzeiten. Es soll hier aber auch erwähnt werden, daß diese Zeiten und die Flexibilität in der installierten Kapazität Geld kosten. Natürlich kann man bei einer Auslastung von 50 % flexibler reagieren als bei einer 100 %igen Auslastung in drei Schichten. Diese Flexibilität muß individuell definiert werden in Abhängigkeit von den Anforderungen des Zielmarktes und den daraus entwickelten Kennzahlen. Bei dieser Optimierung zwischen Kosten, Kapazität und Durchlaufzeit ist einer der wichtigsten Faktoren: Bis zu welcher Kapazitätsauslastung ist die Linie noch profitabel? Der Zielwert sollte bei 60 % liegen, um bei Marktschwankungen nicht sofort Verluste zu machen und Mitarbeiter entlassen zu müssen.

Im folgenden soll jetzt der praktische Ablauf dargestellt werden, um die Durchlaufzeiten zu reduzieren.

Analyse

Zuerst muß die reine Wertschöpfungszeit definiert werden, d.h. die Zeit, die notwendig ist, um das Produkt herzustellen. Diese setzt sich üblicherweise aus der Rohprozeßzeit, für die der Kunde direkt bezahlt, und unterstützenden, notwendigen Zeiten zusammen, wobei man die Notwendigkeit sehr kritisch untersuchen muß.

Unter Rohprozeßzeit versteht man die reine Maschinenlaufzeit mit Be- und Entladen. Dazu kommen die Rüstzeiten, Test- und Inspektionszeiten, soweit noch nötig innerhalb eines 6-Sigma-Prozesses, die Transportzeiten, Nacharbeitungszeiten und der große Brocken von Warte- und Standzeiten, die häufig bis zu 90 % ausmachen. Die Gesamtzeit wird also aufgeteilt in einzelne Elemente, die später einzelnen Verantwortlichen zugeordnet werden und, wie beim 6-Sigma-Prozeß, eigenverantwortlich durch Prozeßteams verkürzt werden. Das Ziel ist es, möglichst nahe an die Rohprozeßzeit heranzukommen und alle anderen Zeiten nahe Null zu bringen. Allein durch diese Analyse und das Bewußtwerden der Situation wird schon ein großer Teil der notwendigen Aktionen initiiert.

Kontinuierliche Verbesserung

Wie bereits erwähnt, wird nur das verbessert, was regelmäßig gemessen wird. In Abbildung 4-14 ist die aktuelle Verteilung der Durchlaufzeit für einzelne Teile oder Lose (Teilgruppen) dargestellt mit der Häufigkeitsverteilung. Dies ist meist keine Normalverteilung, sondern eine Verteilung mit einem steilen Abfall zu kurzen Zeiten und einem langen Schwanz von sehr hohen Durchlaufzeiten. Nach unten ist die Grenze vorgegeben durch die Fähigkeit der Linie. Der lange Schwanz nach oben resultiert aus vielen Einzelproblemen, von Teilen, die herumstehen, Nacharbeiten erfordern oder disponiert werden müssen. Unter der Annahme einer Normalverteilung werden ein Mittelwert und ein oberer Grenzwert definiert. Die Anzahl der Teile, die den oberen Grenzwert überschreiten, werden regelmäßig berichtet, zusammen mit den fünf wichtigsten Ursachen, abgeleitet aus der Pareto-Analyse. Die ersten Aktionen werden gegen diese fünf Ursachen definiert, und Erfolge stellen sich hier rasch ein.

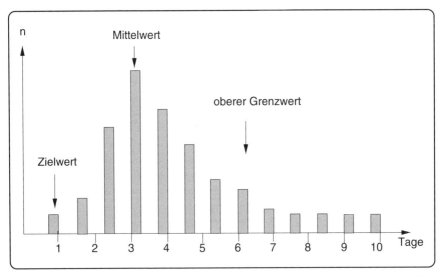

Abb. 4-14: Beispiel für die Häufigkeitsverteilung der Durchlaufzeit in einer Fertigungslinie

Eine Mittelwertverschiebung in Richtung Zielwert ist dagegen deutlich schwieriger. Hier gibt es meistens systematische Probleme, die einzeln analysiert und verbessert werden müssen. Häufig kann durch geringe Investitionen eine große Wirkung erzielt werden.

Eines der systematischen Probleme kann die Losgröße sein. Bei großen Losen warten alle Einzelteile, bis das Los komplett prozessiert ist und das letzte Teil seine Nacharbeit bekommen hat. Erst dann laufen alle gemeinsam weiter. Das andere Extrem bedeutet, jedes Einzelteil wird sofort prozessiert, wenn es an die Anlage kommt. Es gibt dazu viele Analysen und Modellrechnungen. Hier können keine Empfehlungen gegeben werden, sondern für jede Linie und jeden Prozeß muß ein Optimum gefunden werden.

Kanban

Eine weitere Verbesserung kann sich durch die Art der Liniensteuerung ergeben. Hier haben sich in der Praxis zwei Dinge bewährt, das Pull-System und Kanban. Kanban kommt aus dem japanischen und bedeutet Anzeigekarte oder Signal. Das Kanban-System wurde bei Toyota entwickelt, um durch die

141

Kanban-Karte den Materialnachschub in der Fertigung zu steuern. Im Produktionsablauf haben nicht alle Anlagen die gleiche Kapazität, so daß Puffer erforderlich sind, um diese Anlagen optimal auszulasten. An vorher definierten Stellen werden diese Kanban-Puffer eingerichtet, mit einem Mindest- und Höchstbestand. Der nachfolgende Prozeß zieht jetzt aus diesem Kanban-Puffer die Teile so schnell wie möglich durch die eigene Anlage (Pull-System) in den nachfolgenden Kanban-Puffer. Es darf nur so lange weiterproduziert werden, wie die obere Kanban-Grenze (Signal) nicht erreicht ist, d.h. der nachfolgende Prozeß in der Lage ist, die Teile weiter zu verarbeiten. Falls dies nicht der Fall ist und der Kanban-Puffer voll ist, wird die zuliefernde Anlage abgeschaltet. Dieser Prozeß setzt sich weiter nach vorne fort, bis der Engpaß beseitigt ist und die Anlage wieder läuft. Zuerst gehören Nerven dazu, eine Anlage abzuschalten, nur weil der Kanban-Puffer voll ist. Jeder, der es in der Praxis angewendet hat, stellt schnell fest, daß dadurch ein kontinuierlicher Prozeßfluß erzwungen wird und sich sowohl die Bestände als auch die Durchlaufzeiten halbieren können. Zusätzlich sind dadurch die Steuerung und Transparenz sehr einfach geworden. Ein kurzer Rundgang vorbei an den Kanban-Puffern, und man weiß sofort, ob und wo Probleme bestehen.

Ein kleiner Trick am Rande: Wenn die Kanban-Puffer in der Fläche auf ihre Maximalwerte begrenzt sind und sonst keine Abstellfläche vorhanden ist, regelt sich der Ablauf schnell selbständig.

Beim alten Push-System würde jedes Prozeßzentrum weiterproduzieren, um seinen Tageswert zu erreichen, unabhängig vom Status der nachfolgenden Prozesse. Das Ergebnis ist bekannt: unregelmäßiger Prozeßfluß, hohe Bestände und hohe Durchlaufzeiten.

Beispiel:

An einem aktuellen Fall aus der Praxis, der an sich trivial ist, kann man sehr deutlich sehen, daß durch systematisches Vorgehen und eine Detailanalyse die Durchlaufzeit um über 50 % reduziert werden konnte. Es waren keine Investitionen notwendig, sondern nur eine Mengen- und Zeitabstimmung mit der entsprechenden Kommunikation.

Beim Anlauf eines neuen IBM-Produktes war es notwendig, einen Teil des Prozesses im Schwesterwerk in Fishkill bei New York durchzuführen. Dafür

142

wurden die Teile von Sindelfingen bei Stuttgart dorthin geschickt, prozessiert und zurückgeschickt. In den ersten Wochen dauerte der gesamte Ablauf 25 Tage, bis die Teile zurückkamen und hier zu Ende prozessiert wurden. Die Zeit war nicht akzeptabel. Der gesamte Prozeß wurde in elf Einzelprozesse zerlegt, wie in Abbildung 4-15 dargestellt. Jeder dieser Einzelprozesse wurde analysiert mit folgenden Ergebnissen:

Auf dem Hinflug über New York dauerte es zwei bis drei Tage, bis die Teile durch den Zoll waren, da ein Broker benötigt wurde. Falls gerade Wochenende war, entsprechend länger. Falls die Teile eine Stunde zu spät am Flughafen in Stuttgart ankamen, ging ein weiterer Tag verloren. Durch den Versand über Montreal, hier wird kein Broker benötigt, und eine genaue Abstimmung auf den Flugplan zusammen mit dem Zoll konnte diese Zeit von sechs auf drei Tage reduziert werden. Der Gesamtprozeß im IBM-Werk in Fishkill dauerte im Schnitt elf Tage. Durch die Abstimmung von Transport und Prozeß auf die Stunde genau stand die Anlage bereit, um die Teile sofort zu prozessieren (Just-in-Time). Zeiteinsparung von elf auf drei Tage. Entsprechend wurde der Rücktransport über New York optimiert. Der Gesamtablauf konnte innerhalb von wenigen Wochen um 60 % reduziert werden (von 25 Tagen auf zehn Tage).

Meistens sind die Reduzierungen der Durchlaufzeit recht einfach zu erzielen. Sie erfordern eine Detailanalyse, Aufteilung in Einzelprozesse, klare Verantwortung, den unabdingbaren Willen zur Verbesserung und eine konsequente Umsetzung.

4.5 Zusammenfassung

Um die beste Qualität, die niedrigsten Kosten und die kürzesten Prozeßzeiten gleichzeitig zu erreichen, sind aggressive Ziele und gut strukturierte Abläufe notwendig. Sehr schnell stellt man in der Praxis fest, daß sich diese drei Faktoren nicht gegenseitig ausschließen, sondern ergänzen. Bessere Prozeßzeiten führen zu besserer Qualität. Weniger Fehler und niedrigere Bestände bedeuten niedrigere Kosten, d.h. je besser die Qualität und je kürzer die Durchlaufzeiten, um so niedriger die Kosten.

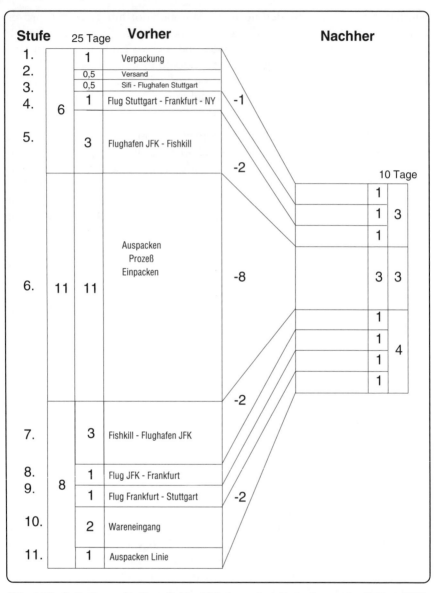

Abb. 4-15: Optimierung im Prozeßablauf führte zu einer Reduzierung der Zeit um 60 %

(Quelle: IBM)

144

Für die Qualität ist das Ziel null Fehler oder als statistischer Wert 6 Sigma entsprechend 3,4 ppm. Für die Prozeßzeit ist das Ziel die reine Wertschöpfungszeit aus Sicht des Kunden. Diese Ziele können nur durch das Setzen von agressiven Zielen, auch wenn sie aus heutiger Sicht als nicht machbar erscheinen, erreicht werden. Nur durch solche Ziele werden die nötigen Umdenkungsprozesse initiiert und völlig neue Ideen generiert. Ziele wie zehnfache Reduzierung der Defekte alle zwei Jahre oder Halbierung der Durchlaufzeit innerhalb eines Jahres sind heute üblich. Werte von 5,6 Sigma für Produktdefekte und 2,2 Mal Rohprozeßzeit für die Gesamtdurchlaufzeit in komplexen High-Tech-Produktlinien sind in der Praxis heute stabil erreicht. Innerhalb weniger Monate sind deutliche Verbesserungen möglich, wie erst kürzlich die Halbierung der Kundenreklamationen einer Papierfabrik in sechs Monaten. Außer dieser Zielsetzung sind eine sehr systematische Analyse aller Einflußfaktoren und die klare Zuordnung der Verantwortung auf einzelne Mitarbeiter notwendig. Nur durch eine Vernetzung der Prozeß- und Produktdaten und einer konsequenten Umsetzung von SPC –

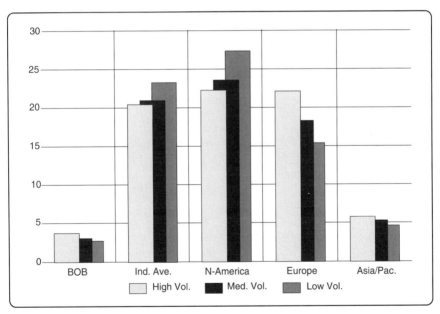

Abb. 4-16: Produktionszeit für Standardprodukte (Build to Order) in Kalendertagen
(Quelle: PRTM; Benchmarking-Studie, 1992)

Statistical Process Control – und Prozeßfähigkeitsanalysen können diese Verbesserungen erreicht werden. Mit den heutigen Möglichkeiten der EDV können integrierte Systeme wie CIM oder CAQ preisgünstig eingeführt werden. Dadurch können notwendige Entscheidungen direkt durch den Mitarbeiter vor Ort getroffen werden, ohne Abhängigkeit von großen Servicebereichen.

Alle beschriebenen Methoden sind kein Selbstzweck, sondern sie müssen sich unterm Strich rechnen und für den Endkunden eine Verbesserung bringen. Alle praktischen Beispiele, die der Autor in den letzten Jahren erlebt hat, führten zu deutlich größeren Verbesserungen als ursprünglich angenommen. Abgeleitet aus den Erfahrungen in der Produktion können die meisten beschriebenen Elemente auch im Dienstleistungsbereich umgesetzt werden.

Abschließend sind in Abbildung 4-16 aus einer weltweiten Benchmarking-Studie die Fertigungsdurchlaufzeiten für Standardprodukte im Vergleich dargestellt. Deutlich sieht man den Vorsprung von Asien. Anhand derartiger Analysen kann man die eigene Position und Zielsetzung bestimmen.

5. TQM-System

Ein großes Problem bei der Umsetzung der einzelnen Elemente und Methoden während der TQM-Einführung ist das Verständnis für die Zusammenhänge. Auf das Management wie auf die Mitarbeiter kommen jedes Jahr wieder neue Schlagworte zu. Um nur einige zu nennen, die in den letzten Jahren en vogue waren: Gemeinkostenwertanalyse, Kaizen, Quality Circle, Simultaneous Engineering, Just-in-Time, Lean Management, Benchmarking, Activity Based Costing, ISO 9000, Kanban, KVP usw. Wie kann man alle Beschäftigten davon überzeugen, daß es diesmal nicht wieder ein neuer Modetrend ist, den man aussitzen kann?

Es ist notwendig, ein einfaches System zu definieren, welches über Jahre hinaus Bestand hat. Dies muß alle wesentlichen Elemente der Unternehmensführung beinhalten, flexibel genug sein, neue Elemente aufzunehmen, und von jedem Mitarbeiter verstanden werden können. Als Beispiel ist das TQM-System der IBM Deutschland-Produktion in Abbildung 5-1 dargestellt, wie es seit über vier Jahren praktiziert wird. Es setzt sich im wesentlichen zusammen aus dem Prozeß von der Unternehmensvision bis zur Erfüllung der Kundenerwartung und als unterstützendes System die TQM-Standortanalyse und das Qualitätsmanagement-System (QMS) nach ISO 9000. Teile dieses TQM-Systems wurden bereits erläutert und sollen hier nur zusammengefaßt werden:

1. Definition der Vision und langfristige Marktposition, die das Unternehmen einnehmen will.
2. Abgeleitet daraus werden jährlich die Unternehmenskennzahlen und meßbare Ziele definiert.
3. Diese Ziele werden über die strukturierte Zielvereinbarung heruntergebrochen in die Produktion bzw. Geschäftsprozesse, so daß jeder Mitarbeiter seinen persönlichen Anteil am Gesamterfolg kennt.
4. Alle arbeiten auf das Ziel hin, die Kundenerwartungen zu erfüllen und maximale Kundenzufriedenheit zu erreichen.

Dies ist im Prinzip ein sehr gradliniger Prozeß, ausgerichtet auf den externen Kunden und in der Zwischenstufe auf den internen Kunden. Dokumen-

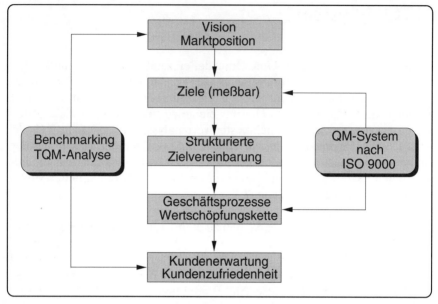

Abb. 5-1: TQM – Total Quality Management System (Quelle: IBM)

tiert ist dieser Prozeß im Qualitätsmanagement-Handbuch (QMH), das zusammen mit der ISO 9000-Einführung erstellt wurde und jährlich überarbeitet wird.

5.1 Qualitätsmanagement-System nach ISO 9000 ff.

Die Notwendigkeit für ein funktionierendes Qualitätsmanagement ist heute weltweit anerkannt. Während in der westlichen Welt der Kunde entscheidet, ob er mit der Qualität zufrieden ist, gibt es auch andere, wesentlich drastischere Bestrafungen. Ein Beispiel dafür wurde im Wallstreet Journal vom 13.9.94 beschrieben unter der Überschrift: „18 Chinese Managers executed for Shoddy Quality."

„Peking – 18 Manager einer Fabrik für Kühlschränke in Chien Bien, außerhalb von Peking, wurden wegen schlechter Qualität hingerichtet. Die Manager, zwölf Männer und sechs Frauen wurden auf einem Reisfeld in der Nähe der Fabrik erschossen, im Beisein von 500 Fabrikarbeitern. Unter den Hingerichteten waren der Werkleiter, der Qualitätsleiter, der technische Leiter und ihre wichtigsten Untergebenen. Der Sprecher des Ministry of Economic Reform, Xi Ten Hann, sagte, daß diese Aktion notwendig war, da die Manager ein Verbrechen gegen das chinesische Volk begangen haben. Über Jahre hatten sich die Arbeiter beschwert, daß viele Teile nicht der Spezifikation entsprachen und das Endprodukt nicht richtig funktionierte. Die Kompressoren waren unsicher. Laut Aussage der Arbeiter hatte der Werkleiter angeordnet, die Kühlschränke trotzdem auszuliefern. Die Kunden, die fünf Jahre auf ihren Kühlschrank gewartet hatten, waren wütend und verzweifelt."

Jedes Unternehmen hat eine Art der Qualitätssicherung oder, wie man es heute nennt, ein Qualitätsmanagement. Dies beschreibt das Zusammenspiel der einzelnen Organisationseinheiten mit dem Ziel, ein möglichst fehlerfreies Produkt herzustellen. Wohl zu keinem TQM-Element gibt es mehr Literatur und Untersuchungen als zu diesem Thema. Die umfangreichste Zusammenstellung ist das Handbuch für Qualitätsmanagement von Prof. Dr. Walter Masing, das 1994 in der dritten Auflage erschienen ist. Im folgenden soll der Schwerpunkt auf der Einführung eines QM-Systems in der Praxis liegen.

Es ist noch keine zehn Jahre her, daß die meisten Unternehmen eine Wareneingangsprüfung durchführten, um so die Qualität der Zulieferteile sicherzustellen. Daraus leitet sich der Name Qualitätssicherung ab. Ähnlich verhielt es sich innerhalb des Unternehmens. An vielen Stellen wurden Inspektionen und Prüfungen durchgeführt, um die Qualität des Endproduktes sicherzustellen. Verantwortlich dafür war die zentrale Qualitätssicherung. Bedingt durch interne komplexe Prozesse, Verringerung der Fertigungstiefe, besonders im Automobilbau, und steigenden Kostendruck war bei diesem Prozeß eine Veränderung dringend erforderlich. Ende der 80er Jahre entwickelte sich der Markt so, daß jeder Lieferant ein System nachweisen mußte, über das die Qualität seines Produktes sichergestellt wird. Dies war mindestens ebenso wichtig wie die spezifizierte Qualität des Produktes selbst. Daraus entwickelte sich die DIN EN ISO 9000-Norm, wie sie seit August 1994 offiziell genannt wird.

Sehr gut ist dies durch den Arbeitskreis für Klein- und Mittelbetriebe der RKW beschrieben (von Dr. G. Schönbach):

„Wer die Anforderungen z.B. der Norm ISO 9001 erfüllen will, muß maßgebliche Vorgänge vom Wareneingang über die Entwicklung, Produktion, Prüfung bis zur Verpackung, Lagerung und zum Transport präzise und für jeden nachvollziehbar beschreiben. Und auch die Mitarbeiter müssen jeweils die sie betreffenden Vorgaben und Abläufe kennen und exakt beschreiben können. Die Aufgabe wird – besonders für kleine und mittlere Unternehmen – leichter, wenn man sich schrittweise an ein lauffähiges Qualitätssystem heran arbeitet ...Am Schluß wird man dann die ‚Reifeprüfung' in Form der Zertifizierung bestehen und zugleich seine Qualitätsleistung sichtbar gesteigert haben.

Die sogenannte ‚Zertifizierung des Qualitätssystems' wird durch eine anerkannte (akkreditierte) Institution wie DQS vorgenommen. Sie bestätigt dem Unternehmen, daß sein Qualitätssystem den Anforderungen der Norm entspricht.

DIN EN ISO 9000 sieht das Unternehmen grundsätzlich als ‚Lieferanten' aus der Erwartungshaltung eines ‚Kunden':

☐ Alle Anstrengungen dieses ‚Lieferanten' laufen darauf hinaus, daß der ‚Kunde' genau die Produkte oder die Dienstleistungen erhält, die er braucht.
☐ Der ‚Lieferant' muß dies nachweisen können; einerseits durch schriftliche Anweisungen über alle wichtigen Vorgänge, über die einzusetzenden Methoden und Maßnahmen des Qualitätsmanagements und die Qualitätssicherung; andererseits – soweit erforderlich oder vereinbart – durch Aufzeichnungen der in den einzelnen Stufen erreichten Qualitätsleistung.
☐ Der ‚Lieferant' muß anstreben, aus seinen Erkenntnissen über Fehler jeder Art eine gezielte Strategie zur Verbesserung der Produkt- und Dienstleistungsqualität zu entwickeln.

Hier geht es darum, sowohl die Qualitätsforderungen des Unternehmens an das Produkt oder an die Dienstleistungen zu erfüllen als auch die Qualitätserwartungen der Kunden. Ein Unternehmensmodell nach DIN EN ISO 9000 zu schaffen stellt sich daher weniger als eine *technische* Aufgabe. Vielmehr wird durch ein Qualitätssystem z.B. nach DIN EN ISO 9001 (identisch mit EN 29001) das Erreichen der Funktionen und Qualitätsmerkmale eines Produktes wirtschaftlicher möglich als vorher. Das heißt konkret: schneller, zielsicherer und zu möglichst günstigen Kosten.

Die Anforderungen dieser Norm DIN EN ISO 9001 zu erfüllen, ist eine notwendige Voraussetzung für das ‚Leitziel Qualität'. Aber das allein reicht noch nicht aus. Für die Zukunftssicherung benötigen wir zusätzlich hervorragende und trotzdem wirtschaftlich zu erstellende Leistungen. Und das erreichen wir nur, wenn die Menschen im Unternehmen voll hinter diesen Forderungen der Norm stehen."

Die Einführung von ISO 9000 setzte sich zuerst in England durch. Dort sind inzwischen 36000 Firmen ISO-9000-zertifiziert: jede zehnte Firma. In Deutschland ist derzeit 1 % aller Firmen mit mehr als 50 Mitarbeitern zertifiziert, entsprechend 4500. In Europa insgesamt 66000 und weltweit über 80000 Firmen. Dieser Markt für ISO-Zertifizierungen hat inzwischen ein Volumen von 4 Mrd. DM in Deutschland mit 24 Zertifizierern (Tab. 5-1) – mit stark steigender Tendenz. In Japan gibt es ca. 1250 ISO-9000-Zertifikate, hauptsächlich in der Elektronik- und Automobilindustrie. Alleine die Firma NEC hat 28 ISO-9001-Zertifikate und 39 für ISO 9002. In Kanada werden Aufträge der öffentlichen Hand nur noch an ISO-9000-zertifizierte Unternehmen vergeben, und in den USA setzt sich diese Norm mehr und mehr als Standard durch, auch wenn mit etwa 5000 erst verhältnismäßig wenige Unternehmen zertifiziert sind. Weltweit gibt es in 76 Ländern registrierte Zertifikate.

> **Zertifizierung nach ISO 9000 ist heute in Deutschland eine notwendige, aber keine hinreichende Bedingung, um als Lieferant anerkannt zu sein.**

Ausgehend von der Automobilindustrie ist es heute schwierig, als Lieferant anerkannt zu werden, ohne ISO-9000-zertifiziert zu sein. Die meisten Großunternehmen sind bereits zertifiziert und wenden sich jetzt der kompletten TQM-Umsetzung zu, während der Mittelstand noch voll in der Einführungsphase ist. Als erster Schritt zu einem kompletten TQM-System hat sich ISO 9000 gut bewährt. Was fordert die Norm?

☐ Schaffung einer Aufbau- und Ablauforganisation
☐ Qualifikation von Mitarbeitern und Mitteln
☐ Regelung von Zuständigkeiten, Verantwortung und Befugnissen
☐ Dokumentationspflicht für Abläufe und Ergebnisse

TÜV-Cert. e.V. Reuterstraße 161 53113 Bonn	Dr. Adams und Partner Unternehmensberatung - Zertifizierungsstelle - Königstraße 78 47198 Duisburg	TÜV-Rheinland Sicherheit und Umweltschutz GmbH Zertifizierungsstelle IT&T Am Grauen Stein 51101 Köln
Verband der Sachversicherer Amsterdamer Str. 176 50735 Köln	TÜV Bayern-Sachsen Westendstraße 199 80686 München	Arbeitsgemeinschaft Qualitätssicherung e.V. (AGQS)
DQS GmbH August-Schanz-Str. 21A 60433 Frankfurt/Main	NIS Ingenieurgesellschaft mbH	Offerstraße 12 42551 Velbert
DEKRA Certification Services - DCS Schulze-Delitzsch-Str. 49 70565 Stuttgart	Zertifizierungsstelle NIS-Zert Donaustr. 23 63452 Hanau	TÜV Product Service GmbH Zertifizierungsstelle Ridlerstraße 31 80339 München
Germanischer Lloyd QS-Zertifizierungsstelle Vorsetzen 32 20459 Hamburg	Det Noske Veritas Qualitätssicherungsservice Schnierungshof 45329 Essen	SGS-ICS-Gesellschaft für Zertifizierung mbH Raboisen 28 20095 Hamburg
LRQA Lloyds Register Quality Assurance Norfolk House Wellesley Road Croydon CR 9 2 DT, UK	Bureau Veritas Quality International Ltd. 70 Borough High Street UK-London SE1 1XF	Q-Zert Zertifizierungs- gesellschaft für QS-Systeme mbH Bleichstraße 19 75173 Pforzheim
Landesgewerbeanstalt Bayern Gewerbemuseumsplatz 2 90403 Nürnberg	VDE Prüf- und Zertifizierungsinstitut Merianstr. 28 63069 Offenbach	Europäisches Institut zur Zertifizierung von Qualitäts- managementsystemen
Staatl. Materialprüfungsamt Nordhein-Westfalen (MPA NRW) Marsbruchstr. 186 44287 Dortmund	CETECOM GmbH Im Teelbruch 122 45219 Essen	EQ ZERT Riedwiesenweg 6 89081 Ulm
Verein des Schienenfahrzeugbaus zur Zertifizierung und Warenkennzeichnung Adlergestell 598 12527 Berlin	SOCOTEC Industrie Rhein-Ruhr-Büro Luisenstraße 129 40215 Düsseldorf	Deutsche Aerospace AG Dasa-Zert Willy-Messerschmitt-Straße 85521 Ottobrunn

Tab. 5-1: Akkreditierte Zertifizierungsunternehmen in Deutschland

(Quelle: Produktion, Oktober 1994, S. 19)

☐ Berichtspflicht über alle Leitungsebenen
☐ Beherrschung von Risiken und Wirtschaftlichkeit
☐ vorbeugende Maßnahmen zur Vermeidung von Qualitätsproblemen.

Die Norm fordert keine Kundenzufriedenheit, keine fehlerfreien Produkte und keine Produktkosten, nur um hier die Grenze aufzuzeigen. Die ISO-

9000-Norm umfaßt etwa 30 bis 40 % der notwendigen TQM-Prozesse inner- halb eines Unternehmens. Die Norm ist ein Managementsystem mit der ent- sprechenden Dokumentation, daß die Herstellung qualitativ, hochwertiger Produkte unterstützt. Gerade kleine Unternehmen aus der Mikroelektronik oder Softwareentwicklung, die es vor fünf Jahren noch nicht gab, benutzen die ISO-Norm, um ihre schnell gewachsenen Unternehmen zu strukturieren, Verantwortungen zu definieren und Geschäftsprozesse unabhängig von Per- sonen zu etablieren. Damit ist die Basis gelegt für weiteres Wachstum und eine komplette Durchdringung von TQM. Mehr und mehr setzt sich die Er- kenntnis auch im Dienstleistungsbereich durch. So sind die Fürstenberg Brauerei oder VOBIS Beispiele für eine erfolgreiche ISO-9000-Einführung. Hier kam der Druck weniger aus der Kundenforderung, sondern aus der Notwendigkeit, die vorhandenen Prozesse besser und effektiver zu struktu- rieren. Bei der Entscheidung, welches Bier abends in der Kneipe bestellt wird, spielt die ISO-Zertifizierung sicher keine Rolle, wohl aber für die Brauerei, um ihre Geschäftsprozesse zu optimieren und die Wettbewerbspo- sition zu verbessern. Die Verteilung der Zertifikate in Deutschland ist in Ab- bildung 5-2 dargestellt. Anhand von zwei Umfragen in Deutschland sollen die Bedeutung der ISO-9000-Norm und die Gründe der Firmen für eine Zertifizierung abgeschlossen werden. Auf die Frage: „Was waren die Gründe für die Zertifizierung?" steht an erster Stelle die Verbesserung der Kunden- zufriedenheit (Abb. 5-3). Nachdem die Unternehmen zertifiziert waren, wur- den sie dazu befragt, was die Zertifizierung gebracht hat. Für die Branchen Maschinenbau, Chemie und Elektroindustrie ist das Ergebnis in Abbildung 5-4 dargestellt. An erster Stelle steht dabei Total Quality Management, d.h. eine umfassende Qualitätsstrategie.

5.1.1 DIN EN ISO 9000

Inzwischen ist die zweite Ausgabe dieser Norm im August 1994 erschienen. Sie löst die erste Ausgabe von 1987 und 1990 ab. In diesem Kapitel werden die 20 Elemente der Norm kurz erläutert, da sie Basis für Qualitätsmanage- ment-Systeme bilden und ein Modell zur Qualitätssicherung/QM-Darlegung in Design, Entwicklung, Produktion, Montage und Wartung bilden. Die eu- ropäische Norm EN ISO 9000 ff. von 1994 hat den Status einer deutschen Norm.

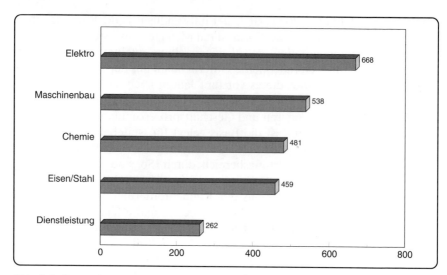

Abb. 5-2: Deutsche Zertifikate für ISO 9000 nach Branchen (Quelle: Produktion, August 1994)

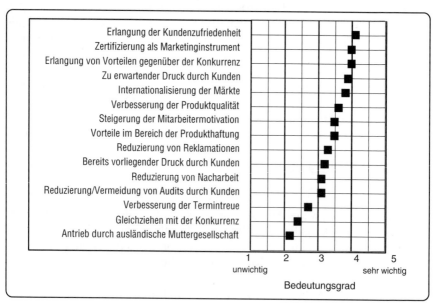

Abb. 5-3: Gründe für die Zertifizierung nach ISO 9000 (Quelle: Price Waterhouse/QZ 4/93)

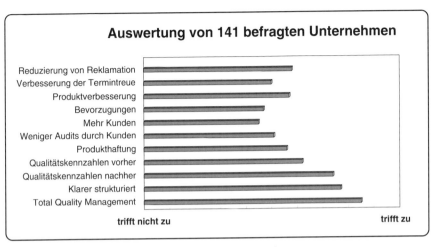

Auswertung von 141 befragten Unternehmen

Reduzierung von Reklamation
Verbesserung der Termintreue
Produktverbesserung
Bevorzugungen
Mehr Kunden
Weniger Audits durch Kunden
Produkthaftung
Qualitätskennzahlen vorher
Qualitätskennzahlen nachher
Klarer strukturiert
Total Quality Management

trifft nicht zu   **trifft zu**

Abb. 5-4: Was hat die ISO 9000-Zertifizierung gebracht?

(Quelle: Qualitec Ebasco, TÜV Rheinland, Herbst 1993)

Die wichtigsten Normen für das Qualitätssystem eines Unternehmens sind in der folgenden Übersicht dargestellt (Schönbach 1993):

DIN EN ISO 9000   Anleitung zum Gebrauch des Regelwerkes. Sie muß von Verantwortlichen für das Qualitätssystem gelesen worden sein.

DIN EN ISO 9001   Forderungskatalog zum Qualitätsmanagement an ein Unternehmen, das für kundenspezifische Produkte entwickelt, produziert und/oder Kundendienst vertraglich vertreibt. Es gilt grundsätzlich auch für Dienstleistungen.

DIN EN ISO 9002   Forderungskatalog zum Qualitätsmanagement an ein Unternehmen, das seine Produkte gelistet anbietet oder nach Fremdangaben fertigt und keine kundenspezifische Produkte entwickelt, produziert und/oder Kundendienst vertraglich betreibt.

DIN EN ISO 9003   Forderungskatalog zum Qualitätsmanagement an ein Unternehmen, das Produkte herstellt, bei denen die Er-

155

füllung der Qualitätsforderung durch Endprüfung einwandfrei festgestellt werden kann. Dies gilt vorwiegend für einfache Produkte und ist die niedrigste Stufe der Norm.

DIN EN ISO 9004   Leitfaden, wie man Qualitätsmanagement richtig betreiben sollte. Er sollte von allen Funktionsträgern gelesen und verstanden sein.

Die höchsten Anforderungen stellt die Stufe ISO 9001, die die Entwicklung einschließt. Die niedrigsten Anforderungen, nach denen ein Zertifikat möglich ist, ist ISO 9003. Diese Normen gelten für Europa und liegen in den Sprachen Deutsch, Englisch und Französisch vor.

Einzelheiten zu diesen Normen sollten im Originaltext nachgelesen werden, der recht gut verständlich ist. Eine Übersicht über die einzelnen Elemente und ihren Zweck ist in Tabelle 5-2 dargestellt.

5.1.2 Praktische Einführung

Die Gründe, sich nach ISO 9000 ff. zertifizieren zu lassen, sind in Abbildung 5-3 dargestellt und sind unterschiedlich nach Branche und Unternehmen. Nachdem aber die Entscheidung gefallen ist, sich zertifizieren zu lassen, ist der Ablauf immer gleich. Basierend auf der praktischen Erfahrung in vielen verschiedenen Unternehmen, wird im folgenden ein typischer Ablauf beschrieben. Dieser ist als Leitfaden gedacht, um sich vorher ein Bild über den notwendigen Aufwand zu machen und um bei der eigenen Umsetzung praktische Hilfestellung zu bekommen.

Verantwortung

Nachdem die Entscheidung zur Zertifizierung gefallen ist, muß sichergestellt werden, daß alle Elemente des Qualitätskreises (Abb. 5-5) eingebunden werden. Die oberste Verantwortung für die Einführung des QM-Systems nach ISO 9000 ff. liegt beim Geschäftsführer. Für die Umsetzung, Pflege, Verbesserung und Kontrolle dieses Systems benennt er einen Qualitätsmanagement-Beauftragten (QMB). Dies ist üblicherweise der Qualitätsleiter

Nr.	QM-Element	Zweck ist sicherzustellen, daß ...
1	Zweck und Anwendungsbereich	...man weiß, in welchen Verträgen, warum, wofür, in welchen Bereichen, für welche Produkte das QM-System gelten soll
2	Verweis auf andere Normen	...man erweiterte Auflagen, Bedingungen, Richtlinien usw. beachtet.
3	Begriffe	...man miteinander reden kann.
4.1	Verantwortung der obersten Leitung	...die Verantwortlichkeiten in allen Ebenen geklärt sind
4.2	Qualitätsmanagement-System	...man alle QM-Elemente als etwas einheitliches Ganzes in ordnungsgemäßes Betriebsmanagement übersetzt.
4.3	Vertragsprüfung	...man auch vertragsgemäß liefern kann.
4.4	Designlenkung	...nur Produkte entsprechend Markt- und/ oder Kundenforderung entwickelt werden.
4.5	Lenkung der Dokumente und Daten	...nur richtige, gültige Dokumente benutzt werden.
4.6	Beschaffung	...nur vertragsgemäßes Material beschafft wird.
4.7	Vom Kunden beigestellte Produkte	...sie so wie das Eigenmaterial behandelt werden.
4.8	Kennzeichnung und Rückverfolgbarkeit	...man das Material und die Produkte, wo zweckmäßig, identifizieren und rückverfolgen kann.
4.9	Prozeßlenkung	...alle notwendigen Maßnahmen unternommen werden, damit keine fehlerhaften Produkte produziert werden.
4.10.1 4.10.2	Eingangsprüfung Zwischenprüfung	...nur vertragsgemäßes Material in den Betrieb kommt. ...in fehlerhaftes Material/fehlerhafte Produkte kein Aufwand mehr investiert wird.
4.10.3	Endprüfung	...keine fehlerhaften Produkte ausgeliefert werden.
4.11	Prüfmittelüberwachung	...Fehlmessungen/Fehlentscheidungen verhindert werden.
4.12	Prüfstatus	...man jederzeit, wo nötig, den Prüfstand erkennen kann.
4.13	Lenkung fehlerhafter Produkte	...fehlerhafte Produkte nicht weiterbearbeitet, ausgeliefert oder sogar benutzt werden.
4.14	Korrekturmaßnahmen	...man den gleichen Fehler nicht noch einmal macht.
4.15	Handhabung, Lagerung, Verpackung und Versand	...man die mühsam produzierte Qualität nachträglich nicht beschädigt.
4.16	Lenkung von Q-Aufzeichnungen	...man die Einhaltung des QM-Systems und der Q-Anforderungen an das Produkt nachweisen kann.
4.17	Interne Qualitätsaudits	...die oberste Leitung das QM-System regelmäßig auf Wirksamkeit überprüft.
4.18	Schulung	...qualitätsgerechtes Personal verfügbar ist.
4.19	Wartung	...Eignung und Verfügbarkeit der Produkte aufrechterhalten bleibt.
4.20	Statistische Methoden	...die Stichproben richtig entnommen und bewertet werden.
6(9004)	Kosten/Wirtschaftlichkeit	...die Gesamtkosten minimiert werden.
19(9004)	Produktsicherheit/-haftung	...man die gesetzlichen Festlegungen berücksichtigt.
SUMME	ISO 9000 - 9004	... der Kunde/Auftraggeber in Ihre Firma Vertrauen haben kann.

Tab. 5-2: Zusammenfassung der ISO 9001 – 9004

157

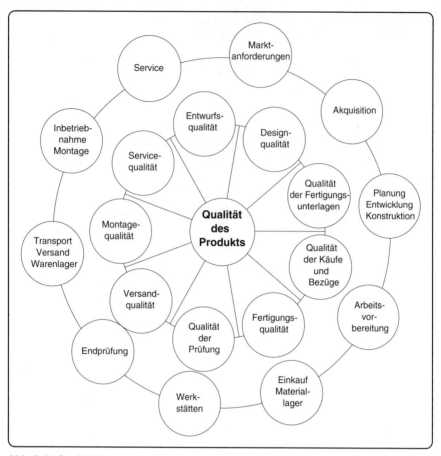

Abb. 5-5: Qualitätskreis (Quelle: Masing 1994, S. 909)

des Unternehmens. Um die Einbindung aller Prozesse sicherzustellen, wird für jedes Element des Qualitätskreises ein Qualitätsberater (QB) benannt. Die Anzahl variiert je nach Größe und Art des Unternehmens.

Bei kleineren und mittleren Unternehmen, die keine eigene Qualitätsorganisation haben, ist es heute üblich, zur Unterstützung bei der Zertifizierung einen externen Berater einzukaufen. Die Kosten liegen zwischen 50 000 und 150 000 DM. Diese Kosten sind im Vergleich zum Aufwand der eigenen Mitarbeiter gering und stellen für diesen Zeitraum die notwendige Erfahrung sicher. Siemens-Nixdorf beziffert die Gesamtkosten für die ISO-9000-Zertifizierung mit über zwei Mio. DM. Der Berater kann keine Verantwortung übernehmen, sondern unterstützt den QMB.

Wie für jedes andere Projekt, muß die Verantwortung klar definiert sein und ein Zeitplan bis zur Zertifizierung erstellt werden. Der Endtermin zur Zertifizierung muß zu Anfang festgelegt und kommuniziert werden. Es ergeben sich immer wieder aktuelle Tagesprobleme, die sonst dazu führen, daß dieser Termin laufend verschoben wird. Im Mittel dauert die Einführung ein Jahr.

> **Die ISO 9000 ff. Norm beschreibt ein Qualitätsmanagement-System, das die Produktqualität unabhängig von Einzelpersonen und Organisationen sicherstellt.**

Analyse

Vor der Definition des Einführungsplans empfiehlt sich eine Analyse der aktuellen Situation. Durch Interviews vom Geschäftsführer bis zu den Funktionsverantwortlichen wird die aktuelle Situation erfaßt, d.h., gibt es schon ein System, sind die Verantwortungen klar definiert, welche Dokumentation besteht, wie gut sind die Durchdringung und der Wissensstand bis zum einzelnen Mitarbeiter, sind die Geschäftsprozesse definiert und beschrieben usw. Diese Interviews dauern etwa zwei Tage und werden nach der ISO 9000 strukturiert und grafisch als Erfüllungsgrad der Norm dargestellt (Abb. 5-6). Zusätzlich werden die gefundenen Schwachstellen wie überschneidende oder fehlende Verantwortung, Dokumentation und Prozesse in dem Analysebericht erfaßt. Basierend auf dieser Analyse ist es möglich, den Projektplan zu definieren mit Aufwand und Zeit und zu entscheiden, ob und welche externe Unterstützung notwendig ist.

Start

Nachdem die Analyse durchgeführt wurde, daraus abgeleitet ein Einführungsplan definiert wurde und die Verantwortlichen definiert sind, muß das Projekt kommuniziert werden. Dazu werden alle Führungskräfte vom

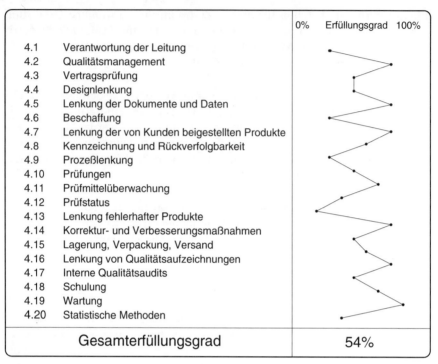

		0% Erfüllungsgrad 100%
4.1	Verantwortung der Leitung	
4.2	Qualitätsmanagement	
4.3	Vertragsprüfung	
4.4	Designlenkung	
4.5	Lenkung der Dokumente und Daten	
4.6	Beschaffung	
4.7	Lenkung der von Kunden beigestellten Produkte	
4.8	Kennzeichnung und Rückverfolgbarkeit	
4.9	Prozeßlenkung	
4.10	Prüfungen	
4.11	Prüfmittelüberwachung	
4.12	Prüfstatus	
4.13	Lenkung fehlerhafter Produkte	
4.14	Korrektur- und Verbesserungsmaßnahmen	
4.15	Lagerung, Verpackung, Versand	
4.16	Lenkung von Qualitätsaufzeichnungen	
4.17	Interne Qualitätsaudits	
4.18	Schulung	
4.19	Wartung	
4.20	Statistische Methoden	
Gesamterfüllungsgrad		**54%**

Abb. 5-6: Erfüllungsgrad einer Analyse nach ISO 9000 als Basis für die Einführung

verantwortlichen Geschäftsführer zu einem gemeinsamen Workshop eingeladen. Er stellt das Projekt vor und erläutert, warum die Einführung eines QM-Systems für das Unternehmen wichtig ist. Der Schwerpunkt liegt dabei nicht auf dem Zertifikat – dies ist eigentlich eine unwichtige externe Bestätigung –, sondern auf der Verbesserung der Wettbewerbssituation, den Vorteilen in der Verbesserung der internen Abläufe und in der höheren Sicherheit für den externen Kunden.

Danach wird die ISO-Norm mit ihren Elementen und dem Einführungsplan vorgestellt. Dies ist auch der Zeitpunkt, entweder die ISO 9000-Einführung als ersten Schritt in Richtung TQM darzustellen oder innerhalb der anderen TQM-Aktivitäten im Unternehmen zu positionieren. Es muß klar verstanden sein, daß das QM-System nach ISO 9000 ein integraler Bestandteil eines

160

ganzheitlichen Systems ist. Am Ende muß ausreichend Zeit zur Diskussion vorhanden sein. Jede Führungskraft muß das Projekt verstanden und akzeptiert haben, da sonst die Kommunikation zum Mitarbeiter und die spätere Einführung nicht funktionieren. Ein typischer Einführungsplan ist in Abbildung 5-7 dargestellt.

Dokumentation

Häufig entsteht der Eindruck, daß der größte Aufwand zum Erreichen des ISO-Zertifikates die Dokumentation ist. Wenn das der Fall ist, wird etwas falsch gemacht. Die meiste Zeit ist dafür notwendig, die vorhandenen Geschäftsprozesse entsprechend der Norm zu strukturieren und die Verfahren, Abläufe und Verantwortungen zu etablieren. Wichtig ist dabei, daß es in der Praxis gelebt wird und in den Köpfen der Beschäftigten verstanden ist. Die Dokumentation ist dann nur noch die schriftliche Festlegung dieser Abläufe.

Ein grober Fehler, der häufig bei der Einführung gemacht wird, ist, daß die Dokumentation viel zu umfangreich ist. In der Sorge und Unsicherheit, etwas zu vergessen, wird eine Idealstruktur beschrieben, die in der Praxis nicht lebt. Spätestens beim ersten Audit gibt es dann Probleme, da niemand die Ordner voller Dokumente gelesen hat. Es müssen die vorhandenen Prozesse entsprechend der Norm beschrieben werden und so wenig Änderungen wie notwendig eingeführt werden.

Das Handbuch wird unter der Verantwortung des Qualitätsmanagement-Beauftragten erstellt und bildet die Basis und den Leitfaden für alle untergeordneten Dokumente, wie in Abbildung 5-8 dargestellt. Es beschreibt die Ziele, Grundsätze und Richtlinien entsprechend den 20 ISO-Elementen für die untergeordneten QM-Systeme und positioniert das QM-System innerhalb des Gesamtunternehmens. Es sollte ansprechend sein, da es sowohl intern mindestens an alle Führungskräfte verteilt wird und extern bei Bedarf an Kunden weitergegeben wird. Der Umfang beschränkt sich auf wesentliche Punkte. So ist z.B. das QMH der IBM-Produktion Deutschland für drei Standorte mit sechs untergeordneten Systemen nur 68 Seiten stark.

Unterhalb des QMH gibt es für jedes der 20 ISO-Elemente eine Verfahrensanweisung, die z.B. beschreibt, wie Audits durchzuführen sind, wie die Designlenkung oder die Vertragsprüfung geregelt ist. Diese Verfahrensanwei-

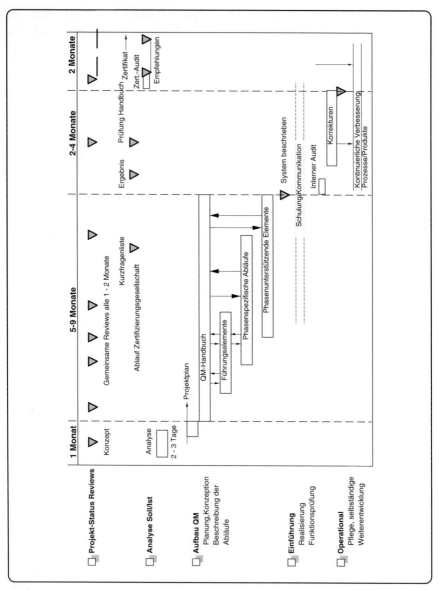

Abb. 5-7: Vorgehensmodell zur Einführung eines QM-Systems nach ISO 9000 ff.

(Quelle: IBM)

162

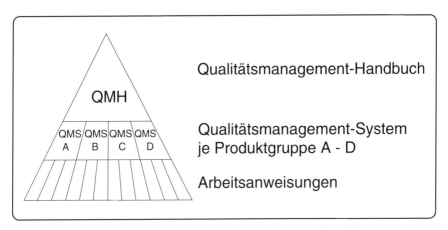

Qualitätsmanagement-Handbuch

Qualitätsmanagement-System
je Produktgruppe A - D

Arbeitsanweisungen

Abb. 5-8: Aufbau der Dokumentation für ein QM-System nach ISO 9000 ff.

sungen werden durch die Q-Berater der Produktgruppen erstellt, um so die Praxisnähe und Akzeptanz sicherzustellen. Der Qualitätsleiter prüft sie und gibt sie frei. Viele VAs können einheitlich für alle Produktgruppen oder Standorte erstellt werden, um so den Aufwand zu reduzieren (minimieren). Innerhalb eines Unternehmens sollten Elemente wie Audits oder Schulungen gleich und verbindlich geregelt sein. Zur Erstellung eines QMH oder der VAs gibt es heute Softwareprogramme, mit denen auf einem PC in einem Textverarbeitungsprogramm wie z.B. Word for Windows die gesamte Dokumentation erstellt werden kann. Das Programm gibt eine Struktur entsprechend der Norm vor und muß noch mit den unternehmensspezifischen Daten ergänzt werden. Spätere Änderungen lassen sich schnell und einfach durchführen. Größere Unternehmen mit zentraler Datenverarbeitung und dezentralen Datenterminals speichern ihre Dokumentation in diesem System ab. Das hat zwei Vorteile: Man kommt der „papierlosen Dokumentation" einen Schritt näher, da jeder Mitarbeiter die für ihn relevanten Dokumente aufrufen kann, und die Lenkung der Dokumente, d.h. die Sicherstellung, daß immer nur die neueste Version benutzt wird, ist dadurch relativ leicht sicherzustellen.

Unterhalb der Verfahrensanweisungen befinden sich als untergeordnete Dokumente die individuellen Arbeitsanweisungen, die üblicherweise bereits vorhanden sind. Diese beschreiben z.B. Anlagenbedienung und -wartung,

Prozeß- und Materialspezifikationen und Ausführungsbestimmungen für Prozesse und Vorgänge. Diese Dokumente werden eigenverantwortlich durch die einzelnen Funktionsgruppen erstellt und gewartet. Sie unterliegen nicht der Kontrolle des Qualitätsmanagement-Beauftragten.

Auch wenn es heute reichlich Musterhandbücher und Anleitungen für verschiedene Branchen wie Produktion, Softwareentwicklung und Handel gibt, sollte dadurch kein falscher Eindruck entstehen. Ein großer Teil der Arbeit bei der Einführung eines Qualitätsmanagement-Systems nach ISO 9000 ff. besteht darin, ein System zu etablieren, welches von allen Mitarbeitern „gelebt" wird. Die Dokumentation ist nur eine Hilfe bei der praktischen Umsetzung und gilt für alle als Referenz.

Audits

In der praktischen Umsetzung hat die Forderung nach regelmäßigen Audits die größte Wirkung auf die kontinuierlichen Verbesserungen. Nach der Analyse, dem Aufbau des Systems und der Beschreibung der Abläufe wird das System eingeführt (Abb. 5-7). Dies geschieht dadurch, daß die Dokumentation verteilt wird und alle Beschäftigten eine entsprechende Schulung bekommen.

Wie gut das System implementiert und verstanden ist, wird durch ein erstes internes Audit überprüft. Es werden dabei die Dokumentation gegen die Normenforderung und die praktische Durchführung zur Dokumentation geprüft. Das Audit wird durch ein Auditteam durchgeführt. Die Auditoren müssen zwei Anforderungen erfüllen: zum einen sollten sie eine Schulung als Auditor (Fachauditor) absolviert haben, mit entsprechender praktischer Erfahrung, zum anderen müssen sie unabhängig sein, d.h., sie dürfen nicht ihr eigenes System auditieren. Während des Audit wird die praktische Umsetzung durch Interviews von Führungskräften und Mitarbeitern anhand eines Fragenkatalogs in Stichproben überprüft. Zur Auswertung des Audits sind zwei Methoden üblich. Bei der einen wird, wie in Abbildung 5-6 dargestellt, der Erfüllungsgrad je ISO-Element in Prozent angegeben, von 0 % = keine oder falsche Antwort bis 100 % = voll erfüllt. Wenn der Mittelwert bei 85 % oder höher liegt, kann man von einer Zertifizierungsreife ausgehen. Allgemein gilt für die Zusammenfassung des Auditergebnisses, welche ausschließlich vom Auditteam vorgenommen wird:

164

< 60 %	nicht erfüllt
61 – 80 %	bedingt erfüllt
81 – 90 %	überwiegend erfüllt
91 – 100 %	voll erfüllt

Bei der anderen Methode werden die Abweichungen zur Norm, die sich aus den Interviews ergeben, in vier Gruppen eingeteilt:

A Grobe Verletzung der Norm. Es müssen unverzüglich Korrekturmaßnahmen eingeleitet werden. In kritischen Fällen ist der Prozeß bis zur Behebung zu stoppen.

B Verfahren/Abläufe sind teils nicht nachweisbar bzw. unwirksam. Korrekturmaßnahmen müssen in einem angemessenen Zeitraum eingeleitet werden. Aktionsplan und Verantwortung werden schriftlich dokumentiert.

C Die Abweichung ist von geringer/formeller Art. Korrekturmaßnahmen müssen in einem angemessenen Zeitraum eingeleitet werden.

D Sonstige Beobachtungen und Empfehlungen.

In der betrieblichen Praxis hat sich eine Kombination beider Methoden bewährt. Es gibt inzwischen auch für Audits recht gute PC-Programme, die sowohl einen branchenüblichen Fragenkatalog als auch ein grafisches Auswerteprogramm beinhalten. Trotzdem sind weiterhin gut geschulte Auditoren notwendig, die die vorhandenen Schwachstellen aufdecken und Empfehlungen zur Verbesserung geben. Gute Auditoren zeichnen sich dadurch aus, daß sie aufgrund ihrer Erfahrung Vorschläge zur Verbesserung des untersuchten Systems machen und nicht nur Defizite aufzeigen. Das erste interne Audit ergibt üblicherweise eine ganze Reihe von Schwachpunkten, die in den nächsten zwei Monaten beseitigt werden müssen. Erst danach ist das Unternehmen bereit für die externe Zertifizierung.

5.1.3 Nach der Zertifizierung

Eine Zertifizierung gilt üblicherweise für drei Jahre, danach ist eine externe Rezertifizierung erforderlich. Jeweils nach einem Jahr ist ein externes Überwachungsaudit durchzuführen. Zertifizierung, Überwachungsaudits und Rezertifizierung werden durch die in Tabelle 5-1 in Deutschland akkreditierten Unternehmen durchgeführt. Durch diese Audits ist sichergestellt, daß das

QM-System „lebt", laufend überprüft und verbessert wird, und daß das Zertifikat, als ein äußeres Zeichen für ein kontrolliertes System, weiterhin zu Recht besteht.

Nach der großen Anstrengung über ein Jahr, um das Zertifikat zu bekommen, sind alle Beschäftigten stolz und auch ein bißchen erleichtert, daß das Ziel endlich erreicht ist. In der Werbung drückt sich das dann in ganzseitigen Anzeigen mit folgenden Texten aus: „Der erste deutsche Automobilhersteller, dem der TÜV in allen Bereichen erste Qualität bescheinigt." – Stuttgarter Zeitung 11/1993 – oder ein anderes Beispiel: „Sternstunde für Qualität, als erster deutscher Hersteller hat BMW jetzt das EG-Zertifikat für sein Qualitätssicherungssystem bei der Produktion von Autos erhalten. Sie können sich also darauf verlassen, daß jeder BMW die gleich hohe Qualität besitzt." – Stuttgarter Zeitung 9/1993. In der Praxis ist es heute üblich, daß eine Firma als Lieferant nur dann berücksichtigt wird, wenn er nach ISO 9000 ff. zertifiziert ist oder ein vergleichbares System etabliert hat. Häufig wird zusammen mit dem ersten Angebot ein Fragebogen zur Lieferantenbewertung gefordert. Ein typischer Fragebogen sieht wie folgt aus, wobei mögliche Antworten *ja, nein* oder *teilweise* sind:

1. Name und Anschrift
2. Qualitätsmanagement-System
   - Liegt ein QM-Handbuch vor?
   - Verfügen Sie über ein zertifiziertes QMS?
3. Vertragsprüfung
   - Werden Kundenaufträge überprüft?
   - Wird der Kunde bei Änderungen des Produktionsverfahrens vorab informiert?
   - Besteht die Möglichkeit der Auditierung durch unser Unternehmen?
4. Produktentwicklung
   - Sind Prozeßfähigkeitsuntersuchungen Teil der Entwicklung?
   - Wird FMEA oder ein ähnliches Verfahren durchgeführt?
5. Lenkung der Dokumente und Daten
   - Ist die Erstellung, Prüfung, Freigabe, Verteilung und Änderung der Dokumente geregelt?
   - Enthalten alle Dokumente Angaben über den Ersteller, das Erstellungsdatum und den Revisionsstand?
   - Ist die Aufbewahrungsdauer von Dokumenten schriftlich festgelegt?
6. Beschaffung
   - Gibt es festgelegte Verfahren zur Beurteilung von Unterauftragsnehmern?
   - Vereinbaren Sie mit Ihren Lieferanten eindeutige Spezifikationen?

7. Beigestellte Produkte
   - Sind die Verfahren für die vom Kunden beigestellten Produkte definiert?
8. Kennzeichnung und Rückverfolgbarkeit
   - Ist eine Rückverfolgbarkeit der Produkte im Herstellungsprozeß gewährleistet?
9. Prozeßlenkung
   - Existieren für die Produktion eindeutige Verfahrens- und Arbeitsanweisungen?
   - Wird die Einhaltung der Prozeß- und Produktparameter überprüft?
   - Gibt es Wartungspläne für die Produktionseinrichtungen?
10. Prüfungen
    - Werden alle Qualitätsprüfungen nach dokumentierten Prüfplänen durchgeführt?
    - Werden Zwischen- und Endprüfungen durchgeführt?
    - Werden die Prüfaufzeichnungen dokumentiert?
11. Prüfmittelüberwachung
    - Gibt es ein schriftlich festgelegtes Verfahren?
    - Werden die Prüfmittel regelmäßig überwacht, kalibriert und instand gehalten?
12. Prüfstatus
    - Bestehen eindeutige Anweisungen für die Kennzeichnung des Prüfzustandes bei Materialien, Zwischen- und Endprodukten?
13. Lenkung fehlerhafter Produkte
    - Bestehen eindeutige Anweisungen für die Bewertung und Behandlung fehlerhafter Produkte?
14. Korrektur- und Vorbeugemaßnahmen
    - Bestehen eindeutige Grenzwerte für Korrektur- und Vorbeugemaßnahmen, und ist der Ablauf schriftlich geregelt?
15. Lagerung, Verpackung und Versand
    - Bestehen eindeutige Anweisungen für die Handhabung, Lagerung, Verpackung und den Versand von Produkten?
16. Qualitätsaufzeichnungen
    - Gibt es festgelegte Verfahren der Archivierung von Dokumenten für den gesetzlich vorgeschriebenen oder einen vereinbarten Zeitraum?
17. Interne Qualitätsaudits
    - Führen Sie regelmäßig interne Audits durch, und ist die Durchführung schriftlich geregelt?
    - Würden Sie Ihre Auditberichte unserem Unternehmen zur Verfügung stellen?
18. Schulung
    - Werden Ihre Mitarbeiter entsprechend einem schriftlich festgelegten Schulungsprogramm fortgebildet?
19. Wartung
    - Sind die Zuständigkeiten für die Behandlung von Kundenanforderungen schriftlich geregelt?
    - Werden Reklamationen nach eindeutigen Verfahren bearbeitet und dokumentiert?
20. Statistische Methoden
    - Werden statistische Methoden zur Prozeßlenkung eingesetzt?
    - Werden die Produkte anhand statischer Qualitätslenkung überwacht?

An diesem Fragebogen kann man deutlich die Schwerpunkte der Norm erkennen, und es läßt sich unschwer ableiten, daß man als Zulieferer nicht viele Chancen hat, wenn einige Fragen mit *nein* beantwortet wurden. Damit dieses System sich laufend weiter verbessert, sind über das ganze Jahr hinweg Aktionen notwendig, die üblicherweise durch die Qualitätsleiter gesteuert werden.

Jeder, der zertifiziert wurde, kennt das Phänomen: Nach der Erstzertifizierung, wenn die Feiern vorbei sind und die Freude sich gelegt hat, kommt das große „Abschlaffen". Jetzt haben wir ja unser Zertifikat und müssen uns nicht mehr darum kümmern. Um dagegen zu halten, gibt es über das ganze Jahr eine Reihe notwendiger Aktivitäten:

☐ Es beginnt mit dem Aktionsplan aus dem Zertifizierungsaudit. Die identifizierten Schwachstellen und Empfehlungen müssen umgehend abgearbeitet werden.

☐ Jedes Jahr ist ein Auditrahmenplan zu erstellen, der den Termin und die Verantwortung für den jährlichen Systemaudit und die Verfahrensaudits festlegt. Jedes Verfahren ist mindestens einmal alle drei Jahre zu auditieren.

☐ Jährliche Überarbeitung der Dokumentation, um organisatorische Änderungen zu berücksichtigen, die Handhabung der Dokumente zu vereinfachen und die Akzeptanz bei allen Beschäftigten zu steigern.

☐ Schulung neuer Mitarbeiter und Kommunikation von Änderungen.

☐ Regelmäßige Besprechungen mit der Geschäftsführungen, den Funktionsleitern und Qualitätsberatern über alle qualitätsrelevanten Parameter und die Kundenzufriedenheit. Die Besprechungen werden protokolliert.

☐ Durchführen der Audits und Abarbeiten der Korrekturmaßnahmen.

☐ Qualifikation neuer Lieferanten und Produkte.

☐ Zusammenfassung der wesentlichen Elemente auf einem Faltblatt, welches jährlich neu an alle Mitarbeiter verteilt wird. Dies können z.B. sein: Zusammenfassung der Unternehmenskennzahlen und Qualitätsziele, Struktur der vorhandenen Dokumentation, verantwortliche Ansprechpartner, Übersicht über die ISO-Norm, wichtige Termine und Darstellung des TQM-Systems mit seinen wesentlichen Elementen.

5.2 Umweltmanagement-System

Ein Qualitätsmanagement-System nach DIN EN ISO 9000 ff. ist heute Standard bei großen Unternehmen und wird in der Breite bei mittleren und kleineren Unternehmen eingeführt. Im Gegensatz dazu wird über ein Umweltmanagement-System und die europäische Öko-Audit-Verordnung noch hauptsächlich diskutiert, und erst wenige Unternehmen haben heute bereits ein System definiert, welches nur noch an die neue Verordnung angepaßt werden muß. Zunehmend stellen sich auch die ersten mittelständischen und kleinen Unternehmen auf diese Veränderungen ein. Umweltschutz ist heute in der öffentlichen Diskussion wesentlich stärker im Vordergrund als Qualität, wobei die Standpunkte sehr kontrovers vertreten werden.

Umweltbezogene Einzelmaßnahmen werden in der Praxis immer noch sehr häufig mit dem Kostenargument in Frage gestellt oder als finanziell untragbar eingestuft, obwohl sie sich aus volkswirtschaftlicher Sicht durchaus als rentabel erweisen können. Untersuchungen des Umweltbundesamtes von 1993 zeigen ein Nutzen-Kosten-Verhältnis von weit über „Eins" und in Einzelfällen bis zu „Fünf". An zwei Beispielen aus der betrieblichen Praxis soll dies verdeutlicht werden, im Vergleich der Investitionen zu den Einsparungen im ersten Jahr:

1. Stadtwasseraufheizung durch Kühlturmwasser
   Investition 131 000 DM, Energieeinsparung 308 000 DM
2. Wärmerückgewinnung von Prozeßkühlung an einer Klimaanlage
   Investition 133 000 DM, Energieeinsparung 192 000 DM.

Die Liste läßt sich beliebig fortsetzen, und von Jahr zu Jahr gibt es mehr attraktive Projekte, bedingt durch die laufend steigenden Energie- und Entsorgungskosten. Nimmt man als Beispiel die Entsorgungsgebühr für Gewerberückstände im Landkreis Böblingen, Baden-Württemberg, so sind diese in den letzten zehn Jahren um den Faktor 31 angestiegen:

	Deponiegebühren DM/Tonne
1985	22
1986	27
1987	28

	Deponiegebühren **DM/Tonne**
1988	40
1989	60
1990	72
1991	111
1992	315
1993	413
1994	691

Besonders drastisch ist dabei der Anstieg in den letzten Jahren. Viele Investitionen, die sich vor einigen Jahren nicht gerechnet haben, können sich heute schon im ersten Jahr amortisieren. Ein aktives Umweltmanagement führt außer zur Vermeidung der allgemeinen Betriebsrisiken, der Erhaltung der Kreditfähigkeit, erhöhten Anlagenverfügbarkeit und Vermeidung von Haftungsansprüchen auch zu Einsparungen von: Wasserkosten, Energiekosten, Materialkosten, Versicherungskosten, Entsorgungskosten, Störfallfolgekosten und Logistikkosten. Dazu kommt noch besonders in den neuen Bundesländern die notwendige ökologische Sanierung. Insgesamt sind dort, Stand 1993, 65 288 Verdachtsflächen erfaßt. Beim Verkauf oder bei der Übernahme von Firmen sind potentielle ökologische Altlasten ein großes Investitionshemmnis. Häufig ist bei der Entscheidungsfindung der Zustand des Bodens unter einer Fabrik wichtiger als die Fabrik selbst.

Um hier ein Optimum zwischen den folgenden Unternehmenszielen zu finden, ist ein Umweltmanagement-System (UMS) erforderlich, welches folgende übergeordneten Ziele beinhaltet:

☐ Einhaltung der einschlägigen Gesetze und Verordnungen
☐ sichere Arbeitsumgebung für die Mitarbeiter
☐ Reduzierung von Emissionen jeder Art
☐ keine Gefährdung für die Umwelt
☐ Schonung der natürlichen Ressourcen
☐ Entwicklung sicherer Produkte und Prozesse, die den Menschen und die Umwelt nicht belasten
☐ optimaler Einsatz von Energie
☐ Kontrolle und Überprüfung.

Um diese Ziele zu erreichen, wurde bereits vor einigen Jahren in der IBM Deutschland ein Umweltmanagement-System eingeführt, das folgende wesentlichen Elemente enthält (IBM-Umweltbericht 1994):

Richtlinien Grundsätze, die aus der weltweit gültigen Corporate Policy abgeleitet sind. Geschäftsanweisungen für den Umweltschutz, die die Verantwortung und Pflichtenübernahme regeln. Fachanweisungen, die im Umweltschutzhandbuch zusammengefaßt sind.

Umweltprogramme Beschreibung von Umwelteinflüssen (Environmental Impact Assessment)

Recycling
Energieeinsparung
Abfallminimierung
Grundwasser- und Bodenschutz
Eigenkontrollverpflichtungen

Überwachung Internes Auditsystem

Berichtswesen Umweltschutz-Jahresbericht
Vorfall-Berichtswesen

Aktiver Umweltschutz kann häufig ohne große Investitionen realisiert werden. Die Aktionen lassen sich dabei in vier verschiedene Gruppen einteilen:

Trennung Beim Hausmüll hat sich dies schon durchgesetzt, doch es kann auch an vielen Stellen im Unternehmen durchgeführt werden. So können z.B. alle Abfälle in den Bürogebäuden in aufgestellte Abfallsammelbehälter getrennt entsorgt werden nach: Papier/Kartonagen, Kunststoffbecher, Kunststoffhohlkörper, Glas/Dosen, Restmüll und Asche. Jeder Mitarbeiter trennt seinen anfallenden Abfall und entsorgt ihn in bereitgestellte Behälter. Dies wurde in der IBM-Produktion schon 1993 eingeführt.

Recycling	Durch Aufarbeitung und Wiederverwendung kann der anfallende Abfall drastisch reduziert werden. So konnte z.B. der Gewerbeabfall, der zur Deponie gebracht wird, in der IBM-Produktion von 62 % in 1989 auf 27 % in 1993 reduziert werden. Besonders beim Wasserverbrauch können durch Recycling und Regenerierung im Ionenaustauscher deutliche Einsparungen erzielt werden. Bei IBM konnte eine jährliche Einsparung bis zu 1 Mio. DM erreicht werden.
Alternativen	Durch den Einsatz von unkritischen Materialien kann die Umwelt deutlich entlastet werden. Das bekannteste Beispiel für die Auswirkungen ist das Ozonloch durch den Ausstoß von FCKW und CKW. So konnte der Verbrauch von FCKW in der IBM-Produktion von 60 t pro Jahr in 1988 auf Null in 1990 reduziert werden, und der Verbrauch von CKW reduzierte sich von 19 t auf Null in 1993. Ein weiteres Beispiel ist die Umstellung der Autolackierung auf Wasserlacke zur Vermeidung der organischen Lösungsmittel, wie er 1994 im Mercedes-Benz-Werk Sindelfingen eingeführt wurde.
Vermeidung	Dies ist immer noch die beste Art des Umweltmanagements. Besonders durch aktive und systematische Energieeinsparung können erhebliche Kosten gespart werden. So konnten allein im IBM-Werk Sindelfingen in 1993 3,8 Mio. DM Kosten durch Energieeinsparungen vermieden werden. Doch es können auch kleine einfache Beispiele sein: Wenn jeder Mitarbeiter an der Kaffeemaschine seinen eigenen Becher mitbringt, müssen keine Plastikbecher entsorgt werden.

Beim aktiven Umweltmanagement verhält es sich ähnlich wie bei der Verbesserung der Qualität oder der Reduzierung der Durchlaufzeiten. Erst wenn alle Einzelelemente wie Energieverbrauch, Wasserverbrauch, Chemikalieneinsatz, Gewerbemüll, Sondermüll und Emissionen regelmäßig erfaßt

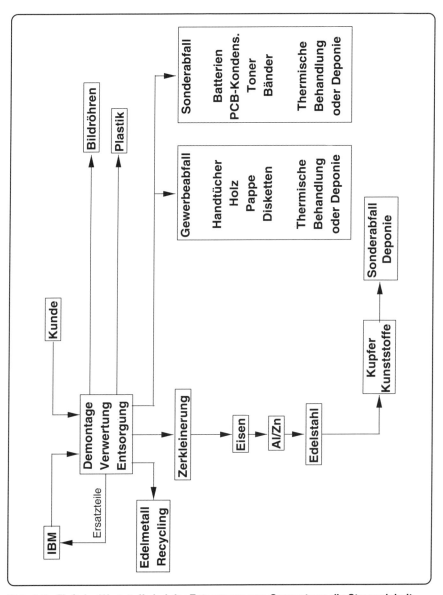

Abb. 5-9: Fluß der Wertstoffe bei der Entsorgung von Computern; die Steuereinheit PS/VP 6381 kann z.B. zu 95% recycelt werden (Quelle: IBM)

werden, die Verantwortung klar zugeordnet wird und herausfordernde Ziele gesetzt werden, können hier deutliche Verbesserungen erzielt werden. Es gibt keinen Grund, auf gesetzliche Verordnungen zu warten. Bei den heutigen Energie-, Wasser- und Entsorgungskosten sind viele Investitionen schon im ersten Jahr profitabel und entlasten zusätzlich die Umwelt. Durch klare Zielsetzung für die Führungskräfte und Einbeziehung aller Mitarbeiter können dramatische Erfolge erzielt werden.

Abbildung 5-9 zeigt den Fluß der Werkstoffe zur umweltfreundlichen Entsorgung von Altgeräten, wie er bei IBM seit 1991 praktiziert wird. Doch ein integrierter Umweltschutz beschränkt sich nicht auf die umweltgerechte Produktion, sondern auf umweltgerechte Produkte. Parallel zum „Grünen Punkt" hat sich auch der Begriff „Grüner PC" eingebürgert. Dabei verbirgt sich hinter diesem Begriff nicht nur die Energieeinsparung durch aktives Powermanagement, sondern auch der Einsatz von wiederverwendbaren Materialien (recycelfähig) und die Produktrücknahme durch den Hersteller. Dieses wird heute immer häufiger mitbestimmend für die Kaufentscheidung.

An einem weiteren Beispiel für aktiven Umweltschutz bei der Emission soll verdeutlicht werden, was technisch möglich ist bei vergleichsweise geringen Investitionen. In vielen Unternehmen stehen Kälteanlagen, die im normalen Betrieb FCKW-Verluste (Fluorkohlenwasserstoffe) durch Verdampfen z.B. durch das Kältemittel R114 im Bereich von Tonnen pro Jahr haben. Dazu gibt es für die industrielle Nutzung bisher kaum Alternativen, abgesehen vom ersten „grünen Kühlschrank". Vom Gesetzgeber bestehen Auflagen, wonach diese Stoffe in den nächsten Jahren nicht mehr hergestellt und verwendet werden dürfen.

„In der Bundesrepublik dürfen mit Jahresbeginn 1995 vollhalogenierte FCKW weder produziert noch eingesetzt werden. Noch im Jahr 1992 wurden z.B. 64 % aller Kunststoffmantelrohre für die Fernwärmeversorgung mit FCKW-11-Treibmitteln hergestellt. Weltweit gilt ein neuer Ausstiegsplan, der von der EU ein Jahr früher erfüllt sein wird mit folgenden Reduzierungen:

FCKW (Basis 1986)	75 % ab 1.1.1994
Halone (Basis 1986)	100 % ab 1.1.1996

Andere vollhalogenierte FCKW (Basis 1989)	20% ab 1.1.1993
	75 % ab 1.1.1994
	100 % ab 1.1.1996
Tetrachlorkohlenstoff (Basis 1989)	85% ab 1.1.1995
	100 % ab 1.1.1996
1.1.1-Trichloretan (Basis 1989)	50% ab 1.1.1994
	100 % ab 1.1.1996"

(Umweltmagazin 2/1994, S. 7)

Zusätzlich kann man die Verluste durch Verdampfung, die vorher bei bis zu 28 % des Inhalts lagen, ohne zu großen Aufwand um den Faktor 4 reduzieren, wie das folgende Beispiel aus der IBM-Produktion zeigt:

Verluste durch	*Verbesserung durch*	*Reduzierung um*
1. Umfüllen	Umfüllen mit Evakuierung	96 %
2. Entlüften	Recycling	100 %
3. Ölwechsel	Recycling	100 %
4. Leckraten	Frühwarnanlage	42 %

5.2.1 EG-Öko-Audit-Verordnung

„Die Industrie trägt Eigenverantwortung für die Bewältigung der Umweltfolgen ihrer Tätigkeiten und sollte daher in diesem Bereich zu einem aktiven Konzept kommen." So lautet der Kernsatz der Verordnung (EWG) Nr. 1836/93 des Rates vom 29. Juni 1993 über die freiwillige Beteiligung gewerblicher Unternehmen an einem Gemeinschaftssystem für das Umweltmanagement und die Umweltbetriebsprüfung. Die Mitgliedstaaten der EU müssen bis April 1995 die entsprechenden Strukturen und Rahmenbedingungen schaffen, damit sich Unternehmen dann an diesem Gemeinschaftssystem beteiligen können (Landesanstalt für Umweltschutz Baden-Württemberg 8/1994).

So wie heute das Qualitätsmanagement nach ISO 9000 ff. ein wesentlicher Bestandteil von TQM ist, wird auch das Umweltmanagement-System, basierend auf dieser EU-Verordnung, innerhalb der nächsten zwei Jahre in die Geschäftsprozesse und Abläufe integriert werden. Besonders da beim UMS im Gegensatz zu ISO 9000 auch gesetzliche Auflagen bestehen, wird sich hier ein noch stärkeres Engagement der einzelnen Unternehmen entwickeln, als es bei ISO 9000 derzeit zu beobachten ist. Viele Unternehmen bereiten sich bereits darauf vor, und dieselben Firmen, die heute ISO-Zertifizierungen durchführen, bereiten sich auf die UMS-Zertifizierung vor. Am 3.4.1995 hat das Bundeskabinett den Gesetzentwurf zum Öko-Audit auf den Weg gebracht. Der Entwurf für ein Umweltgutachterzulassungs- und Standortregistrierungsgesetz (UZSG) wurde verabschiedet. Mit dem Gesetz sollen die Vorgaben der Öko-Audit-Verordnung der EU über die Zulassung und Beaufsichtigung von Umweltgutachtern und über die Registrierung von geprüften Standorten im nationalen Recht umgesetzt werden.

In Deutschland soll mit der Zulassung und Beaufsichtigung von Umweltgutachtern und -gutachterorganisationen eine geeignete Einrichtung der Wirtschaft betraut werden, die die Eigenverantwortung der Unternehmen zur Geltung bringt. Vorgesehen ist dafür die „Deutsche Akkreditierungs- und Umweltgutachtergesellschaft mbH (DAU)", Bonn, die vom BDI, von dem DIHT und dem Bundesverband Freier Berufe für diese Aufgabe eingerichtet worden ist (Handelsblatt 4.4.95)

Es wird sich ein Umweltmanagement nach den Prinzipien der Qualitätssicherung der ISO 9000 ff. etablieren mit den vergleichbaren Anforderungen an die Lieferanten und der Erwartungshaltung der Öffentlichkeit. Nach Dr. W. Schulz, Direktor im Umweltbundesamt, bedeutet das für das Datum April 1995: „Es können sich gewerbliche Unternehmen in den Mitgliedsstaaten der Europäischen Union an einem gemeinschaftlichen System des Umweltmanagements und der Umweltbetriebsprüfung beteiligen. Wer sich den Anforderungen der Umweltauditverordnung rechtzeitig stellt, verschafft sich Wettbewerbsvorsprünge, senkt Kosten und mindert Risiken. Schon jetzt steht außer Frage: Die Teilnahmeerklärung ist ein wichtiges Gütesiegel für den Unternehmensstandort mit positiver Innen- und Außenwirkung. Dabei können nicht nur große, sondern auch kleine und mittlere Unternehmen betroffen sein: Denn die Erfahrungen, die bei der Einführung von Qualitätssicherungssystemen in den 80er Jahren gemacht wurden, zeigen, daß die Zertifizierung nach der Umweltauditverordnung im Rahmen von Lieferbeziehungen vorausgesetzt und von der Öffentlichkeit auch erwartet wird."

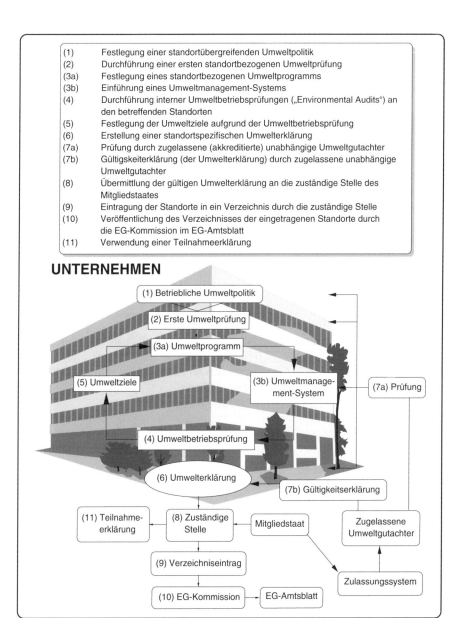

(1)	Festlegung einer standortübergreifenden Umweltpolitik
(2)	Durchführung einer ersten standortbezogenen Umweltprüfung
(3a)	Festlegung eines standortbezogenen Umweltprogramms
(3b)	Einführung eines Umweltmanagement-Systems
(4)	Durchführung interner Umweltbetriebsprüfungen („Environmental Audits") an den betreffenden Standorten
(5)	Festlegung der Umweltziele aufgrund der Umweltbetriebsprüfung
(6)	Erstellung einer standortspezifischen Umwelterklärung
(7a)	Prüfung durch zugelassene (akkreditierte) unabhängige Umweltgutachter
(7b)	Gültigkeiterklärung (der Umwelterklärung) durch zugelassene unabhängige Umweltgutachter
(8)	Übermittlung der gültigen Umwelterklärung an die zuständige Stelle des Mitgliedstaates
(9)	Eintragung der Standorte in ein Verzeichnis durch die zuständige Stelle
(10)	Veröffentlichung des Verzeichnisses der eingetragenen Standorte durch die EG-Kommission im EG-Amtsblatt
(11)	Verwendung einer Teilnahmeerklärung

UNTERNEHMEN

(1) Betriebliche Umweltpolitik

(2) Erste Umweltprüfung

(3a) Umweltprogramm

(5) Umweltziele

(3b) Umweltmanagement-System

(7a) Prüfung

(4) Umweltbetriebsprüfung

(6) Umwelterklärung

(7b) Gültigkeitserklärung

(11) Teilnahmeerklärung

(8) Zuständige Stelle

Mitgliedstaat

Zugelassene Umweltgutachter

(9) Verzeichniseintrag

(10) EG-Kommission — EG-Amtsblatt

Zulassungssystem

Abb. 5-10: Anforderungen der EU-Verordnung an das Unternehmen (Quelle: ECOINFORMA 7)

177

Im Abbildung 5-10 sind die einzelnen Elemente der EU-Verordnung an das Unternehmen dargestellt. Ein derartiges System ist in den betrieblichen Ablauf zu integrieren. Jedem Beschäftigten muß verständlich gemacht werden, daß Umweltmanagement, so wie auch Qualitätsmanagement, nicht wieder eine neue, zusätzliche Verordnung ist, sondern integraler Bestandteil von TQM.

Qualitätsmanagement	*Umweltmanagement*
Qualitätspolitik	Umweltpolitik
Qualitätsmanagement-Systeme	Umweltmanagement-Systeme
Vorsorge gegen Produkthaftung	Vorsorge gegen Umwelthaftung
Qualitätsmanagement-Handbuch	Umweltmanagement-Handbuch
Interne Qualitätsaudits	Interne Umweltaudits
Qualitätsrelevante Schulung	Umweltrelevante Schulung
Qualitätsorientierter Kundendienst	Umweltorientierter Kundendienst
Zertifizierung nach DIN EN ISO 9000 ff.	Zertifizierung nach Öko-Audit-Verordnung

Da die einzelnen Elemente sowohl im Aufbau wie auch in der praktischen Umsetzung ähnlich sind, ist es üblich, innerhalb des Unternehmens beide Systeme durch die gleiche Organisation bearbeiten zu lassen. Qualitätsmanagement und Umweltmanagement sind direkt der Geschäftsführung unterstellt und in eine Organisationseinheit integriert.

Zum besseren Verständnis der Öko-Audit-Verordnung sollen im folgenden die wesentlichen Elemente erläutert werden. Detailfragen werden in der angegebenen Literatur ausgiebig beschrieben.

Teilnahmeerklärung

Die Umwelterklärung des Unternehmens wird für die Öffentlichkeit verfaßt. Sie enthält außer technischen Unterlagen eine Beschreibung des Unternehmens, die Darstellung der Umweltpolitik, alle relevanten Faktoren des Umweltschutzes, den Termin für die nächste Umwelterklärung und den Namen des zugelassenen Umweltgutachters. Basis sind die in der EU-Verordnung beschriebenen elf Handlungsgrundsätze für „gute Managementpraktiken":

1. Bei den Arbeitnehmern wird auf allen Ebenen das Verantwortungsbewußtsein für die Umwelt gefördert.
2. Die Umweltauswirkungen jeder neuen Tätigkeit, jedes neuen Produkts und jedes neuen Verfahrens werden im voraus beurteilt.
3. Die Auswirkungen der gegenwärtigen Tätigkeiten auf die lokale Umgebung werden beurteilt und überwacht und alle bedeutenden Auswirkungen dieser Tätigkeit auf die Umwelt im allgemeinen werden geprüft.
4. Es werden die notwendigen Maßnahmen ergriffen, um Umweltbelastungen zu vermeiden bzw. zu beseitigen und, wo dies nicht zu bewerkstelligen ist, umweltbelastende Emissionen und das Abfallaufkommen auf ein Mindestmaß zu verringern und die Ressourcen zu erhalten; hierbei sind mögliche umweltfreundliche Technologien zu berücksichtigen.
5. Es werden notwendige Maßnahmen ergriffen, um unfallbedingte Emissionen von Stoffen oder Energie zu vermeiden.
6. Es werden Verfahren zur Kontrolle der Übereinstimmung mit der Umweltpolitik festgelegt und angewandt; sofern diese Verfahren Messungen und Versuche erfordern, wird für die Aufzeichnung und Aktualisierung der Ergebnisse gesorgt.
7. Es werden Verfahren und Maßnahmen für die Fälle festgelegt und auf dem neuesten Stand gehalten, in denen festgestellt wird, daß ein Unternehmen seine Umweltpolitik oder Umweltziele nicht einhält.
8. Zusammen mit den Behörden werden besondere Verfahren ausgearbeitet und auf dem neuesten Stand gehalten, um die Auswirkungen von etwaigen unfallbedingten Ableitungen möglichst gering zu halten.
9. Die Öffentlichkeit erhält alle Informationen, die zum Verständnis der Umweltauswirkungen der Tätigkeit des Unternehmens benötigt werden; ferner sollte ein offener Dialog mit der Öffentlichkeit geführt werden.
10. Die Kunden werden über die Umweltaspekte im Zusammenhang mit der Handhabung, Verwendung und Endlagerung der Produkte des Unternehmens in angemessener Weise beraten.
11. Es werden Vorkehrungen getroffen, durch die gewährleistet wird, daß die auf dem Betriebsgelände arbeitenden Vertragspartner des Unternehmens die gleiche Umweltnorm anwenden wie das Unternehmen selbst.

Umweltbilanz

Auch wenn dieser Begriff in der EU-Verordnung nur indirekt angesprochen wird, soll er hier in der praktischen Anwendung erläutert werden. Sie ist die

„ökologische Eröffnungsbilanz" bei einer ersten standortbezogenen Umweltprüfung. Eine Bilanzierung im Sinne der Mengen- und Energieerhaltung ist bei heutigen komplizierten Prozessen schwierig; trotzdem muß eine ganzheitliche Auseinandersetzung mit den Umweltauswirkungen geführt werden, um ein neues, umweltbewußtes Verständnis in der Entwicklung und Produktion zu erzielen. Eine derartige Bilanz kann sowohl für alle Chemikalien und Gase wie auch für Wasser und Energie durchgeführt werden. Die Fragen, die in diesem Zusammenhang wichtig sind: Wie hoch ist die Neuaufnahme im Werk? Wer sind die Verbraucher? Wieviel wird recycelt? Wieviel Verluste? usw. Mit Hilfe der heutigen Datenverarbeitung ist es relativ einfach möglich, diese einzelnen Ströme zu überwachen und den Erfolg von Änderungen und kontinuierlichen Verbesserungen darzustellen. In Abbildung 5-11 ist die Chemikalienbilanz für das IBM-Werk Sindelfingen dargestellt. Zwei Zahlen, die dabei besonders auffallen: Nur 1,5 % der Chemikalien verbleiben bei dem Produkt, und 64,4 % des Gesamtverbrauchs werden durch internes Recycling gewonnen. Vergleichsweise Bilanzen können für Wasser und Energie dargestellt werden. Sie bilden die Basis für die strukturierte Zielvereinbarung, um die notwendigen Verbesserungen sicherzustellen, und geben einen Überblick, daß es keine unkontrollierten Abflüsse und Verluste gibt.

Umweltbetriebsprüfung

Dieses Ökoaudit ist ein wichtiges Instrument zur Bewertung der umweltrelevanten Leistungen eines Unternehmens im Sinne einer kontinuierlichen Verbesserung. Das Ergebnis gilt jeweils nur für den untersuchten Standort. Der Ablauf ist sehr ähnlich dem Qualitätsaudit und in der EU-Verordnung weitgehend vorgegeben. Abbildung 5-12 veranschaulicht den Ablauf und die wesentlichen Inhalte.

Umweltgutachten

Für die Zulassung und Aufsicht des Umweltgutachtens gibt es sowohl ein Modell des Bundesumweltministeriums wie auch eines vom Bundesverband der Deutschen Industrie und des Deutschen Industrie- und Handelstages. Wichtiger als die Frage des Akkreditierens sind die Qualifikationsanforderungen an den Umweltgutachter. Hier ist einer der größten Unterschiede zum Qualitätsmanagement. Während heute jeder nach Absolvierung des

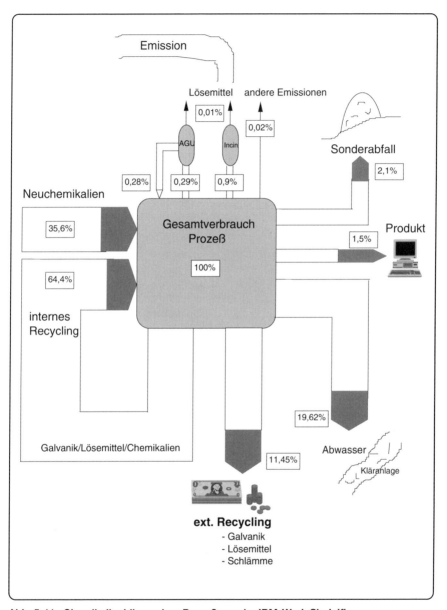

Abb. 5-11: Chemikalienbilanz ohne Prozeßgase im IBM-Werk Sindelfingen

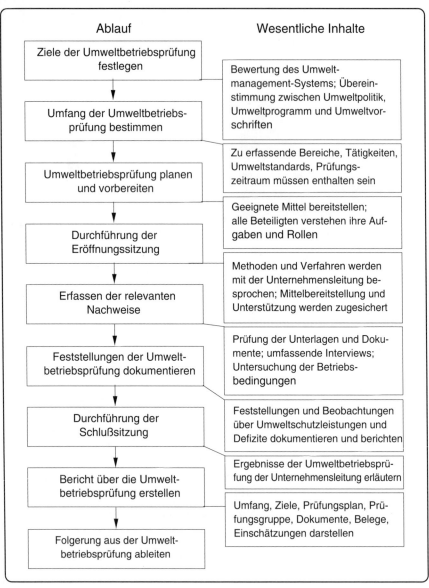

Ablauf

Ziele der Umweltbetriebsprüfung festlegen

↓

Umfang der Umweltbetriebsprüfung bestimmen

↓

Umweltbetriebsprüfung planen und vorbereiten

↓

Durchführung der Eröffnungssitzung

↓

Erfassen der relevanten Nachweise

↓

Feststellungen der Umweltbetriebsprüfung dokumentieren

↓

Durchführung der Schlußsitzung

↓

Bericht über die Umweltbetriebsprüfung erstellen

↓

Folgerung aus der Umweltbetriebsprüfung ableiten

Wesentliche Inhalte

Bewertung des Umweltmanagement-Systems; Übereinstimmung zwischen Umweltpolitik, Umweltprogramm und Umweltvorschriften

Zu erfassende Bereiche, Tätigkeiten, Umweltstandards, Prüfungszeitraum müssen enthalten sein

Geeignete Mittel bereitstellen; alle Beteiligten verstehen ihre Aufgaben und Rollen

Methoden und Verfahren werden mit der Unternehmensleitung besprochen; Mittelbereitstellung und Unterstützung werden zugesichert

Prüfung der Unterlagen und Dokumente; umfassende Interviews; Untersuchung der Betriebsbedingungen

Feststellungen und Beobachtungen über Umweltschutzleistungen und Defizite dokumentieren und berichten

Ergebnisse der Umweltbetriebsprüfung der Unternehmensleitung erläutern

Umfang, Ziele, Prüfungsplan, Prüfungsgruppe, Dokumente, Belege, Einschätzungen darstellen

Abb. 5-12: Schema zur Durchführung von Umweltbetriebsprüfungen

(Quelle: Landesanstalt für Umweltschutz BW 8/1994)

fünfwöchigen QM-Kurses und des Fachauditorkurses ISO 9000 ff.-Beratung machen kann, sind die Anforderungen für den Umweltgutachter deutlich höher. Außer den methodischen Kenntnissen sollte er folgendes Anforderungsprofil erfüllen: Hochschulabschluß, Berufserfahrung und Kenntnis des deutschen und europäischen Umweltrechts. Dazu kommt die Notwendigkeit von fundierten Kenntnissen der teilnahmeberechtigten Branchen. Diese müssen z.b. eine gewerbliche Tätigkeit ausüben im Bereich: Bergbau und Gewinnung von Steinen und Erde oder im verarbeitenden Gewerbe. Das bedeutet: Jemand, der als Gutachter für das Ernährungsgewerbe oder die Tabakverarbeitung zugelassen ist, darf damit nicht auch automatisch im Fahrzeugbau als Umweltgutachter tätig sein. Die Kosten für diese Qualifikation werden entsprechend sein. Während heute die Zertifizierung nach ISO 9000 ff. etwa bei 30000 DM liegt, wird sie für das Umweltzertifikat bzw. die Teilnahmeerklärung deutlich höher liegen.

5.3 Zusammenfassung

Ein wesentliches Element für ein Total Quality Management-System ist ein Qualitätsmanagement-System nach DIN EN ISO 9000 ff. Während die meisten Großunternehmen bereits zertifiziert sind, sind derzeit zunehmend mittlere und kleinere Unternehmen in der Einführungsphase. Die Motivation dafür ist unterschiedlich. Es geht auf der einen Seite darum: „Mein Kunde will es" bis zur Aussage: „ISO 9000 ist für uns der erste Schritt in Richtung TQM." Häufig wurde auch bei Familienbetrieben beobachtet, daß der Firmengründer unabhängig von Personen ein System etablieren möchte, damit sich das Unternehmen nach seinem Abtreten erfolgreich weiterentwickeln kann.

Es muß aber auch darauf hingewiesen werden, daß die ISO 9000 ff.-Zertifizierung eine notwendige und hilfreiche Voraussetzung ist für ein erfolgreiches Unternehmen, aber bei weitem noch nicht ausreicht – weder zur alleinigen Sicherstellung der Produktqualität, noch zur Sicherstellung der Wettbewerbsfähigkeit und Kundenzufriedenheit. Hier sind die Geschäftsführung und alle Führungskräfte gefordert, die einzelnen Elemente wie ein Puzzle zusammenzufügen und dem Mitarbeiter verständlich zu machen. Die einzelnen Elemente von TQM ergänzen sich gegenseitig und haben alle ein ge-

	Wirtschafts-prüfung („financial audit")	Arbeitssicher-heitsaudit („safety audit")	Qualitätsaudit („quality audit")	Umweltaudit („environmental audit")
Merkmale/ Hauptzweck	Schutz von Aktionären und Gläubigern vor Übervorteilen: Prüfung der Gesetz- und Ordnungsmäßigkeit des Jahresabschlusses	Überprüfung der Wirksamkeit des Schutzes von Arbeitnehmern vor Arbeitsunfällen	Überprüfung der Wirksamkeit von Qualitätssicherungssystemen des Unternehmens	Überprüfung der Wirksamkeit des Umweltmanagement-Systems bzw. des Umweltverhaltens anhand eigener Vorgaben und staatlicher Anforderungen
Betroffener/ involvierter/ interessierter Personenkreis	Vorstand, Aktionäre, Gläubiger; aber auch Staat, Öffentlichkeit, Arbeitnehmer	Vorstand, Betriebsleiter, Arbeitnehmer mit ihren Familien; Berufsgenossenschaft, Gewerbeaufsichtsamt	Vorstand, Betriebsleiter, Arbeitnehmer; Kunden	Vorstand, Betriebsleiter, Arbeitnehmer; Kunden, Lieferanten, Staat, Öffentlichkeit, Umweltverband
Art der aufzudeckenden Defizite	falsche Wertansätze, unrichtige Darstellung der wirtschaftlichen Situation des Unternehmens	Verletzungsgefahren, Lebensgefahren	Abweichungen von den Qualitätszielen	Abweichungen von den eigenen Umweltgrundsätzen und staatlichen Umweltvorschriften; Umweltbelastungs-„check"
Entwicklungsstand	ausgereift; allgemein anerkannte Grundsätze und Methoden; Normen und rechtliche Regelungen existieren	ausgereift; allgemein anerkannte Grundsätze und Methoden; Normen und rechtliche Regelungen existieren	international anerkannte Grundsätze und Normen existieren	im Aufbau anerkannte Grundsätze und Methoden beginnen, sich herauszukristallisieren; Normen und rechtliche Regelungen sind in Vorbereitung
Prüfungsintervall	jährlich	unterschiedlich	unterschiedlich	regelmäßige Prüfung wird angestrebt
Prüfer	externe Wirtschaftsprüfer	Berufsgenossenschaft, Gewerbeaufsichtsamt	interne oder externe Prüfer	interne Prüfer und externe Verifizierer
Zertifizierung	ja	nein	ja	in Vorbereitung
Durchführung	vorgeschrieben (HGB, AktG)	vorgeschrieben	freiwillig	freiwillig
Publizitätspflicht	teilweise	nein	nein	bedingt
Untersuchungsgegenstand	Finanzbuchhaltungssystem	Arbeitssicherheitssystem	Qualitätssicherungssystem	Ökomanagementsystem

Tab. 5-3: Gemeinsamkeit und Unterschiede ausgewählter Auditarten

(Quelle: Schulz, Umweltbundesamt 1994)

meinsames Ziel: Ausrichtung aller Prozesse und Tätigkeiten auf den externen Kunden. Als weiteres Element von TQM wird das Umweltmanagement-System, basierend auf der EU-Verordnung Nr. 1836/93 vom 29. Juni 1993, zunehmend an Bedeutung gewinnen. Dies gilt nur für den gewerblichen Bereich, während ISO 9000 ff. heute auch immer stärker im Dienstleistungsbereich Anwendung findet. Da sowohl das QMS als auch das UMS ähnlich im Aufbau, in der Zertifizierung und Wartung sind, ist es heute üblich, die Verantwortung für beide Systeme gemeinsam zu etablieren. Zur Überwachung und laufenden Verbesserung dieses Systems hat sich das interne Audit bewährt, wie es bereits schon lange im Finanzbereich üblich ist und auch für die Arbeitssicherheit angewandt wird. Tabelle 5-3 zeigt die vier Auditarten im Vergleich.

Bei dem Aufbau eines TQM-Systems ist es wichtig, die komplexen Prozesse und Ergebnisse in einfache Einzelelemente zu zerlegen, die regelmäßig gemessen werden können. Für jedes Element wird eine klare Verantwortung etabliert mit herausfordernden Zielen für die Zukunft. Jährlich wird eine TQM-Standortanalyse durchgeführt, um sicherzustellen, daß man sich nicht nur intern mit seinen eigenen Problemen beschäftigt, sondern auf den Erfolg im externen Markt konzentriert. Die operativen Abläufe werden regelmäßig durch Audits analysiert.

6. Kosten

An dieser Stelle der TQM-Einführung ist die Position des eigenen Unternehmens im Wettbewerb bekannt. Aus den identifizierten Schwächen und der strategischen Zielsetzung sind die Unternehmenskennzahlen definiert und die Ziele bis zu jedem Mitarbeiter heruntergebrochen. Eigenverantwortliche Teams sind etabliert, ein Plan zur Verbesserung der Qualität in Richtung null Fehler etabliert und die Durchlaufzeit in der Entwicklung und Produktion analysiert und entsprechende Ziele definiert. Parallel dazu werden die Kunden regelmäßig gefragt, wie zufrieden sie mit dem Produkt, der Zusammenarbeit und der Lieferfähigkeit sind. Angenommen, Qualität, Zeit und Menge sind in Ordnung, dann bleiben immer noch die Kosten. Besonders am Standort Deutschland ist dies ein gravierendes Problem, bedingt durch die hohen Lohn- und Lohnnebenkosten, die kürzere Arbeitszeit und die hohen gesetzlichen Abgaben. In der Rezession ist deshalb der erste Schritt, Arbeitsplätze abzubauen und Mitarbeiter zu entlassen. Doch dies ist in der Praxis nicht so einfach, da durch das Betriebsverfassungsgesetz in Deutschland dafür deutliche Einschränkungen bestehen. „Hire and fire" wie in anderen Ländern funktioniert hier nicht, und es kann auch nicht das Ziel sein, diesen Zustand wieder einzuführen. In Tabelle 6-1 ist das Beteiligungsrecht des Betriebsrats in sozialen, personellen und wirtschaftlichen Angelegenheiten dargestellt. Innerhalb dieser Einschränkungen Mitarbeiter abzubauen, ist nur mit hohen Abfindungen und teuren Sozialplänen möglich. Dabei muß sehr kritisch geprüft werden, ob dieses Geld nicht besser in zukünftige innovative Produkte und neue Marktsegmente investiert wird.

Außer der sozialen Unruhe im Betrieb, die sich bei Entlassungen ergibt, kann auch die Innovationsfähigkeit stark eingeschränkt werden. Hier gilt es, die Balance zwischen der Lösung der kurzfristigen finanziellen Probleme und der langfristigen Wettbewerbsposition auf dem Markt zu finden. In den 80er Jahren war dies ein Thema, das viel diskutiert wurde: Auf der einen Seite standen die Amerikaner, die auf das Quartalsergebnis fixiert waren, und auf der anderen Seite die Japaner, die neue Märkte und Marktanteile eroberten, auch wenn dies über Jahre nicht profitabel ist.

	Information	Information und Beratung	Anhörung	Vetorecht	Mitbestimmung
Soziale Angelegenheiten					§ 87
Personelle Angelegenheiten	§ 105	§ 92	§ 102	§ 99	§§ 93,94, 95,103
Personalplanung		§ 92			
Ausschreiben von Arbeitsplätzen					§ 93
Personalfragebogen, Beurteilungsgrundsätze					§ 94
Auswahlrichtlinien					§ 95
Einstellung, Versetzung, Ein- und Umgruppierung				§ 99	
Kündigung			§ 102		
Kündigung betriebsverfassungsrechtlicher Funktionsträger				§ 103	
Personelle Maßnahmen bei leitenden Angestellten	§ 105				
Wirtschaftliche Angelegenheiten		§ 106 § 111			§§ 109, 112 Abs. 4
Wirtschaftsausschuß		§ 106			§ 109
Betriebsänderung		§ 111			
Interessenausgleich		§ 111			
Sozialplan		§ 111			§§ 112 Abs. 4, 12 a

Tab. 6-1: **Beteiligung des Betriebsrats in sozialen, personellen und wirtschaftlichen Angelegenheiten** (Quelle: Betriebsverfassungsgesetz)

In diesem Kapitel werden Möglichkeiten aufgezeigt, Einsparungspotentiale zu identifizieren und diese in der Praxis zu realisieren. Sicher werden dabei durch Produktivitätssteigerungen und den Wegfall von unnötigen Tätigkeiten auch Arbeitsplätze eingespart und Mitarbeiter freigestellt, doch dies ist das Resultat, das von allen Beschäftigten erarbeitet wurde und getragen wird. Ob diese dann wirklich entlassen werden müssen oder neue Tätigkeiten übernehmen, hängt von der Geschäftssituation und den längerfristigen Zielen ab. In der Praxis gibt es inzwischen verschiedene Methoden der Kostenanalyse, die die Basis für weitere Einsparungen bildet. Am bekanntesten ist in Deutschland die Gemeinkostenwertanlayse (GWA), die sicher in allen größeren Betrieben in den letzten zehn Jahren angewandt wurde. Alle Tätigkeiten werden mengenmäßig erfaßt und kostenmäßig bewertet. Abgeleitet daraus können dann Ideen zur Kostenreduzierung generiert werden. Ähnlich strukturiert ist Activity Based Costing (ABC). Es können dadurch Kostenreduzierungen identifiziert werden, aber es bleibt bei einer einmaligen Aktion, die nicht automatisch zur kontinuierlichen Verbesserung überleitet und in ein übergeordnetes TQM-System eingebettet ist.

6.1 Qualitätsbezogene Kosten

Langfristig lassen sich Kosten nur senken und Wettbewerbsvorteile sichern durch tatsächliche Qualitätsverbesserungen, insbesondere bei einem Käufermarkt, der durch die Globalisierung der Märkte noch verstärkt wird. Allerdings ist den meisten Unternehmen das Einsparungspotential durch Qualitätsverbesserung nicht bekannt. Während Umsatz, Herstellungskosten, Material- und Lohnkosten monatlich berichtet werden, ist über die Fehlleistungskosten, bedingt durch Qualitätsprobleme, nur wenig bekannt. Nach Untersuchungen von Heidenreich und Oser sind 83 % der befragten mittelständischen Unternehmen ihr Fehlleistungsaufwand nicht oder nur zum Teil bekannt, und 81 % kennen die Streubreiten ihrer Fertigungseinrichtungen nicht.

> **Fehlleistungskosten sind alle Kosten, für die der externe Kunde nicht bereit ist, extra zu bezahlen.**

Ein Begriff, der häufig für Fehlleistungen und Qualitätsprobleme verwendet wird, ist „Qualitätskosten", obwohl es eigentlich richtig „Nicht-Qualitäts-Kosten" heißen müßte. Geschätzte Werte liegen im Mittel bei 8 bis 12 % der Herstellkosten und gehen häufig bis auf 25 %. Das Problem ist dabei, daß die Kosten für Schrott, Nacharbeit und Garantie relativ leicht erfaßbar sind, aber dies meist nur ein kleiner Teil der „Qualitätskosten" oder besser der qualitätsbezogenen Kosten ist. Klassisch für die Darstellung dieser Problematik ist der in Abbildung 6-1 dargestellte „Qualitätskosteneisberg". Viele Studien und Untersuchungen zu dem Thema der qualitätsbezogenen Kosten sind in den letzten Jahren durchgeführt worden, doch in der Praxis ist es äußerst schwierig, daraus konkrete Aktionen abzuleiten, die über die Verbesserung der Ausbeute, Reduzierung der Nacharbeit und Verbesserung der Produktqualität hinausgehen.

Abbildung 6-2 zeigt die Aufteilung der „Qualitätskosten" in Qualitätskostengruppen und Qualitätskostenelemente. Allein schon aus dieser Auflistung wird klar, wie schwierig es ist, hier systematische und umfassende Kostenreduzierungsprogramme in der Praxis umzusetzen.

Besser ist es, sich von dieser Definition und Interpretation völlig frei zu machen. Gibt es überhaupt gute und schlechte Kosten? Deshalb sollten alle anfallenden Kosten analysiert werden, völlig unabhängig davon, in welche Kostengruppe und zu welchem Kostenelement sie gehören.

6.2 Methode zur strukturierten Kostenreduzierung

Eine Methode, die sich zur Verbesserung der operativen Leistung und zur Kostenreduzierung in den letzten Jahren in der Praxis außerordentlich bewährt hat, ist PRO/Teams, Produktivitäts- und Rentabilitätsoptimierung im Team. Diese Methode wurde von der IBM Unternehmensberatung GmbH entwickelt, basierend auf dem „Total Operational Performance" – Programm von McKinsey. Inzwischen wurde diese Methode in vielen IBM-Werken weltweit eingesetzt, um die Kosten zu reduzieren. Das Besondere im Vergleich zu anderen Methoden ist, daß nicht nur Einsparungspotentiale identifiziert werden, sondern auch die Realisierung konsequent durchgesetzt wird, mit einer Erfolgsquote von über 90 %. Nach der Durchführung

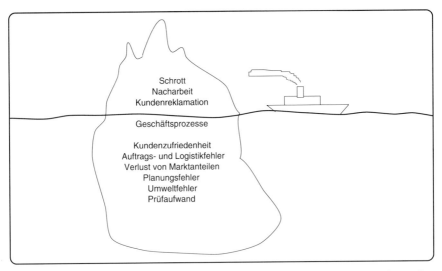

Abb. 6-1: „Qualitätskosteneisberg" – ein großer Teil der qualitätsbezogenen Kosten ist unbekannt

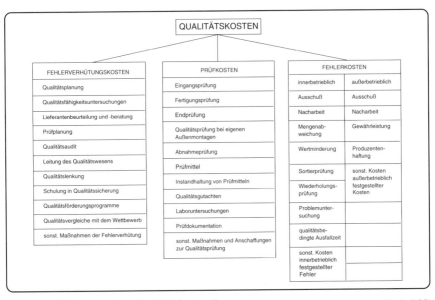

Abb. 6-2: Gliederung der „Qualitätskosten"

(Quelle: DGQ)

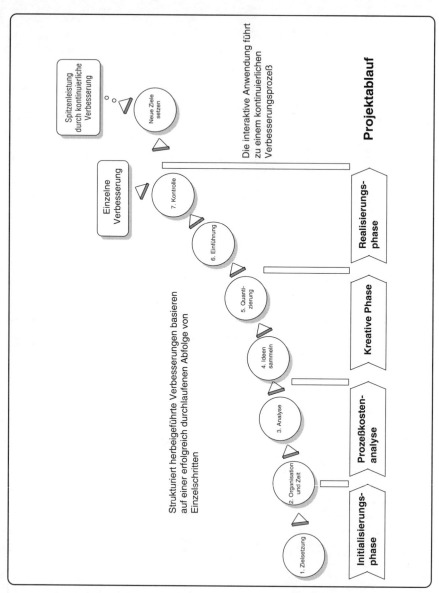

Abb. 6-3: **Schematische Darstellung der einzelnen Elemente in Richtung kontinuierlichem Verbesserungsprozeß**
(Quelle: IBM Unternehmensberatung GmbH)

von einigen Zyklen stellt sich fast automatisch eine kontinuierliche Verbesserung ein, die durch die einzelne Organisationseinheit eigenverantwortlich getragen wird. Der Autor hat selbst ein Projekt nach dieser Methode durchgeführt und innerhalb von nur sechs Monaten ein Einsparungspotential von über 70 Mio. DM im Team erarbeitet. Im folgenden werden die in Abbildung 6-3 dargestellten einzelnen Schritte im Ablauf beschrieben.

1. Zielsetzung

Abgeleitet aus der TQM-Standortanalyse ist die eigene Position im Vergleich zum Wettbewerb in bezug auf die Herstellkosten bekannt bzw. die Kosten für die einzelnen Geschäftsprozesse sind analysiert und über Benchmarking mit den Besten verglichen. Daraus ergeben sich klare Prioritäten, in welchem Unternehmensbereich, bei welchem Produkt oder bei welchem Geschäftsprozeß der größte Handlungsbedarf besteht. Im folgenden Beispiel gehen wir davon aus, daß die Herstellkosten für das eigene Produkt 20 % höher sind als die des besten Wettbewerbers.

Das Ziel dieser Methode ist es, gleichzeitig eine maximale Verbesserung von Kosten, Zeit und Mengen zu bekommen, ohne Kompromisse in bezug auf Qualität einzugehen. Dies kann nur durch einen gesamtheitlichen Ansatz sichergestellt werden, um keine Suboptimierung von Einzelparametern zu erzielen. Beispiele für eine potentielle Verbesserung dieser drei Stellgrößen können sein:

Kosten	*Zeit*	*Mengen*
Anlagekosten	Prozeßänderungen	Ausbeute
Materialkosten	Produkteinführung	Anlagennutzung
Personalkosten	Durchlaufzeiten	Nacharbeit/Schrott

Als Ziel für alle beeinflußbaren bzw. variablen Kosten wird eine Verbesserung von mindestens 40 % als Hürde gesetzt. Übliche Zielsetzungen liegen bei 5 bis 10 %, doch diese bringen keine grundsätzlich neuen Ideen, sondern nur Verbesserungen von vorhandenen Abläufen. Nur durch die Freisetzung aller möglichen und nicht nur der offensichtlichen Verbesserungsideen werden substantielle Verbesserungen z.B. durch Reengineering erreicht. Bei der späteren Analyse werden 100 % der anfallenden Kosten betrachtet. Die 40-%-Hürde gilt nur für die kurzfristig beeinflußbaren Kosten, d.h. nicht für die

Abschreibungskosten für Anlagen und Gebäude, da diese nicht kurzfristig verändert werden können (Fixkosten).

Als Basis wird das Ergebnis des letzten Quartals genommen und alle Einsparungen dagegen verglichen. Da alle Leistungen und Kosten zur Herstellung des Produkts bewertet werden, müssen auch alle Hierarchieebenen und Mitarbeiter involviert werden. An folgendem Beispiel soll dies verdeutlicht werden:

	Basis 3. Quartal '93	*Ziel 1994*
Gesamtkosten	470 Mio DM	366 Mio DM
Abschreibung	170 Mio DM	170 Mio DM
Material	60 Mio DM	36 Mio DM
Umlagen	60 Mio DM	36 Mio DM
Personal	120 Mio DM	72 Mio DM
Service	20 Mio DM	12 Mio DM
Lieferanten	40 Mio DM	40 Mio DM

Basierend auf dem dritten Quartal 1993 ist der Zielwert für 1994 366 MDM, welches einer Einsparung von 104 MDM oder 22 % der Produktkosten entspricht. Alle variablen Kosten wie Material, Umlagen, Personal und Service werden um 40 % reduziert, während die Abschreibung und der Unterlieferant mit dem gleichen Wert angenommen wurden. Diese können später in einem separaten Projekt bearbeitet werden. Der Zielwert in diesem Beispiel ist also 366 MDM, entsprechend einer „Hürde" von 40 % für die beeinflußbaren Kosten. Unter Umlagen sind die Kosten für die EDV, Grundversorgung, Energie und unterstützende Funktionen wie Personal, Finanzen, Werkleitung usw. zu verstehen. Selbstverständlich werden diese auch als variabel angesehen, und sie bekommen auch eine 40-%-„Hürde". Damit ist die übergeordnete Zielsetzung definiert und, da sie besser ist als der Zielwert aus der Wettbewerbsanalyse von 20 % der Produktkosten, akzeptiert und freigegeben. Diese Ziele können jetzt heruntergebrochen werden auf die einzelnen Organisationseinheiten.

2. Organisation und Zeit

Im nächsten Schritt wird die gesamte Organisation aufgeteilt in einzelne Untersuchungseinheiten mit etwa 50 bis 150 Mitarbeitern. In unserem Beispiel werden alle Beschäftigten des Produktionsbereichs bzw. alle Organisationseinheiten, die in den Produktkosten enthalten sind, diesen einzelnen Projektteams zugeordnet. Man hält sich dabei möglichst eng an die vorhandene Organisationsstruktur mit den eigenverantwortlichen Gruppen. Dadurch kann man auf der vorhandenen Struktur aufbauen und muß keine künstlichen Gruppen bilden. Zusätzlich ist die spätere Kostenzuordnung wesentlich einfacher und kann durch bestehende Systeme abgedeckt werden.

Nachdem die gesamte Organisation in einzelne Projektteams aufgeteilt ist, wird für jede Einheit ein Projektleiter benannt. Dies ist üblicherweise die verantwortliche Führungskraft. Jeder Leiter benennt für seine Untersuchungseinheit ein Projektteam. Üblicherweise muß jeder Projektleiter innerhalb der kritischen Phase von sechs Wochen einen großen Teil seiner Zeit ausschließlich auf dieses Projekt verwenden. Zusätzlich benötigt er zwei bis drei Mitarbeiter, die über die gesamte Zeit freigestellt sind und ihm zuarbeiten. Dies ist bei der Definition der Projektteams entsprechend zu berücksichtigen.

Als zweites ist das sogenannte Kernteam zu benennen. Dies setzt sich zusammen aus dem Projektleiter für das Gesamtprojekt, in diesem Fall für den gesamten Produktbereich, und den Moderatoren. In unserem Beispiel mit acht Untersuchungseinheiten werden etwa fünf Moderatoren benötigt. Diese sind in der Methode geschult und unterstützen und beraten die einzelnen Projektteams, helfen bei der Datenaufbereitung und Analyse und vermitteln zwischen den einzelnen Teams. Das Kernteam ist über die gesamte Zeit von etwa sechs Monaten freigestellt, bis alle Ideen durch den Lenkungsausschuß freigegeben sind. Für die nachfolgende Realisierungsphase wird dann nur noch ein Mitarbeiter benötigt.

Der Lenkungsausschuß setzt sich zusammen aus der Unternehmensleitung und den übergeordneten Projektleitern. Zusätzlich können noch organisationsübergreifende Arbeitsgruppen definiert werden, die einzelne Fachaufgaben wie z.B. die Analyse der EDV durchführen, die nicht einer Einheit zuzuordnen sind. In Abbildung 6-4 ist die Projektorganisation dargestellt zusammen mit dem inhaltlichen Projektablauf.

Man beginnt mit ein bis zwei Untersuchungseinheiten als Pilotprojekt. Diese sollten so ausgewählt werden, daß eine hohe Erfolgsaussicht besteht, damit diese später als Musterbeispiel für die nachfolgenden Projekte ge-

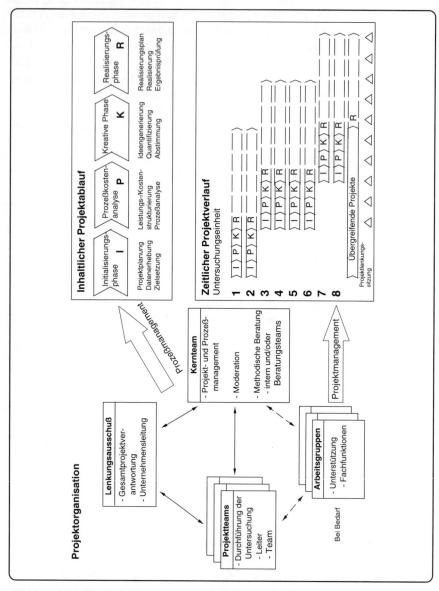

Abb. 6-4: Projektorganisation und inhaltlicher Projektablauf

(Quelle: IBM Unternehmensberatung GmbH)

nommen werden können. Zusätzlich kann das Rollenspiel zwischen Lenkungsausschuß, Kernteam und Projektteam geübt werden. Die Anzahl der parallel zu untersuchenden Einheiten hängt ab von der Anzahl der geschulten Moderatoren im Kernteam. Die Termine des Lenkungsausschusses, in dem die Projekte und Ideen freigegeben werden, sind im voraus festgelegt und Basis für den Detailplan der einzelnen Projektteams.

Insgesamt gliedert sich der Projektablauf für jede Unternehmenseinheit in vier Phasen:

1. Initialisierungsphase	Definition der Projektteams, Zeitplan und Ermittlung der einzelnen Kostenelemente und Zielsetzung je Einheit. Dauer eine Woche.
2. Prozeßkostenanalyse	Definition der Leistungsstruktur der Einheit und Zuordnung der Kosten je Einzelleistung. Trennung der beeinflußbaren und nicht beeinflußbaren Kosten. Dauer eine Woche.
3. Kreative Phase	Sammeln von Ideen in Brainstorming-Workshops und Analyse des Verbesserungspotentials und deren Einsparung. Dauer drei Wochen. Auswahl der zu realisierenden Vorschläge und Abstimmung bzw. Freigabe dieser Ideen. Dauer eine Woche. Erarbeitung eines Umsetzungsplans für jede freigegebene Idee. Dauer eine Woche.
4. Realisierungsphase	Durchführung und Umsetzung der verabschiedeten Maßnahmen. Sie beginnt sofort im Anschluß und kann sechs bis zwölf Monate dauern, je nach Zielsetzung.

Insgesamt dauert ein Zyklus für eine Untersuchungseinheit sechs Wochen. Der Projektablauf für die angenommene Produktorganisation kann in fünf Monaten durchgeführt werden mit anschließendem Realisierungsplan. Bevor man mit den einzelnen Projektphasen beginnt, muß man sich auf einige „Spielregeln" des Führungsteams einigen, die für alle verbindlich sind:

☐ Das Projekt hat die höchste Priorität. Abweichungen von dem freigegebenen Terminplan sind nicht zugelassen.

- [ ] Die Hürde von 40 % Einsparungen gilt für alle Untersuchungseinheiten. Falls sich Ideen nicht realisieren lassen, sind Ersatzideen zu definieren.
- [ ] Potentielle Versäumnisse der Vergangenheit werden nicht diskutiert, d.h., es gibt eine „Generalamnestie".
- [ ] „Heilige Kühe dürfen geschlachtet werden."
- [ ] Regelmäßige Information und Einbindung des Betriebsrates.

3. Analyse

Für jede Untersuchungseinheit wird eine Leistungsstruktur erstellt, die die Leistungen beschreibt, die durch diese Gruppe erbracht werden. Sie setzt sich zusammen aus den Hauptleistungen, Einzelleistungen und Aufgaben bzw. Tätigkeiten. Für jede Einheit werden also die erbrachten Leistungen und die dafür verursachten Kosten mit dem notwendigen Personaleinsatz möglichst detailliert ermittelt. Diese Leistungsstruktur bildet später die Grundlage für die Ideen-Workshops.

So wie vorher für die gesamte Produktorganisation, basierend auf den aktuellen Werten vom dritten Quartal 1993, die einzelnen Kostenelemente ermittelt wurden, wird dies jetzt für jede einzelne Untersuchungseinheit durchgeführt. Analog ergibt sich daraus auch für jede Einheit die individuelle Zielsetzung. Die Summe aller Kostenelemente und Ziele jeder Untersuchungseinheit ergibt die dargestellten Kosten und Ziele für die gesamte Produktorganisation.

4. Ideen sammeln

Jeder Teamleiter setzt sich mit seinen Mitarbeitern in Ideenfindungs-Workshops zusammen und motiviert seine Mitarbeiter zu größtmöglicher Ideenanzahl. Es gelten die bekannten Regeln wie beim Brainstorming. Die Basis bildet die vorher definierte Leistungsstruktur. Der Teamleiter wird durch einen geschulten Moderator aus dem Kernteam unterstützt, der auch Beispiele und Anregungen von anderen Teams einbringt. Für jede Idee wird ein Formblatt ausgefüllt mit folgenden wesentlichen Punkten:

- [ ] Beschreibung der Idee mit Vor- und Nachteilen
- [ ] Quantifizierung der Ist-Kosten und Einsparungen im ersten Jahr

☐ Aufwand bzw. Investition zur Umsetzung
☐ Bewertung der Idee durch den Teamleiter, die Betroffenen, den Vorgesetzen und das Kernteam nach Risiken und Einschätzungen des Realisierungszeitraums
☐ Freigabe durch den Lenkungsausschuß.

Jede Idee wird im Lenkungsausschuß freigegeben, und die notwendigen Investitionen werden sofort eingeleitet. Danach wird diese Idee in den übergeordneten Realisierungsplan aufgenommen.

5. Quantifizierung

Alle Ideen werden kostenmäßig bewertet, sowohl mit dem Einsparungspotential als auch in der zeitlichen Realisierung wie auch in der Zuordnung zu einem Kostenelement wie Energiekosten, Materialkosten oder Personalkosten. Einsparungen von Tätigkeiten werden entsprechend der Reduzierung von Mitarbeitern nach einem vorgegebenen Kostenschlüssel je Tätigkeitsgebiet bewertet. Die Bewertung jeder Idee hat innerhalb von 48 Stunden zu erfolgen. Da jede Idee vor der Freigabe durch den Lenkungsausschuß durch die betroffenen Mitarbeiter oder Abteilungen bewertet und durch Unterschrift bestätigt wird, ist sichergestellt, daß nur die Nettoeinsparung in die Berechnung eingeht und eine Risikoabschätzung erfolgt ist. Die Gefahr ist sonst sehr groß, daß eine Idee zwar kurzfristige Einsparungen erbringt, aber die langfristigen Auswirkungen eventuell wesentlich teurer sind. Dies ist besonders der Fall bei Einsparungen mit potentiellem Einfluß auf die Qualität. Jede Idee wird einer Kategorie zugeordnet, die ein Maß für das Risiko beinhaltet:

A Realisierungszeit innerhalb eines Jahres, und das Risiko für Auswirkungen auf andere Prozesse ist gering. Es gibt keine externe Abhängigkeit.
B Rücklaufzeit, Realisierungszeitraum und Risiko sind noch unsicher, da z.B. noch externe Abhängigkeiten bestehen. Diese Ideen bedürfen noch einer weiteren Analyse, bevor sie A oder C zugeordnet werden können.
C Realisierungszeitraum größer als ein Jahr und hohes Risiko. Diese Ideen werden in dieser Phase nicht berücksichtigt.

Die bisher gesammelten und bewerteten Ideen werden regelmäßig je Kostenelement und Untersuchungseinheit im Vergleich zur 40-%-Hürde dargestellt. Damit weiß jeder Projektverantwortliche sofort, wo er mit seiner Einheit steht, und aus der Summe ist der bisherige Gesamterfolg ersichtlich. Es entwickelt sich dabei auch ein gewisser Wettbewerb: „Wieviel Prozent habt Ihr? Wir sind schon bei 32 % mit unseren A-Ideen." Jede Projektgruppe generiert so lange Ideen, bis die 40-%-Hürde übersprungen ist. Ein Ausgleich zwischen den einzelnen Kostenelementen ist möglich. Nach Ablauf der kreativen Phase stellt der Projektleiter sein Team und die erreichten Ergebnisse im Lenkungsausschuß vor. Wenn das Team sein Projekt abgeschlossen hat, ist eine kleine Auszeichnung wie eine Geldprämie oder ein gemeinsames Essen üblich. Das sollte aber nicht davon abhängen, ob das Team das Ziel erreicht hat. Die Erfahrung hat gezeigt, daß alle Teams voll motiviert und stolz auf ihre Ergebnisse sind. Es entwickelt sich sehr schnell eine Eigendynamik, die alle Beschäftigten erfaßt.

6. Einführung

Nachdem die Ideen vom Lenkungsausschuß freigegeben wurden, beginnt sofort die Einführung. Verantwortlich dafür ist der jeweilige Projektleiter, in dessen Team diese Idee geboren wurde. Das bedeutet, dieselben Mitarbeiter, von denen die Idee stammt, sind auch für die praktische Umsetzung verantwortlich. Dies ist besonders wichtig bei der Einsparung von Tätigkeiten und damit Arbeitsplätzen. Jede Idee bekommt eine Nummer und wird mit den Daten wie: Termin, Verantwortlicher, Einsparung usw. in einem PC-Programm abgespeichert.

7. Kontrolle

Ein wichtiges Element dieser Methode ist die Realisierungskontrolle. Die Leiter der einzelnen Untersuchungseinheiten bleiben so lange in der Verantwortung, bis die Idee umgesetzt wurde, d.h. in diesem Beispiel noch ein Jahr nach Ablauf der einzelnen Phasen. Alle drei Monate findet ein weiterer Lenkungsausschuß statt, in dem der derzeitige Realisierungsgrad überprüft wird. Während der gesamten Realisierungsphase ist ein Mitarbeiter verantwortlich, die Einführung der Ideen entsprechend den abgespeicherten Daten zu überprüfen. Er organisiert auch die Lenkungsausschüsse und die Vorstellungen der entsprechenden Projekte. Ein typisches Beispiel aus der Praxis ist in Abbildung 6-5 dargestellt. Besonders bedeutsam ist der Realisierungsgrad von 97 %, der die gute Vorauswahl der Ideen und das Engage-

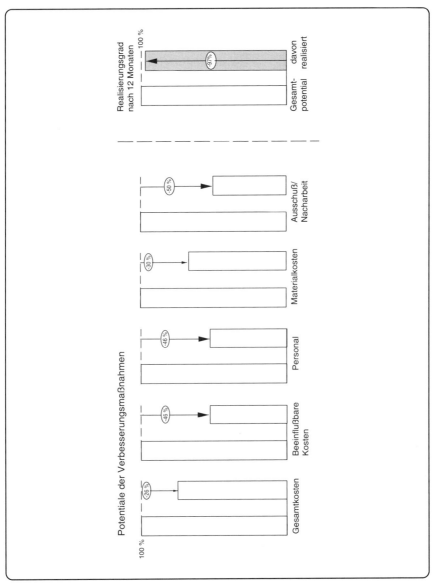

**Abb. 6-5: Ein Beispiel für in der Praxis erzielte Ergebnisse der strukturierten Kosten-
reduzierung durch PRO/Teams** (Quelle: IBM Unternehmensberatung GmbH)

201

ment der Mitarbeiter demonstriert. Bei sorgfältiger Auswahl und Bewertung der Ideen ist ein Realisierungsgrad von über 90 % möglich.

Die Methode zur strukturierten Kostenreduzierung im Team kann hier nur im Überblick dargestellt werden. Um sie in dem vorgegebenen Zeitrahmen umzusetzen, sind geschulte Moderatoren und die entsprechenden Formblätter und PC-Programme erforderlich. Man sieht aber, welches enorme Einsparungspotential in jeder Organisation und in jedem Unternehmen noch vorhanden ist. Die Methode wurde schon an vielen Standorten der Produktion und im Servicebereich angewandt, mit sehr ähnlichen Ergebnissen. Üblicherweise wird in einem mittelständischen Betrieb die 40-%-Hürde zwar schwer erreicht, aber dafür ist der Einfluß auf die Produkt- und Prozeßkosten ähnlich, da die Festkosten niedriger sind.

Bei der praktischen Umsetzung tauchen immer wieder zwei Fragen auf: „Wie bringt man die Mitarbeiter dazu, Ideen zu entwickeln, die Arbeitsplätze einsparen?" Hier bestehen natürlich Ängste, die aufgefangen werden müssen. Zum einem muß man den Mitarbeitern zusichern, daß aufgrund dieser Methode keine Entlassungen stattfinden, und zum anderen muß man die Ergebnisse der TQM-Standortanalyse kommunizieren, um bei jedem Mitarbeiter die Notwendigkeit für Veränderungen bewußt zu machen.

Die andere Frage lautet: „Gibt es für die Ideen Prämien, und wie verhält es sich im Vergleich zum normalen Vorschlagswesen?" Am Beispiel aus der IBM-Produktion Sindelfingen kann dies erläutert werden. In den normalen VV-Programmen kann jeder Mitarbeiter außerhalb des eigenen Arbeitsgebietes Vorschläge machen, für die er eine Prämie von 20 % der Einsparungen im ersten Jahr erhält, wenn der Vorschlag angenommen wird. Bei der beschriebenen Methode der strukturierten Kostensenkung werden Ideen innerhalb des eigenen Arbeitsgebietes entwickelt, für die es keine direkte Prämie gibt. Nach der Einführung dieser Methode gingen die normalen Verbesserungsvorschläge um etwa ein Drittel zurück. Die erzielten Einsparungen durch diese Methode waren etwa 50fach höher als die des normalen VV-Programms.

Ein wesentlicher Vorteil dieser Methode liegt darin, daß es sich nicht nur um einen einmaligen Prozeß handelt, sondern daß es der erste Schritt zum kontinuierlichen Verbesserungsprozeß (KVP) ist. Der erste Schritt wird mit einer 40-%-Hürde durchgeführt. Ein Jahr später wird ein weiterer Zyklus mit 20 % durchgeführt, und danach ist es so gut etabliert, daß sich dieser Prozeß innerhalb der einzelnen Produktionseinheiten eigenverantwortlich fortsetzt. Während für die ersten Schritte noch Unterstützung und ein gewisser Druck von außen notwendig sind, geht es über die Zeit in einen kontinuierlichen Prozeß über. Die Methode ist inzwischen bekannt und etabliert, und die erreichten Erfolge aus der Vergangenheit führen dazu, daß sich eine starke Eigendynamik entwickelt hat. Das Schema und die in der Praxis erzielten Erfolge sind in Abbildung 6-6 dargestellt. Obwohl im ersten Zyklus bereits 46 % der beeinflußbaren Kosten reduziert werden konnten, wurden ein Jahr später nochmals 26 % eingespart. Inzwischen läuft dieser Prozeß eigenverantwortlich in den einzelnen Prozeßgruppen, ohne Druck und Steuerung von außen ab.

6.3 Servicevereinbarungen

Eines der großen Probleme bei der Kostenreduzierung ist die Identifikation mit den vorhandenen Kosten. Wenn ein Unternehmen hohe Gewinne macht, ist die Bereitschaft der Mitarbeiter und Gewerkschaften gering, auf Lohnzuwachs zu verzichten. Wenn in der Produktion nur 60 % der Produktkosten direkt beeinflußt werden können und die restlichen 40 % über Umlagen für Verwaltung, EDV und Abgaben an die Zentrale abgeführt werden müssen, ist die Bereitschaft der Mitarbeiter gering, sich einzuschränken und Ideen zur Kostenreduzierung zu entwickeln. Wenn in kleineren Unternehmen die Geschäftsführung und alle Familienmitglieder kostenlos in der Fabrik tanken und ihre Nobelautos warten lassen können, fällt die Motivation der Fabrikarbeiter zur Kostenreduzierung schwer.

Mit der Schaffung von eigenverantwortlichen Organisationeinheiten, die ihre Kennzahlen für Qualität, Pflege und Durchlaufzeit monatlich selbst überwachen und verbessern, müssen auch die Kostenkontrolle, -beeinflußbarkeit und -transparenz möglichst hoch sein. Deshalb geht der Trend heute dahin, einzelne Produktbereiche oder Werke als Profitcenter zu betreiben. Der verantwortliche Leiter ist außer für Qualität und Menge auch für den Gewinn verantwortlich. Dafür muß er natürlich auch direkt Einfluß haben auf die entstehenden Kosten. Das geht bei großen Unternehmen teilweise so

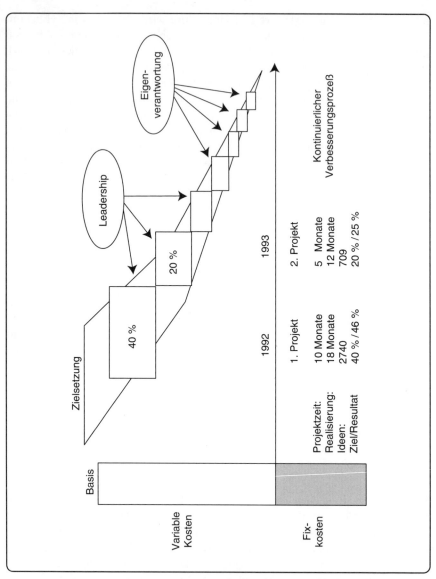

**Abb. 6-6: Von der strukturierten Kosteneinsparung zum kontinuierlichen Verbesse-
rungsprozeß mit dem Ergebnis aus der Produktion IBM Sindelfingen**

(Quelle: IBM Unternehmensberatung GmbH)

weit, daß die einzelnen Produktbereiche auch mit der Organisationsform rechtlich selbstverantwortlich sind, z.B. als GmbH.

Je größer ein Unternehmen ist, um so größer ist der Anteil der Kosten, für die es eigentlich keinen direkten Verantwortlichen gibt, der diese reduziert. Besonders in der Verwaltung und in den unterstützenden Servicebereichen ist die Bereitschaft gering, selbst die Kosten zu reduzieren. Kostenreduzierung heißt hier weniger Mitarbeiter und damit nach dem alten Hierarchiedenken weniger Macht und Verantwortung. In der Vergangenheit war die Produktion nur verantwortlich für die Kosten von Material, Energie, Lohn und Abschreibung. Alle anderen Kosten wurden über einen Umlagenschlüssel, bezogen auf die Anzahl der Mitarbeiter oder die belegten Quadratmeter, umgelegt. Nachdem die Wertschöpfung nur in der Produktion besteht, muß damit auch der Produktionsleiter die Verantwortung und Einflußnahme auf *alle* Kostenelemente haben.

In der Praxis gab es jedesmal eine große Überraschung, wenn der Produktionsleiter den kompletten Überblick über alle Kosten bekam, die er verursacht oder die auf ihn geschlüsselt wurden. Wenn er jeden Monat genau sieht, wie viele Mitarbeiter in der zentralen Verwaltung von ihm bezahlt werden, wieviel Personal- oder Finanzmitarbeiter und welche EDV-Kosten er verursacht, gibt es ein deutliches Umdenken. Viele Leistungen, die er in Anspruch nahm, waren quasi „kostenlos", da sie nicht identifiziert und über die allgemeine Umlage auf das Produkt bezahlt wurden.

Über eine Vereinbarung, die sehr einfach klingt, in der praktischen Umsetzung aber hohe Anforderungen an alle Führungskräfte stellt, kann dieses Problem der Kostenzuordnung behoben werden:

Es gibt nur noch solche Serviceleistungen, die durch die für die Wertschöpfung verantwortliche Organisation extra bestellt und bezahlt werden. Wertschöpfung ist, wofür der externe Kunde bezahlt.

Dies klingt sehr einfach und logisch, bringt in der Praxis aber doch einige Probleme mit sich. An einigen Beispielen soll dies erläutert werden.

Das Zentrallabor führt Analysen für alle Produktbereiche durch. Die entstehenden Kosten werden auf die Produkte umgelegt. In Zukunft verhandelt der Produktionsleiter einmal pro Jahr mit dem Leiter des Zentrallabors, welche Leistungen er in den nächsten zwölf Monaten in Anspruch nehmen will. Für diese wird schriftlich eine Servicevereinbarung getroffen. Beide Seiten wissen damit genau, was sie planen müssen. Das Labor kennt die Anzahl der Mitarbeiter und die Produktion die Kosten, die über das Jahr belastet werden. Sind zusätzliche Leistungen notwendig, müssen diese extra bezahlt werden, meist mit einem Aufschlag, da sie ungeplant sind. Werden weniger Leistungen in Anspruch genommen, muß trotzdem bezahlt werden, da die Mitarbeiter da sind. Es werden wettbewerbsfähige Kosten berechnet, die sich am externen Markt orientieren. Wenn die Produktion glaubt, diese Serviceleistungen extern billiger zu bekommen, kann sie dorthin gehen. Auf der anderen Seite kann das Labor seine Leistungen auch extern anbieten.

Genauso verhält es sich mit der Zentralwerkstatt, der Schulung und der Küche. Der Koch muß nachweisen, daß seine Leistung nicht teurer ist, als wenn die Küche extern verpachtet wäre.

Die zentrale Auftragssteuerung, das Zentrallager und die zentrale EDV müssen nachweisen, daß ihre Leistungen zum einen benötigt werden und zum anderen kostengünstiger sind, als wenn diese Leistung dezentral durch die Produktion selbst durchgeführt wird.

Es entsteht also innerhalb des Unternehmens ein freier Wettbewerb, der sich an externen Kosten orientiert. Jeder Servicegeber kann nur die Ressourcen in den Plan einstellen, für die er einen „Vertrag" mit einem internen Abnehmer hat. Parallel kann er seine Leistungen auch auf dem externen Markt, außerhalb des eigenen Unternehmens, anbieten. Jeder Servicenehmer muß kritisch überprüfen, welche Serviceleistungen er unbedingt benötigt, welche er sich leisten kann, basierend auf der Wettbewerbsanalyse, und wo er diesen Service einkauft. Bei diesem Prozeß der frei verhandelten Servicevereinbarungen muß es eine übergeordnete Koordination geben, da es sonst zu Suboptimierungen kommt, die in der Summe für das Unternehmen teurer sind. So muß z.B. überprüft werden, ob eine dezentrale Datenverarbeitung wirklich billiger ist als eine zentrale EDV oder ob nicht sogar Outsourcing in diesem Fall die beste Alternative ist.

Eine derartige Analyse führt zwangsläufig zu einer schlankeren Produktion und Verringerung der Fertigungstiefe. Über die Zeit werden im eigenen Unternehmen, mit den eigenen Mitarbeitern nur noch die Tätigkeiten durchgeführt, für die es am externen Markt keine billige Alternative gibt oder die zur direkten Kernkompetenz des Unternehmens gehören, um sich vom Wettbewerb zu differenzieren. Weiterhin verstärkt sich damit der Trend, einen großen Teil der Serviceleistungen dezentral in den einzelnen Produktorganisationen durchzuführen. Diese Veränderung der Aufgabenstruktur innerhalb eines Unternehmens muß sich im Laufe der Zeit entwickeln, über zwei bis drei Jahre hinweg. Bisher vorhandene Arbeitsplätze entfallen, und neue, aber deutlich weniger, entstehen. Mitarbeiter müssen umgeschult werden, die Anzahl der insgesamt Beschäftigten wird reduziert, und einige neue kritische Skills müssen eingestellt werden.

Es bietet sich dadurch auch die Chance für völlig neue Serviceunternehmen, wie es sich heute unter dem Begriff Outsourcing immer weiter durchsetzt. Es entstehen hochspezialisierte Dienstleistungsunternehmen, die auf ihrem Gebiet besser und billiger sind, als wenn jedes Unternehmen diese Tätigkeit selbst durchführt. Bei der Abfallentsorgung ist dies schon lange üblich, bei der Datenverarbeitung beginnt es, und weitere Bereiche werden folgen. In der Praxis konnte durch die Einführung dieser Servicevereinbarungen eine Kosteneinsparung von 20 % erzielt werden. Je größer das Unternehmen, um so größer ist das Potential.

6.4 Zusammenfassung

Eine erfolgreiche Umsetzung von TQM zeichnet sich dadurch aus, das letztendlich ein besseres und billigeres Produkt zur Verfügung steht, die Kundenzufriedenheit steigt und die Mitarbeiterzufriedenheit und -motivation deutlich höher sind. Wenn man über Kostenreduzierung redet, denkt man sofort an Entlassungen und Mitarbeiterabbau. Dies ist aber erst nur ein Schritt der Umstrukturierungsmaßnahmen, nachdem die Verantwortung, die Organisation und die Arbeitsinhalte neu definiert sind.

Außer dem reinen Abbau von Mitarbeitern und damit der Reduzierung der Lohnkosten gibt es eine ganze Reihe von Maßnahmen, die langfristig wesentlich größere Erfolge bringen. Ein erfahrener Mitarbeiter, der entlassen wird, steht später für die Ausweitung des Geschäfts nicht mehr zur Verfügung. Das Kostenproblem wird dadurch gelöst, aber die Innovationsfähigkeit wird auch eingeschränkt. Das Schlagwort, das dabei immer wieder verwendet wird: Wir müssen uns auf unsere Kernkompetenzen konzentrieren. Doch man braucht in jedem Unternehmen eine Flexibilität, um neue Kernkompetenzen zu entwickeln. Ganz abgesehen von der Flexibilität, auf Mengensteigerungen kurzfristig reagieren zu können. Das Ziel muß also sein, schon ab 60 % Auslastung profitabel zu sein. Sicher kann man gute Hochschulabsolventen billig einstellen und bei gleicher Anzahl von Mitarbeitern die Lohnkosten reduzieren, aber es kommt auf die richtige Mischung von Erfahrung in der Branche und neuen, kreativen Mitarbeitern an.

Ein großes Potential zur Reduzierung der Gesamtkosten bildet die Reduzierung des Fehlleistungsaufwands. Ein Begriff dafür, der schon in den 80er Jahren geprägt wurde, ist Qualitätskosten. Man versteht darunter die Summe der Fehlerverhütungskosten, der Prüfkosten und der Fehlerkosten. Inzwischen ist man dazu übergegangen, diesen Begriff umfassender zu definieren. Fehlleistungsaufwand sind alle Leistungen, für die der externe Kunde nicht bereit ist, extra zu bezahlen. Es werden alle Leistungen, die in die endgültigen Produktkosten einfließen, analysiert und durch die verantwortlichen Mitarbeiter Ideen generiert, um den variablen Teil, d.h. die kurzfristig beeinflußbaren Kosten, um mindestens 40 % zu reduzieren. In der Praxis hat sich gezeigt, daß durch die Aktivierung aller Mitarbeiter nicht nur die Kosten reduziert wurden, sondern auch die Anlagennutzung deutlich gesteigert werden konnte. Diese Methode der strukturierten Kostenreduzierung wurde inzwischen in vielen Lokationen weltweit sehr erfolgreich eingesetzt, sowohl in der Produktion als auch im Dienstleistungsbereich.

Der Ablauf ist immer der gleiche und im Prinzip trivial. Alle Elemente, die zu den endgültigen Produktkosten beitragen, werden möglichst detailliert dargestellt und den verantwortlichen Gruppen von Mitarbeitern meßbar zugeordnet. Diese erhalten den Freiraum, Ideen zu entwickeln, um diese Kosten maximal zu reduzieren. Vergleichbar ist dieser Prozeß der Kostenreduzierung dem Ablauf wie beim Null-Fehler-Prozeß oder der Reduzierung der Durchlaufzeit. Es werden alle Einflußgrößen möglichst detailliert aufgelistet und dann Ideen entwickelt, um „unnötige" Kosten zu eliminieren.

Nachdem diese Transparenz und Zuordnung aller Leistungen und Kosten erfolgt sind, werden die Rahmenbedingungen für den freien Wettbewerb im Unternehmen geschaffen. Serviceleistungen werden über Servicevereinbarungen dort eingekauft, wo sie am kostengünstigsten angeboten werden, intern oder extern. Viele, bisher zentral durchgeführten Dienstleistungen können durch eine Optimierung der Geschäftsprozesse und Abläufe auch dezentral in Eigenverantwortung durchgeführt werden. Zusätzlich bilden sich auf dem externen Markt immer mehr hochspezialisierte Dienstleistungsunternehmen, die kostengünstiger und qualitativ besser diesen Service übernehmen können. Dieser Trend zum Outsourcing wird sich in Zukunft weiter fortsetzen.

7. Praktische Umsetzung

Im Prinzip klingen die beschriebenen Methoden einfach, und es dürfte, basierend auf der heutigen Erfahrung, gar nicht schwer sein, diese in die Praxis umzusetzen. Edward Deming schrieb sein Buch „Out of the Crisis" schon 1992, und wie heißt sein erstes Kapitel? „Chain Reaction: Quality, Production, Lower Cost, Capture the Market." Das sind die Grundelemente von TQM. Mazaaki Imai veröffentlichte sein Buch „KAIZEN" bereits 1986 und wie heißen die ersten drei von insgesamt 16 Management Practices? „Profitplanning, Customer Satisfaction, Total Quality Control Programs." Auch das sind Ziele, die heute jedes Unternehmen hat. Als drittes Beispiel soll das Buch von Michael Hammer und James Champy genannt werden: „Business Reengineering", welches derzeit in aller Munde ist und 1993 veröffentlicht wurde. Ist Reengineering in vier Jahren auch nur noch eine Methode, die man zur Optimierung der Geschäftsprozesse mal ausprobiert und dann wieder vergessen hat, da sie auch kein Allheilmittel für alle Probleme war? Sicher braucht man erprobte Modelle und Methoden, da es viel zu lange dauern würde, diese alle zu entwickeln. Doch was nur kopiert wird, bleibt nicht dauerhaft in einer Organisation bestehen, sondern es muß erarbeitet und der gemeinsame Erfolg erlebt werden. Das Management hat dabei die Aufgabe, die richtige Methode für das eigene Unternehmen auszuwählen, diese an die betrieblichen Notwendigkeiten anzupassen, allen Beschäftigten die Gründe und Zusammenhänge zu erläutern und eine konsequente Umsetzung sicherzustellen. Abbildung 7-1 zeigt am Beispiel von KVP und Reengineering, daß beide Konzepte parallel bestehen und sich gegenseitig ergänzen. Beim kontinuierlichen Verbesserungsprozeß, der auf KAIZEN basiert, werden bestehende Prozesse durch kontinuierliche kleine Verbesserungen optimiert, während beim Reengineering vorhandene Prozesse abgeschafft und durch völlig neue Unternehmensprozesse ersetzt werden. Sicher ist eine erfolgreiche Umsetzung von Reengineering ungleich schwerer als Vorhandenes weiter zu verbessern. Nicht umsonst ist die Erfolgsquote bei Reengineering so gering.

An einem Beispiel aus der Automobilindustrie lassen sich die in Abbildung 7-1 dargestellte Parallelität und Ergänzung verschiedener Konzepte verdeutlichen: Wenn ein neues Auto angekündigt wird, ist es besser als alle bis-

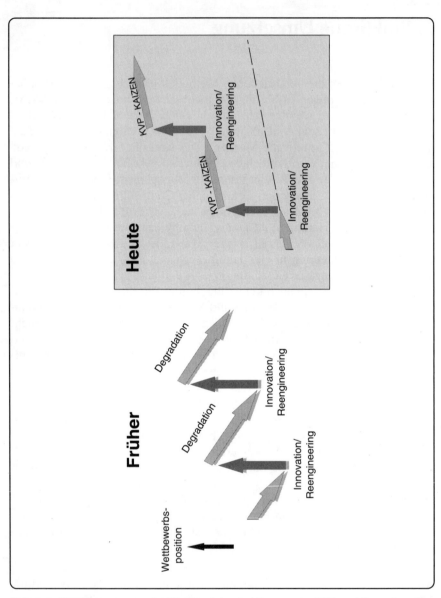

Abb. 7-1: Zur Verbesserung der Wettbewerbssituation werden KVP und Reengineering benötigt

herigen. Es hat innovative Features, ein besseres Preis-Leistungs-Verhältnis und einen hohen Imagewert für den Fahrer. Der Wettbewerbsvorteil ist hoch. Über die Jahre kommen neue Modelle von Konkurrenzunternehmen auf den Markt, die noch besser sind, und der Wettbewerbsvorteil verringert sich zusehends. Durch laufende Verbesserungen und Optimierungen wird versucht, die Wettbewerbsposition zu verteidigen, bis nach einigen Jahren der nächste Modellwechsel erfolgt. Ähnlich verhält es sich bei den Unternehmensprozessen. Es muß nicht alles, was gestern noch gut und erfolgreich war, heute nichts mehr gelten. Auch der beste Prozeß kann noch weiter verbessert werden. Irgendwann kommt aber der Moment, wo der vorhandene Prozeß nicht mehr ausreicht, und dann darf man nicht lange warten, sondern muß einen völlig neu definierten Geschäftsprozeß einführen. Hierin liegt der Unterschied, ob eine TQM-Einführung erfolgreich ist oder nicht. In den nächsten sechs Monaten TQM einzuführen, muß fehlschlagen. Das Management braucht Ausdauer und muß über zwei bis drei Jahre, je nach Ausgangslage, alle vorhandenen Geschäftsprozesse und -abläufe unter Einbindung und Aktivierung aller Mitarbeiter laufend verbessern. Dies allein wird nicht ausreichen, sondern einige Elemente müssen komplett neu strukturiert werden. Dies ist besonders bei der Verlagerung der Verantwortung (Empowerment) nach unten und der Schaffung von eigenverantwortlichen Organisationseinheiten notwendig. Von Empowerment und Teamwork zu reden und die alten Organisationsstrukturen bestehen zu lassen, funktioniert nicht.

Die einzelnen TQM-Elemente bauen aufeinander auf, und man kann den zweiten Schritt nicht vor dem ersten tun, sonst ist der Mißerfolg vorprogrammiert. Ohne die Ergebnisse aus einer TQM-Standortanalyse dürfte es schwer fallen, die notwendigen Prioritäten zu setzen und die richtigen Kennzahlen zu definieren.

7.1 TQM-Einführungsmodell

Das Ziel des beschriebenen TQM-Einführungsmodells ist es, alle vorhandenen Analysen, Methoden, Prozesse und Systeme ganzheitlich zu betrachten und zueinander in Relation zu setzen. Das ist die große Stärke von TQM, die sich hinter dem Wort „Total" verbirgt. Viele Elemente und Methoden, die in sich geschlossen durchgeführt werden können und einzelnen Personen oder Personengruppen zugeordnet sind, werden in ein umfassendes Managementsystem zusammengefaßt. Im Prinzip gibt es in den letzten Jahren eigentlich nichts Neues, sondern die Schwerpunkte und Namen haben sich geändert. Wenn man das in erster Näherung so akzeptiert und nur den Fokus, je nach Problemstellung, mehr auf einen spezifischen Punkt innerhalb des TQM-Einführungsmodells legt, gibt es wesentlich weniger Unruhe in den betrieblichen Abläufen, und das Verständnis der Mitarbeiter ist deutlich besser.

In Abbildung 7-2 ist in der Übersicht das TQM-Modell dargestellt, das alle in den Vorkapiteln beschriebenen Elemente beinhaltet und sowohl vom zeitlichen Ablauf wie auch in der Abhängigkeit zueinander zeigt. Es beginnt mit der Analyse der eigenen Position und endet in einem kontinuierlichen Verbesserungsprozeß von eigenverantwortlichen Unternehmenseinheiten unter Einbeziehung aller Mitarbeiter:

1. Positionsbestimmung
2. Zielsetzung
3. Einführung
4. Kontinuierliche Verbesserung.

Bei der Umsetzung der einzelnen Elemente ist vor der Umsetzung kritisch zu überprüfen, ob aus der Sicht des Kunden die geplante Veränderung wirklich eine Verbesserung bringt. Dies gilt häufig nur für ein Einzelement wie Qualität, Kosten oder Zeit, aber man stellt immer wieder fest, daß sich nicht nur ein Parameter, sondern meist alle drei gleichzeitig verbessern.

Ist die geplante Veränderung aus der Sicht des Kunden wichtig ?

Da man nicht gleichzeitig alles verändern kann, sind entsprechende Prioritäten zu setzen. Man muß sich aber immer über die Zusammenhänge im klaren sein, da es sonst leicht zu Suboptimierung kommt. Im Laufe der Zeit müssen alle Elemente betrachtet und optimiert werden. Für die komplette Umsetzung der TQM-Modelle braucht man mindestens drei Jahre. In kürzerer Zeit sind die notwendigen Änderungen von Verhaltensmustern und die Modifizierung eingefahrener Prozesse und Organisationen mit den vorhan-

214

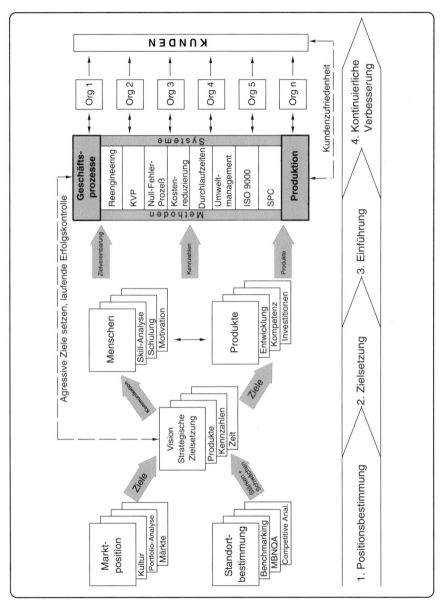

Abb. 7-2: TQM-Einführungsmodell

215

denen Mitarbeitern nicht zu schaffen. Und schon innerhalb dieser Zeit ist es nur zu schaffen, wenn der unabdingbare Wille und die Durchsetzungskraft der Geschäftsführung vorhanden sind. Innerhalb von drei Jahren gibt es viele Einflüsse von außen, die alle Störgrößen bilden, die die TQM-Einführung beeinflussen und verzögern: Stellenbesetzungen ändern sich, der externe Markt verändert sich laufend und zwingt zur Reaktion, Produkt- und Prozeßprobleme treten auf, neue Produkte werden eingeführt, und die Organisationen ändern sich. Deshalb ist es wichtig, eine langfristige Vision zu haben und ein Einführungsmodell, das sich nicht alle sechs Monate ändert. Im folgenden sollen in der Zusammenfassung die einzelnen Elemente des in Abbildung 7-2 dargestellten Modells und die dadurch erzielbaren Verbesserungen erläutert werden.

1. Positionsbestimmung

Um später konkrete, meßbare Ziele setzen zu können, muß erst die eigene Position auf dem Zielmarkt bestimmt werden, d.h., welche Firmenkultur und welches Image hat man, ist man der Billiganbieter oder zielt man nur auf das obere Marktsegment. Der Kunde wird kaum zu Aldi oder Woolworth gehen, um sich Luxusartikel der gehobeneren Klasse zu kaufen. Veränderungen dieses Images sind nur äußerst schwierig umzusetzen.

Die regionalen Zielmärkte müssen bestimmt werden. Will man auf dem vorhandenen örtlichen Markt expandieren und die Marktanteile vergrößern oder neue, junge Märkte wie Südostasien beliefern. Dabei muß die immer weiter fortschreitende Globalisierung der Märkte berücksichtigt werden. Nach John L. Daniels ergeben sich durch die Globalisierung der Weltmärkte drei mögliche Positionen, die ein Unternehmen im internationalen Wettbewerb belegen kann:

1. Als globaler Exporteur (typisch für Japan)
2. Als multinationaler Konzern (typisch für die USA)
3. Als multilokaler Konzern (typisch für Europa).

Nachdem das Unternehmen positioniert ist, sind sechs strategische Schritte innerhalb der nächsten fünf Jahre umzusetzen, um diese globale Strategie in die Praxis umzusetzen (Daniels 1993):

216

1. Bestimme eine klare, globale Vision.
2. Zielsetzung für zukünftigen Kundenkreis.
3. Bestimme die Kundenwünsche und stelle die Ressourcen zur Verfügung, um sie zu erfüllen.
4. Entwickle dich aus der Isolation zur Partnerschaft.
5. Baue ein globales Team auf.
6. Nutze die heutigen Möglichkeiten der Informationsverarbeitung.

Ein zweites Hilfsmittel zur Positionierung der eigenen Produkte auf dem Markt ist die Portofolio-Analyse, die als bekannt vorausgesetzt wird. Parallel dazu muß die eigene Position im Vergleich zu anderen Unternehmen bestimmt werden. Für Geschäftsprozesse, Abläufe und Verfahren hat sich zur Positionierung das Benchmarking bewährt. Daraus erkennt man, wer ist der Beste (BOB – Best of Breed), was macht er anders und was kann man von ihm in diesem spezifischen Prozeß lernen.

Um einen Überblick über den eigenen TQM-Umsetzungsstatus zu bekommen, hat sich eine Bewertung basierend auf dem Malcolm Baldrige National Quality Award oder entsprechend nach dem EFQM-Modell bewährt. Dadurch erhält man, verglichen zu einem internationalen Standard, eine Analyse der eigenen Stärken und Schwächen, die die Basis für weitere Aktionen bildet.

Durch die *Competitive Analysis* wird die Positionierung des eigenen Produktes im Vergleich zur Konkurrenz in bezug auf Funktion, Technologie, Preis, Qualität usw. ermittelt. Dies läßt sich im Gegensatz zum Benchmarking relativ leicht durchführen, indem das Konkurrenzprodukt gekauft und analysiert wird. Zusätzlich ergeben externe Warentests und Produktvergleiche weitere Informationen.

Aus all diesen Informationen und Daten werden die Vision und die strategische Zielsetzung für die nächsten drei bis sechs Jahre festgelegt. Jedes Jahr wird diese, basierend auf den neuesten Erkenntnissen, modifiziert und angepaßt. Auf der einen Seite muß ausreichend Flexibilität zur Anpassung an Marktveränderungen vorhanden sein, auf der anderen Seite müssen wesentliche Elemente erhalten bleiben, um nicht zu viel Unruhe zu erzeugen.

2. Zielsetzung

Um die Vision in die Praxis umzusetzen, muß die zukünftige Produktpalette definiert werden, zusammen mit den wichtigsten Kennzahlen über die Zeit (Critical Success Factors). Die Vision und die wesentlichen Ziele und Kennzahlen müssen zu jedem Mitarbeiter kommuniziert werden. Dabei ist es nicht nur wichtig, daß er es hört oder liest, sondern daß er es auch akzeptiert und versteht. Dies kann nur im Dialog über die Hierarchieebenen erreicht werden.

Die Ziele für neue Produkte werden in die Entwicklung gegeben, um dort neue Produkte zu entwickeln, basierend auf den vorhandenen Kompetenzen und im Rahmen der möglichen Investitionen. Dabei ist eine enge Zusammenarbeit zwischen Entwicklung und Produktion notwendig.

3. Einführung

Diese ist der schwierigste Abschnitt. Es mangelt meistens nicht an eigenen Ideen oder externen Modellen, die noch durch externe Berater ergänzt werden können, sondern an der konsequenten Umsetzung. Während neue Produkte meist noch relativ leicht technisch beherrschbar sind, ist die Umstrukturierung der vorhandenen Mitarbeiter ungleich schwieriger. Jeder Mensch ist ein Individuum, und nur wenn man seine individuellen Wünsche und Ziele mit den Unternehmenszielen in Einklang bringen kann, ergeben sich ein optimaler Erfolg und eine hohe Motivation aller Mitarbeiter.

Basierend auf der strategischen Zielsetzung werden die zukünftigen Anforderungen an die Kompetenz und Ausbildung der Mitarbeiter definiert. Dies wird im Rahmen der Skill-Analyse verglichen mit der vorhandenen Kompetenz. Abgeleitet aus den definierten Defiziten kann die notwendige Schulung angeboten werden oder, falls dies nicht ausreicht, entsprechende Einstellungen vorgenommen werden.

Basierend auf der Zielvereinbarung bis zu jedem Mitarbeiter, den unternehmerischen Kennzahlen und der zukünftigen Produktpalette werden die vorhandenen Geschäftsprozesse bzw. die Produktion über die Zeit verbessert. Dazu gibt es eine ganze Reihe von Methoden und Systemen, die in den vorangegangenen Kapiteln beschrieben wurden. Jede geplante Veränderung wurde daraufhin untersucht, welche Verbesserung sich potentiell für den externen Kunden ergibt. Über die Zeit sind eindeutige und meßbare Ziele definiert, die Verantwortung wurde festgelegt und akzeptiert und an alle peripheren Bereiche kommuniziert.

4. Kontinuierliche Verbesserung

Ein kontinuierlicher Verbesserungsprozeß für die Faktoren Qualität, Kosten und Zeit kann im Prinzip nur durch kleine, eigenverantwortliche Organisationseinheiten erreicht werden, die sich flexibel an die Kundenwünsche und Markterfordernisse anpassen können. Dies können, wie dargestellt, einzelne parallele Produktorganisationen sein oder auch Einheiten, die sequentiell hintereinander liegen, wobei jeder für einen bestimmten „Streckenabschnitt" verantwortlich ist. In diesem Fall hat nur die letzte Gruppe direkten Kontakt zum externen Kunden, und alle anderen haben interne Kunden. Durch regelmäßige Kundenbefragungen wird der Erfolg der eingeleiteten Verbesserungen in bezug auf die Kundenzufriedenheit überprüft und, falls notwendig, entsprechende Modifikationen vorgenommen.

Auch wenn die Basis für dieses TQM-Einführungsmodell auf Erfahrungen in der Fertigungsindustrie beruht, können die meisten Elemente auch im Dienstleistungsbereich direkt angewandt werden. Der Schwerpunkt liegt hier hauptsächlich auf der Optimierung der Geschäftsprozesse, wobei die Abhängigkeit von der Ausbildung und Motivation jedes einzelnen Mitarbeiters noch wesentlich größer ist als in der Produktion.

7.2 Hindernisse und deren Überwindung

Obwohl heute viel über TQM und Reengineering berichtet wird, gibt es bisher wenige Beispiele für eine erfolgreiche Umsetzung. Nach einer Studie von Arthur D. Little schreibt Dr. P. S. Morgan: „Fast alle Manager sind naiv genug zu glauben, daß sie große Veränderungen auf der Basis der geschriebenen Gesetze bewirken können. Fast jeder CEO predigt Teamwork. Wenn man sich aber mal die Anerkennung ansieht, die Mitarbeiter bekommen, sind die immer auf das Individuum bezogen. Auch die Methoden der Personalauswahl und Entwicklung sind nur auf dem Papier auf Teamfähigkeit ge-

richtet. Wenn Manager nicht lernen, die ungeschriebenen Gesetze einzube-
ziehen, dann sind alle Verbesserungsbemühungen „für die Katz", denn:
„Was einem Menschen wichtig ist, ändert sich nicht dadurch, daß man ihm
etwas anderes in den Hals stopft." Es gibt wenige Mitarbeiter, die morgens
aufwachen und ausrufen: „Aaahh, mir ist nach etwas Qualität heute."

Das beschreibt die größte Hürde bei der erfolgreichen Umsetzung von Ver-
änderungsprozessen, und zwar die Veränderung in den Köpfen der Menschen. Dabei sind die Blockaden in den Köpfen der Führungskräfte noch
deutlich schwieriger zu überwinden als bei der Masse der Mitarbeiter. Dies
liegt zum Teil an der Angst vor Status- und Imageverlust, zum Teil an der
Einstellung: „Was die letzten zehn Jahre gut war, kann in Zukunft nicht
schlecht sein" und zum Teil an der fehlenden Einsicht in die Notwendigkeit
für Veränderungen. Einige Hürden und Werkzeuge zu deren Überwindung
sind in Abbildung 7-3 dargestellt. Langjährige Erfahrung muß nicht immer
hilfreich sein, sondern kann Veränderungen blockieren.

Nach Untersuchungen von M.G. Brown gibt es eine ganze Reihe von Grün-
den, die dazu führen, daß die TQM-Einführung erfolglos ist:

☐ fehlendes Engagement des Managements
☐ falscher Zeitpunkt und Zeitpläne
☐ falsches oder nicht vorhandenes Training und Ausbildung
☐ fehlende kurzfristige Erfolge
☐ unterschiedliche Strategien der Organisatoren
☐ falsche Kennzahlen und Meßwerte
☐ Einzel- und keine Teamanerkennung
☐ falsche Methode des finanziellen Anreizes
☐ keine wirkliche Verantwortung zum Mitarbeiter transferiert
☐ alte Managementmethoden beibehalten
☐ schlechte Organisation und Zuordnung der Verantwortung
☐ überholte Geschäftsprozesse.

Dies sind nur einige der Probleme, über die man sich frühzeitig bewußt sein
muß. Die wesentlichen Elemente, um überhaupt erfolgreich sein zu können,
sind *Wille* und *Ausdauer*.

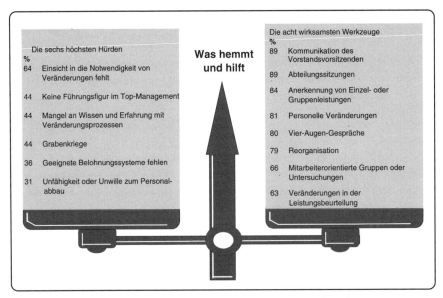

Abb. 7-3: Hürden und Werkzeuge bei der Einführung von Reengineering
(Quelle: Arthur D. Little; Basis 350 Top-Manager)

Die folgenden Beispiele basieren auf der Erfahrung bei der Einführung von TQM über sechs Jahre. Die Liste ist sicher nicht vollständig, soll aber Anregungen und Hilfen bei der eigenen Umsetzung geben.

1. Jede TQM-Initiative fängt ganz oben an. Deshalb sollte vor Beginn von irgendwelchen Aktionen oder Ankündigungen die oberste Managementebene ein dreitägiges Seminar außerhalb des Unternehmens mit Übernachtung absolvieren. Durch erfahrene Trainer und Moderatoren werden alle Teilnehmer geschult, wobei der Fokus auf Mitarbeiterführung und -motivation, Change-Management und Gruppenübungen liegt. Erst wenn auf dieser Ebene die Bereitschaft und der Teamgeist etabliert sind, sollte man weitermachen. Jeder Manager ist Multiplikator und Machtpromoter für die erforderlichen Veränderungen.
2. Schulung aller Führungskräfte und Diskussion über die Unternehmenssituation und die notwendigen Veränderungen. Auch diese Runde muß durch erfahrene Trainer oder Psychologen moderiert werden.

3. Das Verständnis für die eigenen Probleme und Sorgen ist in jeder Organisationsebene unterschiedlich. Um hier ein besseres Verständnis füreinander zu schaffen, sollten etwa ein Jahr nach Beginn der TQM-Umsetzung regelmäßige Workshops innerhalb der jeweiligen Organisationseinheit stattfinden, mit Teilnehmern aus allen Hierarchieebenen. Das fördert die Teambildung und schafft ein Forum zur Diskussion der organisationsspezifischen Probleme.

4. Um die Zusammenarbeit zwischen den einzelnen Organisationen zu verbessern und den Erfahrungsaustausch zu fördern, haben sich Foren innerhalb einer Ebene bewährt wie z.B. Hauptabteilungsleiterrunde, Produktionsleiterrunde oder Technikerkreis. Diese Gruppen organisieren sich frei und wählen ihre Themen eigenverantwortlich ohne Einwirkung oder Kontrolle von außen.

5. Es wird heute viel von Empowerment geredet, doch in der praktischen Umsetzung bereitet es erhebliche Probleme. Wissen bedeutet Macht, und die Bereitschaft, diese Macht weiter nach unten zu delegieren, setzt einmal voraus, daß der Abgebende, die Führungskraft, dazu bereit ist, und andererseits, daß der Mitarbeiter sowohl in der Lage als auch bereit ist, diese zusätzliche Verantwortung zu übernehmen. Dieser Prozeß braucht Zeit und viel Vertrauen von beiden Seiten. Er funktioniert nur, wenn alle Beteiligten in einer Organisation davon betroffen sind. Das bedeutet für die Führungskräfte Umorganisation und neue Verantwortungen in der geänderten Organisation, mit mehr sozialer Kompetenz, während die fachliche und technische Kompetenz bis zum Mitarbeiter im Team delegiert werden. Der einzelne Mitarbeiter wird nicht ohne weiteres bereit sein, zusätzliche Verantwortung zu übernehmen, es sei denn, er bekommt mehr Geld dafür. Wenn er aber in eine Gruppe eingebunden ist und diese Gruppe die Verantwortung für ihre eigenen Tätigkeiten und Entscheidungen übernimmt, ist er eher bereit, die neue Rolle zu übernehmen, zumal alle seine Kollegen genauso betroffen sind. Erfolgreiches Empowerment benötigt gut harmonisierende Teams, die diese Verantwortung übernehmen. Nachdem sich die ersten Erfolge einstellen, wächst der Stolz auf das eigene Team und die erreichte Leistung. Parallel mit der Delegation der Verantwortung muß eine Schulung der Mitarbeiter stattfinden und Überzeugungsarbeit geleistet werden, warum diese Änderungen notwendig sind (telling why). Dieser Transfer der Verantwortung muß behutsam in kleinen Schritten stattfinden, und es muß jederzeit klar ersichtlich sein, wer derzeit verantwortlich ist. Dieser Prozeß braucht Zeit und viel, viel Vertrauen von beiden Seiten.

6. Nur die Verantwortung nach unten delegieren und sonst nichts verändern funktioniert nicht. Es müssen neue Freiräume geschaffen werden, die innerhalb gewisser Grenzen Platz lassen zum Experimentieren und zum Umsetzen der eigene Ideen. Gute Verbesserungen werden zu anderen Gruppen kommuniziert, und erfolgreiche Teams werden ausgezeichnet. Individuelle Auszeichnungen sollten reduziert werden. Nachdem sich die Teams etabliert haben und die Gruppendynamik funktioniert, kann man dazu übergehen, einen Teil des Gehalts vom Teamerfolg abhängig zu machen, mit Meßkriterien wie z.b. Qualität und Kundenzufriedenheit. Dieser Bonus sollte mindestens 20 % des Grundgehalts ausmachen und entsprechend der individuellen Leistung auf alle Teammitglieder aufgeteilt werden. Dadruch hängt die Höhe des Leistungsbonus sowohl vom Teamerfolg als auch von der individuellen Leistung ab. Die Gruppe und der einzelne Mitarbeiter müssen das Gefühl haben, daß sie durch ihre persönliche Leistung und die Teamleistung ihr Gehalt direkt beeinflussen können.

7. Eine weitere Voraussetzung für erfolgreiches Empowerment ist die Bereitstellung entsprechender „Werkzeuge". Hier kann durch die heutigen Möglichkeiten der Datenverarbeitung dem einzelnen Mitarbeiter eine große Hilfe gegeben werden. Statistische Prozeßkontrolle, CAQ und Expertensysteme bieten dafür reichlich Möglichkeiten. Außerdem müssen die gruppenspezifischen Ergebnisse für Kosten und Qualität regelmäßig zur Verfügung stehen, um dadurch die Eigenverantwortung der Gruppe zu unterstützen.

8. An die Manager der Zukunft werden völlig neue Anforderungen gestellt. Nicht der beste Fachmann wird zum Abteilungsleiter ernannt, sondern der beste Coach mit hoher sozialer Kompetenz. Parallel muß die Fachlaufbahn aufgewertet werden. Die individuelle Bezahlung hängt nicht mehr davon ab, wie viele Mitarbeiter an jemanden berichten, sondern wie groß sein Beitrag zum Unternehmenserfolg ist. Das bedeutet, die Personalführungskraft muß nicht zwangsläufig mehr verdienen als die Mitarbeiter, für die er verantwortlich ist. Hier sind noch große Umdenkungsprozesse notwendig.

9. Ein großes Hindernis bei der Umsetzung ist der Prioritätenkonflikt. Auf der einen Seite sind die Führungskräfte durch ihre bisherige Tätigkeit voll ausgelastet, auf der anderen Seite sollen sie zusätzlich neue Methoden und Systeme umsetzen, von denen sie eventuell im Innersten noch gar nicht überzeugt sind. Bis die Erfolge von TQM tatsächlich greifen

und eine Entlastung bringen, braucht es seine Zeit. Bis dahin gibt es eine Doppelbelastung, für die in der Übergangsphase Lösungen gefunden werden müssen. Hierzu einige in der Praxis erprobte Hilfen:

- ☐ Freistellung eines Managers der oberen Ebene, der für die Einführung verantwortlich ist. Er kann als Machtpromoter Unterstützung geben und im Konflikt entscheiden.
- ☐ Freistellung und Schulung von einigen Moderatoren, die die Führungskräfte bei der Umsetzung unterstützen.
- ☐ Unterstützung durch externe Berater. Diese müssen bereits Erfahrung in anderen Projekten gesammelt haben und können neue Ideen einbringen.
- ☐ Erst mit einem Pilotprojekt anfangen. Die gesammelten Erfahrungen und die geschulten Moderatoren dann in der Breite über alle Organisationen einsetzen.
- ☐ Delegation von Verantwortung. Muß sich der Manager wirklich um alle operativen Details selbst kümmern oder kann er dies nicht an seinen Stellvertreter delegieren?
- ☐ Manager möglichst frühzeitig für ihre neue Aufgabe benennen. Dann werden sie ihre Kraft auf die Zukunft ansetzen und nicht versuchen, die alten Strukturen zu bewahren.
- ☐ Die Umsetzung von TQM hat Priorität entsprechend dem verabschiedeten Einführungsplan. Nur bei potentiellem Einfluß auf den externen Kunden haben die operativen Dinge Vorrang.

10. Nichts überzeugt mehr als erfolgreiche Beispiele. Außer dem eigenen Pilotprojekt gibt es inzwischen ausreichend gute Beispiele von erfolgreichen Firmen, die TQM umgesetzt haben. Ein Besuch bei einer dieser Firmen oder ein Vortrag eines der verantwortlichen Manager bewirkt mehr als alle Theorie.

11. Es wird immer Widerstände gegen das Neue geben. Dies kann zum einen daran liegen, daß die alten Strukturen in der Vergangenheit erfolgreich waren oder das der externe Druck nachgelassen hat, z.B. durch einen Wirtschaftsaufschwung. Trotzdem muß, ausgehend vom Vorstand, jederzeit klargemacht werden, daß es hier kein Zurück und keine Alternative gibt. Man kann es nicht „aussitzen" und auf die guten alten Zeiten hoffen. Diese sind ein für allemal vorbei.

12. Häufig hört man die Aussage: „Das trifft für uns nicht zu, wir sind heute schon sehr gut." Wenn dies durch Benchmarking und eine TQM-Analyse belegt ist, dann gibt es wirklich keinen Handlungsbedarf. Meist liegt dies aber nur an der heutigen günstigen Marktsituation und kann sich sehr schnell ändern. Es gibt genügend Praxisbeispiele dafür.

13. Klare, meßbare Ziele sind für eine erfolgreiche Umsetzung eine notwendige Voraussetzung. Slogans wie: Wir wollen weltweit die Besten sein oder wir wollen Nummer eins sein helfen wenig. Damit kann der einzelne Mitarbeiter wenig anfangen. Er benötigt Ziele, die er persönlich beeinflussen kann. Abgeleitet aus den unternehmerischen Kennzahlen müssen durch die Zielvereinbarung Einzelziele bis nach unten etabliert und regelmäßig zum aktuellen Status verglichen werden.

14. Bei der Kommunikation der Ziele muß klargemacht werden, daß die Einzelziele nur Hilfsgrößen sind, um letztendlich mehr Umsatz und Profit durch höhere Kundenzufriedenheit zu erreichen. Im Laufe der Einführung muß dieser Punkt laufend überprüft werden, damit sich keine falsche Eigendynamik entwickelt.

15. KVP und Reengineering führen bei konstantem Auftragsvolumen dazu, daß weniger Mitarbeiter benötigt werden. Falls dies nicht durch vorhandene, sozial verträgliche Programme geschafft wird, sind Entlassungen notwendig. Der Mitarbeiterabbau sollte sehr schnell durchgeführt werden, auch wenn noch nicht alle Programme voll umgesetzt sind. Permanente Angst um den eigenen Arbeitsplatz ist schlecht für die Motivation und Kreativität. Die vorhandene Mannschaft muß wissen: wir werden die Zukunft gemeinsam gestalten.

16. Nicht nur viele Manager, besonders in der mittleren Ebene, werden ihren bisherigen Status verlieren, sondern auch einige Mitarbeitergruppen, wie z.B. die Instandhaltung. Diese Mitarbeiter hatten im Vergleich zum Arbeiter in der Produktion bisher einen höheren Status. Es werden nach der Umsetzung nur wenige Spezialisten übrig bleiben, da die meisten Wartungsarbeiten in die Fertigung integriert werden. Hier ist es hilfreich, Umsetzungsteams bestehend aus Mitarbeitern aus der Instandhaltung und der Produktion zu bilden, die Ideen entwickeln und Vorschläge machen. Parallel kann dies mit anderen Mitarbeitergruppen erfolgen, durch Umsetzungsteams aus den abgegebenen und aufzunehmenden Bereichen.

17. Kommunikation, Abstimmung und Zusammenarbeit ist jetzt stärker gefragt als jemals zuvor, deshalb sind regelmäßige Workshops, sowohl innerhalb einer Organisation als auch organisationsübergreifend notwendig.

18. Nicht nur die externe Kundenzufriedenheit wird durch Umfragen jährlich festgestellt, sondern auch die Mitarbeiterzufriedenheit. Dies kann schwerpunktmäßig in einzelnen Organisationen stattfinden oder innerhalb des gesamten Unternehmens. Mitarbeiterzufriedenheit ist der erste Schritt zur Kundenzufriedenheit.

7.3 Praxisbeispiel: Fabrik der Zukunft

Viele der in diesem Buch beschriebenen Methoden und Erfahrungen wurden zwischen 1987 und heute in dem IBM-Werk Böblingen/Sindelfingen entwickelt. Die komplette Umsetzung von TQM hat sechs Jahre gedauert; doch basierend auf den gesammelten Erfahrungen kann dies heute in der Hälfte der Zeit gemacht werden. Die wesentlichen Elemente sollen kurz erläutert werden und die erzielten Ergebnisse anderen Unternehmen Mut machen, auch selbst TQM einzuführen.

Ausgangssituation 1987

Im Werk Böblingen/Sindelfingen wurden High-Tech-Produkte hergestellt wie Leiterplatten mit bis zu 28 Lagen und einer Größe von 600 x 700 mm, 4-MB-DRAM-Speicherchips auf 200 mm Wafern und Keramiksubstrate von 127 x 127 mm mit bis zu 70 Verdrahtungslagen. Die gleichen Produkte wurden im Schwesterwerk in den USA und teilweise in Japan hergestellt. Jedes Produkt benötigt 300 bis 400 Prozeßschritte bis zur Fertigstellung, so daß jeder Einzelschritt im Prinzip fehlerfrei sein muß. Die Produkte werden vom Großcomputer bis zum Personalcomputer eingesetzt und sind für eine Lebensdauer von 100 000 Stunden ausgelegt. Die Rohprozeßzeit lag über 100 Tagen, entsprechend fünf bis siebenmal der Rohprozeßzeit. Im Vergleich zum Ausland lagen die Lohnkosten deutlich höher, und die Arbeitszeit war kürzer. Viele Servicebereiche unterstützten die Produktion mit einem Mitarbeiterverhältnis von 2:1 der indirekten zu den direkten Mitarbeitern. Ein großer Teil der Mitarbeiter hat eine sehr gute abgeschlossene Ausbildung.

Die Produkte wurden an interne Abnehmer geliefert. Diese konnten zunehmend frei entscheiden, wo sie ihre Produkte einkaufen. Weltweit werden die Produktkosten auf Dollarkurs berechnet, wobei der Wechselkurs sich bis

1987 um 30 % zuungunsten für den Standort Deutschland entwickelt hat. Besonders in der Halbleiterfertigung gibt es häufige Produktwechsel, so daß der Profit direkt davon abhängt, wie schnell ein neues Produkt in Mengen produziert werden kann. Im Vergleich zu den USA und Japan war die Qualität nicht besser und die Herstellkosten weit höher. Entweder konnte die Produktivität deutlich gesteigert und die Kosten reduziert werden oder der Standort mußte im Laufe der nächsten Jahre geschlossen werden. Deshalb wurde 1987 die Vision für die „Fabrik der Zukunft" definiert mit den in Abbildung 3-3 dargestellten Schwerpunkten zur Verbesserung der Wettbewerbsfähigkeit bei gleichzeitiger Entwicklung von Führung und Organisation.

TQM-Umsetzung

In Abbildung 7-4 sind die einzelnen Elemente dargestellt, wie sie über die Zeit in der Produktion umgesetzt wurden:

- Die Gemeinkostenwertanalyse gibt einen guten Überblick über die Verteilung der indirekten Aufwände und bildet die Basis für weitere Kostenreduzierungen.
- Die Produktionseinheiten, die für einen Streckenabschnitt der Produktion verantwortlich sind, bilden die Basis für weitere Programme.
- MDQ – Market Driven Quality – ist ein weltweites Programm von IBM, welches bis heute unverändert gilt. Es enthält alle wesentlichen Elemente von TQM, mit der Ausrichtung auf den externen Kunden und Reduzierung der Defekte zehnfach alle zwei Jahre.
- CFM – Continuous Flow Manufacturing – ist eine Methode, um die Durchlaufzeiten zu reduzieren, vergleichbar dem Null-Fehler-Programm.
- Durch die strukturierte Zielvereinbarung werden die Unternehmensziele in fünf Kategorien bis zu jedem Mitarbeiter heruntergebrochen: Technologie, Kosten, Qualität, Liefertreue und Führung/Organisation.
- 1991 wurde die gesamte Produktion Deutschland nach ISO 9001 zertifiziert.
- Reduzierung aller variablen Kosten um mindestens 40 % führte zu 26 % niedrigeren Herstellkosten.
- Durch die Einführung von Servicevereinbarungen zwischen den Servicegebern und den wertschöpfenden Produktionseinheiten konnten die Servicekosten bis zu 20 % gesenkt werden.

☐ 1993 wurden die einzelnen Produktionsbereiche eigenständige Profitcenter, teilweise in Form einer GmbH, um flexibler auf die internen und externen Änderungen des Marktes reagieren zu können. Anfang 1995 wurde eine Partnerschaft zwischen Philipps und der Halbleiterproduktion unterzeichnet, um zukünftig Halbleiterchips für beide Firmen herzustellen.

Ergebnisse

Abbildung 7-5 zeigt für die Leiterplattenlinie die erzielten Verbesserungen für einige wichtige Kennzahlen während der TQM-Einführung, die, trotz zweieinhalbfach höherer Komplexität, erzielt werden konnten. Über alle drei Produktlinien konnten die folgenden Verbesserungen durch TQM erzielt werden:

☐ Durchlaufzeit 3,6fach kürzer
☐ Bestände minus 73 %
☐ Mitarbeiterreduzierung um 40 % bei gleichem Ausstoß
☐ Reduzierung aller Defekte im Mittel 70fach
☐ Ausgaben minus 38 %.

Die Durchlaufzeiten betragen heute das 2,0 – 2,3fache der Rohprozeßzeit. Die ausgelieferten Produkte liegen stabil bei 0-100 ppm Defekten. Die Halbleiterchips als Commodity Product können zu wettbewerbsfähigen Herstellkosten in Deutschland produziert werden. Zwischen 1991 und 1994 konnte die Kundenzufriedenheit um 15 % gesteigert werden, im Mittel über alle Produkte.

Doch nicht nur diese Kennzahlen, auf denen bei der TQM-Einführung ein besonderer Schwerpunkt liegt, wurden verbessert, sondern auch andere Kenngrößen, die eine Aussage über die Qualität eines Unternehmens liefern. 1993 lagen die meldepflichtigen Unfälle, bezogen auf 1000 Mitarbeiter, bei 5,3 % und damit zehnfach niedriger als der Mittelwert der deutschen Industrie und immer noch fünffach niedriger als in der gesamten Elektronikindustrie.

Eine weitere interessante Beobachtung konnte bei der Abwesenheitsrate gemacht werden. Diese ist – typisch im indirekten Bereich – nur halb so hoch wie in der Produktion und bei Frauen höher als bei Männern. Nach der

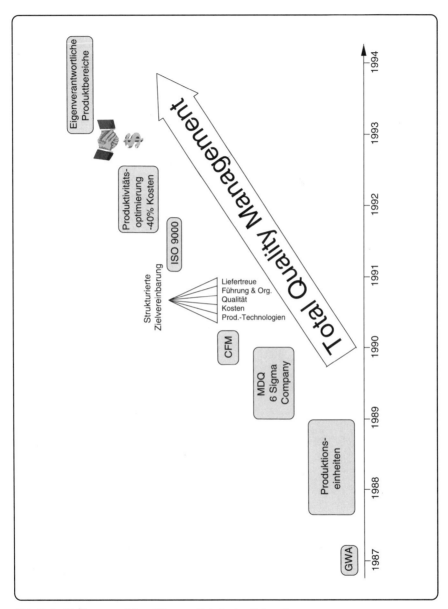

Abb. 7-4: Stationen auf dem Weg zur Fabrik der Zukunft (Quelle: IBM)

229

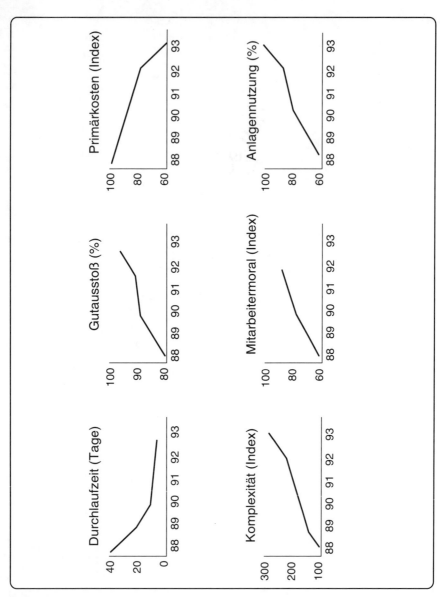

Abb. 7-5: Gleichzeitige Verbesserung der wichtigsten Unternehmenskennzahlen in der Leiterplattenproduktion Sindelfingen (Quelle: IBM STP GmbH)

Einführung der Produktionseinheiten konnte eine deutliche Reduzierung der Krankheitsrate beobachtet werden, bis in die Nähe der indirekten Bereiche.

7.4 Zusammenfassung

Die Einführung von TQM verursacht eine Veränderung aller betrieblichen Abläufe und Prozesse, von denen jeder Beschäftigte über die Zeit betroffen ist. Deshalb ist es hilfreich, alle Einzelaktionen durch ein übergeordnetes TQM-Modell ganzheitlich darzustellen. So wird sichergestellt, daß während der Umsetzung über zwei bis drei Jahre das unternehmerische Ziel „Verbesserung von Umsatz und Profit durch höhere Kundenzufriedenheit" nicht aus den Augen verloren wird.

Erprobte Modelle und Systeme können die Umsetzung beschleunigen, doch die Erfahrung und die Ergebnisse müssen von allen Beschäftigten erarbeitet werden, um langfristig Bestand zu haben. Es nur von außen über eine Organisation zu stülpen und zu erwarten, daß in sechs Monaten alle Probleme gelöst sind, funktioniert nicht. Hier sind Ausdauer und ein starker Wille durch das obere Management notwendig. Wenn sich dann die ersten meßbaren Erfolge einstellen, sind auch die Skeptiker schnell überzeugt.

Üblicherweise liegen die erzielten Verbesserungen nicht nur bei 10 bis 20 %, sondern bei über 50 % und die Reduzierung der Defekte beim Faktor 10- bis 100fach. Dies ist bei der Festlegung der Ziele zu berücksichtigen. Ein weiterer Effekt wurde nach der Einführung von Organisationseinheiten beobachtet, die für die Qualität und Kosten selbst verantwortlich sind: Während früher schnell zusätzliche Investitionen oder mehr Mitarbeiter gefordert wurden, wird heute sehr sorgfältig abgewogen, ob man sich diese Investition leisten kann und was der Einfluß auf das ausgelieferte Produkt ist.

8. Was kommt nach TQM?

Auch wenn sich viele Unternehmen noch in Richtung Total Quality Management bewegen, kontinuierliche Verbesserung noch eine Vision ist und erst etwa 1 % der Firmen in Deutschland nach ISO 9000 zertifiziert ist, muß man doch weiter in die Zukunft schauen. In den heutigen turbulenten, globalen Märkten kann man mit dem erreichten Status nie zufrieden sein und dann dort stehenbleiben. Es wird auch nicht reichen, sich nur an die sich verändernden Märkte anzupassen, da man dann einer von vielen ist. Wenn man nur das macht, was der Kunde heute von einem erwartet, sich also voll auf die Kundenwünsche einstellt, ist die Gefahr groß, daß jemand anderes etwas Neues entwickelt, was dem Kunden besser gefällt, und man seinen Kunden verliert. Das Ziel ist es also nicht, nur die heutigen Kundenwünsche zu erfüllen, sondern auch schon die Wünsche von morgen zu antizipieren oder noch besser, neue Forderungen des Kunden zu wecken, die nur das eigene Unternehmen in der Lage ist zu erfüllen. Um Marktführer zu sein, reicht es nicht aus, nur alles wie bisher zu machen, nur billiger, besser und schneller. Dies mag für „Comodity Products" wie Öl, Stahl, landwirtschaftliche Erzeugnisse und sogar Speicherchips zutreffen, bei gleicher Funktion und Herstellerunabhängigkeit entscheiden bei diesen letztlich nur der Preis und die lokale Verfügbarkeit.

Bei einem großen Teil der Industrie reicht es aber nicht aus, nur billig und gut zu sein. Zusätzlich müssen neue, innovative Ideen schnell umgesetzt werden und als marktfähige Produkte zum Verkauf gebracht werden. Das trifft sowohl für die Entwicklung und Produktion wie auch für den Dienstleistungsbereich zu. Von einem neuen Auto erwartet man nicht nur sehr gute Qualität, sondern auch neue Technologien und ein Design, das es vom Vorgängermodell unterscheidet, und das möglichst zum gleichen Preis. Noch krasser ist es in der Modebranche, wo Preis und Qualität sicher nicht die einzigen Gründe für eine Kaufentscheidung sind.

Hier liegen die Stärke und auch die potentielle Schwäche von TQM. Früher mußte der Arbeiter nur das machen, was man ihm gezeigt hatte, möglichst immer gleich, ohne dabei zu denken. Der Durchbruch bei TQM ist die Erkenntnis, daß die Erfahrung und das Wissen von jedem Mitarbeiter notwendig sind, um die Qualität und die Herstellkosten für ein Produkt zu optimieren. Es haben sich eigenverantwortliche, flexible Teams ausgebildet, in denen jeder Mitarbeiter in der Lage ist, verschiedene Tätigkeiten auszuführen. Es werden laufend neue Ideen hervorgebracht, um das Gruppenergebnis noch weiter zu verbessern und die derzeitige Tätigkeit zu einem absoluten Optimum zu führen. Im Idealfall hat man dann im Laufe der Zeit ein fehlerfreies Produkt, mit sehr kurzer Herstellzeit und niedrigen Kosten, für dessen Herstellung nur sehr wenige Beschäftigte benötigt werden. Aber will der Kunde dann überhaupt noch dieses Produkt haben, egal, wie gut die Qualität und wie niedrig der Preis ist? Es muß also parallel sichergestellt werden, daß die Innovationsfähigkeit und die Flexibilität innerhalb der Gruppe, neue Produkte und Tätigkeiten schnell zu adaptieren, bestehen bleiben. Hier ist eine potentielle Schwäche vom TQM, daß man sich nur auf das Eliminieren aller Defekte konzentriert und dabei die Kraft und Fähigkeit verliert, neue Markttrends selbst zu beeinflussen oder ihnen zumindest folgen zu können.

Es gilt also, die Vorteile der Massenproduktion und des kontinuierlichen Verbesserungsprogramms so zu verbinden, daß man trotzdem noch schnell und flexibel auf die laufenden Technologieänderungen, Modetrends und Mengenschwankungen reagieren kann.

8.1 Mass Customization

Besonders in der westlichen Welt ist das einzelne Individuum mit seinen Wünschen und Bedürfnissen stark ausgeprägt und wird sich bei steigendem Lebensstandard weiterentwickeln. Die Aussage von Henry Ford : „Sie können bei mir ein Auto in jeder Farbe bekommen, solange es schwarz ist." funktioniert heute nicht mehr. Der Kunde will sein individuelles Auto bestellen können. Bei Mercedes kann man nach Katalog beim Händler sein spezifisches Auto zusammenstellen lassen und bekommt dieses entsprechend geliefert. Das trifft sowohl für Spezialackierungen zu wie auch für noch so ausgefallene Ausstattungswünsche. Auch wenn es nicht im Katalog zu finden ist, besteht die Flexibilität, diese Kundenwünsche zu erfüllen, gegen entsprechenden Aufpreis weltweit. Der Kunde kann sich am Laptop beim Händler sein „Traumauto" konfigurieren lassen und bekommt sofort den Preis dafür genannt. Das führt dazu, daß kaum ein Mercedes-Auto identisch ist zum anderen.

Toyota, die als Benchmark für die erfolgreiche TQM-Umsetzung gelten, hat dagegen diesen Schritt zum kundenspezifischen Produkt nicht umsetzen können, da sowohl die Bestände als auch die Herstellkosten nach oben gingen. Dazu kam noch der Verfall des Yen-Wechselkurses, so daß diese Flexibilität wieder zurückgenommen wurde.

Ein anderes Beispiel für erfolgreiche kundenspezifische Massenproduktion ist Benetton. Da die Modefarben für Pullover schnell wechseln, war es äußerst schwierig, flexibel auf die Marktanforderungen zu reagieren. Der Durchbruch kam dadurch, daß Benetton als erster in der Lage war, alle Pullover ungefärbt zu stricken und diese dann erst kurz vor der Auslieferung entsprechend dem Bedarf einzufärben. Ein weltweit vernetztes Datensystem, über welches man täglich die Kundenwünsche abfragen konnte, führte zum überragenden Markterfolg von Benetton. Levis Jeans erprobt ein System, bei dem der Kunde seine individuellen Maße eingeben kann und die Hose dann kundenspezifisch hergestellt und kurzfristig ausgeliefert wird. Jeder, der einmal in einem Levi Strauss-Geschäft in den USA war, mit den Tausenden von unterschiedlichen Jeans, kann sich die möglichen Einsparungen schnell ausrechnen, zumal genau die Hose, die man an diesem Tag kaufen möchte, meist gerade vergriffen ist.

Als letztes Beispiel für kundenspezifische Massenproduktion soll hier die Pager-Produktion von Motorola erwähnt werden. Aus 29 Millionen Kombinationsmöglichkeiten kann der Kunde seinen speziellen Pager bestellen, und dieser wird innerhalb weniger Stunden produziert, unabhängig von der bestellten Menge.

Um diese Flexibilität zu erreichen, sind zum einen kleine, modulare Prozeßeinheiten notwendig, mit sehr kurzen Durchlaufzeiten, hoher Flexibilität und eigenverantwortlicher Arbeitseinteilung; zum anderen braucht man eine höhere EDV-Architektur, die den Kunden bzw. den Händler über ein Netzwerk direkt mit der Produktion verbindet. Im Idealfall gibt der Kunde seine Wünsche direkt in den Computer ein, sein Auftrag wird z.B. über BTX und direkt zum Produktionsplanungssystem (PPS) im Werk übertragen, dort geprüft, und er bekommt sofort den Preis, den Liefertermin und die Auftragsbestätigung zurückgemeldet. Mit einer erfolgreichen Einführung von TQM und den Möglichkeiten der Datenverarbeitung sind heute schon alle Voraussetzungen vorhanden, um diese Vision in die Praxis umzusetzen.

Der Begriff Mass Customization oder kundenspezifische Massenproduktion basiert auf dem Modell von A. C. Boynton, B. Victor und B. J. Pine von der IBM Consulting Group und wird im folgenden in den wesentlichen Elementen dargestellt:

In dem heute sich schnell ändernden Markt werden vom Management laufend Entscheidungen gefordert, von denen der zukünftige Erfolg des Unternehmens abhängt. Mann kann sich dabei aber immer weniger auf die Erfahrungen von früher verlassen, da die alten „Spielregeln" heute nicht mehr viel wert sind. Die notwendige Flexibilität für Produkt- und Prozeßänderungen ist in Abbildung 8-1 dargestellt, und es ist notwendig, das eigene Unternehmen zu positionieren in bezug auf:

1. Neuentwicklung
2. Massenproduktion
3. Kontinuierliche Verbesserung
4. Kundenspezifische Massenproduktion.

Basierend auf der Vision und der strategischen Marktposition, muß jedes Unternehmen entscheiden, welche Unternehmensstruktur die richtige ist:

Schritt 1: Wo befindet es sich heute?
Schritt 2: Wo sollte es sich zukünftig befinden?
Schritt 3: Welche Anforderungen müssen dafür erfüllt werden?
Schritt 4: Wie kommt man dahin?
Schritt 5: Beginn mit der Umsetzung.

Ausgehend von der heutigen Situation und der zukünftigen Zielposition kann die erforderliche Strategie definiert werden. Klassisch ist das ein Wechselspiel zwischen Neuentwicklung und Massenproduktion. Neue Produkte werden entwickelt und dann bis zum Ende ihres Lebenszyklus in Mengen produziert. Prozeßänderungen sind äußerst teuer und erhöhen die Produktkosten, da die bisherigen Maschinen meist nicht weiter verwendet werden können. In der Halbleiterindustrie ist es üblich, für die nächste Technologie jeweils ein neues Werk zu bauen, d.h., die 16-MBit-Chips werden in einem anderen Werk hergestellt als die 4-MBit-Chips und das bei Investitionen von über 500 Mio. DM. Teilweise liegt dies auch an der Überlappung beider Produktzyklen, da der Anlauf einer neuen Technologie sich über zwei

236

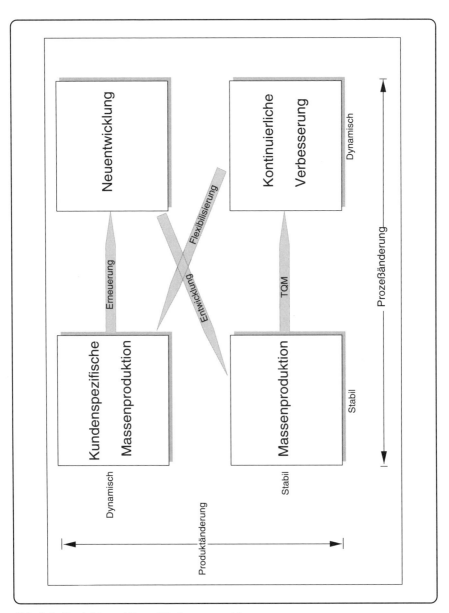

Abb. 8-1: Produkt- und Prozeßänderungsmatrix   (Quelle: IBM Advanced Business Institute)

237

	Massenproduktion	Neuentwicklung	Kontinuierliche Verbesserung	Kundenspezifische Massenproduktion
Voraussetzung	Regelmäßige vorhersehbare Änderungen in Menge, Technologie und Produkt	Unvorhersehbare Änderungen durch Marktanforderungen	Änderung in Technologie und vorhersehbare Mengenänderung	Änderung in Menge und Produkttechnologie stabil
Strategie	Produktion zum niedrigsten Preis	Herstellung von Spezialprodukten	Niedrige Herstellkosten für stabile Märkte	Niedrige Herstellkosten für neue Märkte
Organisation	Standardisierter Produktionsprozeß	Hohe Kreativität und Spezialisierung	Eigenverantwortliche Teams	Lose verbundene flexible Arbeitsgruppen
Arbeitsfluß	Serieller Fluß, Planausführung	Unabhängiges Arbeiten	Zusammenarbeit von vielen Teams	Kundenspezifisch
Mitarbeiterrolle	Trennung zwischen Denkenden und Ausführenden	Hohe Eigenverantwortung	Kombinierte Denker und Ausführer	Koordinatoren und flexible Mitarbeiter
Kontrollsystem	Zentrales, hierarchisches System	Dezentrale Spezialistenteams	Dezentrale Teamentscheidungen	Zentrale Netzwerk-Koordination
IT-Anforderung	Automation von manuellen Prozessen	Entwicklung von Spezialsystemen	Crossfunctionaler Informationsfluß und Kommunikation	Komplexes Netzwerk, gute Kommunikation hohe Effizienz
Synergie	Abhängig von der Entwicklung für neue Produkte und Technologien	Zusammenarbeit mit Massenproduktion für Nischenmärkte	Mit Service und Marketing zu Mass Customization	Abhängig von kontinuierlicher Verbesserung

Abb. 8-2: Positionierung der Produkt- und Prozeßänderungsmatrix

(Quelle: IBM Advanced Business Institute)

238

Jahre hinzieht. Bei konstanten Prozessen können relativ einfach neue Produkte gefertigt werden. Nahezu hundert Jahre hat die Massenproduktion ihren Platz in der Industrie gehabt, für Produkte mit relativ wenig Änderungen bei konstanten Prozessen.

Im Gegensatz dazu ist die Neuentwicklung darauf ausgelegt, neue Produkte und Prozesse zu entwickeln und diese in kleinen Stückzahlen herzustellen. Laufende Änderungen sind der Normalzustand. Besonders kleine und mittlere Firmen haben hier ihre Stärke und basierend auf neuen Ideen werden Firmen gegründet, wie z.b. bei der Gentechnik und weiterhin bei der Softwareentwicklung. Einzelne Produkte finden ihren Weg aus der Entwicklung in die Massenproduktion, meist aus den Entwicklungslabors großer Konzerne.

Durch eine konsequente Umsetzung von TQM wird aus der Massenproduktion eine kontinuierliche Verbesserung. Durch die kleineren, eigenverantwortlichen Gruppen besteht eine wesentlich höhere Flexibilität für Prozeßänderungen, da diese sich durch ihre dezentrale Organisation schnell und auch billig anpassen können. Durch weitere Flexibilisierung der einzelnen Produktorganisationen, kurze Durchlaufzeiten und durch enge Verknüpfung der EDV sind die wesentlichen Voraussetzungen für die kundenspezifische Massenproduktion gegeben. Es muß dafür nur die Vertriebsorganisation als weitere Gruppe integriert und die Datenverbindung direkt zwischen dem Kunden über den Vertrieb zur Produktion geschaffen werden. Das hört sich relativ einfach an, doch historisch liegen Produktion und Vertrieb weit auseinander, nicht nur durch die unterschiedlichen Aufgaben, sondern auch durch die unterschiedliche Ausbildung und Mentalität. Ein integrierter Kundenauftragsprozeß kann hier sowohl die örtliche Trennung als auch die unterschiedliche Zielsetzung überbrücken. Der Verkäufer möchte jeden Wunsch des Kunden erfüllen können, sei er auch noch so ausgefallen, während die Produktion möglichst wenig Änderungen haben möchte. Durch TQM sind wesentliche Voraussetzungen geschaffen, um kundenspezifische Lösungen durch die Massenproduktion zu ermöglichen.

Der Weg direkt von der Massenproduktion zur kundenspezifischen Produktion funktioniert nicht, da die Flexibilität für eine vernetzte Organisation, die nur durch Datensysteme verbunden ist, nicht gegeben ist. Erst durch die Schaffung von eigenverantwortlichen, flexiblen Gruppen und durch neue

Geschäftsprozesse, stabile Fertigungsprozesse und kurze Durchlaufzeiten sind die Voraussetzungen für Mass Customization gegeben. Natürlich können die alten EDV-Systeme auch nicht direkt übernommen werden, sondern hier ist eine völlig neue IT-Infrastruktur notwendig. Derzeit laufen auf diesem Gebiet relativ viele große Reengineering-Projekte.

8.2 Organisation und Informationstechnologie

Viele Unternehmen haben in den letzten Jahren festgestellt, daß sie die Möglichkeit der Informationstechnologie stärker nutzen müssen, um langfristig auf den globalen, sich schnell ändernden Märkten bestehen zu können. In den traditionellen Einsatzgebieten wie Materialsteuerung und Logistik, Finanzen und technische Überwachung gibt es heute sehr gute Systeme, auf die kein Unternehmen verzichten kann.

Eine weitere Anwendung der Datenverarbeitung ist die Erfassung der Arbeitswirtschaft im Zusammenhang mit der Einführung von Gruppenarbeit, und zwar die Erfassung der geleisteten Arbeit im Verhältnis zur benötigten Zeit. „Grundüberlegung der neuen Arbeitswirtschaft ist, die Arbeitsgruppen wie eine Firma in der Firma zu betrachten und ihnen täglich eine Gewinn- und Verlustrechnung in „Zeit" zu geben. Diese Information schafft nicht nur Transparenz, sie erzeugt auch bessere Organisation. Dabei sehen die Gruppen laufend ihre Leistung als Gewinn- und Verlustrechnung in „Zeit". Die Wirkung dieser Information ist verblüffend. Den Mitarbeitern ist es nicht gleichgültig, wenn aufgrund von Störungen und Wartezeiten Arbeitszeit nutzlos vergeht." (Cnyrim 1993) Es gibt bereits heute schon ein Programm zur Erfassung der Arbeitswirtschaft.

Der Einsatz von IT für die Unterstützung des strategischen Managements und zur Modellierung und Optimierung neuer Geschäftsprozesse dagegen steht noch am Anfang. Es gibt heute schon eine ganze Reihe guter Tools, um Prozesse abzubilden und zu simulieren wie ARIS, ADW oder Bachmann. Diese sind eine große Hilfe beim Prozeß-Reengineering, um logische Verknüpfungen darzustellen und zu optimieren. Trotzdem wird die Simulation zur Optimierung von Abläufen noch sehr wenig eingesetzt. Im Idealfall gibt man die Anforderungen an einen zukünftigen Geschäftsprozeß über eine objektorientierte Oberfläche in das System ein. Ein Expertensystem berechnet daraus den besten Prozeßablauf, entsprechend den vorgegebenen Kriterien, druckt eine grafische Darstellung der Prozesse und logischen Verknüpfungen aus als Basis für die zukünftige Organisationsstruktur und erstellt auch gleich den Code für das zukünftige Softwareprogramm. Dieses komplette Softwaresystem gibt es heute noch nicht, aber einzelne Elemente sind schon verfügbar, und sie sind eine große Hilfe, um Prozesse zu definieren, zu optimieren und einzuführen. Man neigt leicht dazu, bestehende Organisationen zu optimieren und nicht umgekehrt erst die Prozesse zu definieren und dann die dazu notwendige Organisation zu etablieren:

Schritt 1: Anforderungen festlegen
Schritt 2: Prozeß definieren und optimieren
Schritt 3: Organisation und Verantwortung bestimmen
Schritt 4: Unterstützende IT-Infrastruktur aufbauen.

Die Schwerpunkte von TQM liegen auf der Optimierung der internen Abläufe, mit kontinuierlicher Verbesserung, Mitarbeitereinbindung, Null-Fehler-Prozessen usw. Täglich werden vom Management Entscheidungen gefordert: welches ist der beste Prozeß, die beste Organisation und die richtigen Mitarbeiter mit einer guten Ausbildung, um alle Abläufe und Prozesse so zu optimieren, daß sie auf die Kundenanforderungen ausgerichtet sind. Parallel dazu gilt es, die externen Abläufe zu bestimmen, bei denen darüber entschieden wird, welches Produkt auf welchem Markt angeboten werden soll, was das eigene Produkt von dem der Konkurrenz unterscheidet, welche Partnerschaften und Allianzen man eingehen soll; dazu kommen die „Make-versus-Buy"-Entscheidungen, d.h., was sollte man selbst herstellen und welche Produkte bzw. Serviceleistungen sollten extern eingekauft werden. Dieses sind nur einige wenige Beispiele für Entscheidungen, die durch die Unternehmensleitung laufend getroffen werden müssen. Viele dieser Entscheidungen, die für die Zukunft des Unternehmens von existentieller Wichtigkeit sind, basieren auf Erfahrung, Instinkt und Gefühl. Viele heute sehr erfolgreiche Unternehmen sind zu dem geworden, was sie heute sind, basierend auf den „richtigen" Entscheidungen einer einzelnen Person. Man denke nur an den Aufbau von Microsoft durch Bill Gates in den letzten zehn Jahren. Sehr gut wird dies in dem Buch von K. D. Fishman: „The Computer Establishment" dargestellt. Es beschreibt anhand von vielen Beispielen, daß der Erfolg oder Mißerfolg letztendlich nur von einer einzigen Person abhängt.

Doch kann man sich in der heutigen Zeit mit den sich schnell ändernden Märkten noch darauf verlassen, daß immer die richtigen Entscheidungen getroffen werden? Sicher wird es immer Fehlentscheidungen geben, aber zumindest sollten alle verfügbaren Informationen zur Entscheidungsfindung herangezogen werden. Benchmarking ist ein Ansatz, sich mit anderen Unternehmen zu vergleichen, die TQM-Analyse hilft, sich weiter über die eigenen Stärken und Schwächen klar zu sein, doch ein ganzheitliches System gibt es heute noch nicht.

Deshalb soll am Ende dieses Buches die Vision für ein System dargestellt werden, in dem alle Informationen, die für unternehmerische Entscheidungen wichtig sind, zusammenlaufen, aufbereitet und verdichtet werden und in leicht verständlicher Form abgerufen werden können. In Abbildung 8-3 ist ein derartiges System dargestellt. Es sind im Prinzip drei Datenbanken, die durch ein Expertensystem verbunden sind, das die vorhandenen Daten aufbereitet und in Form von grafischen Darstellungen und Entscheidungstabellen darstellt.

1. Externe Einflüsse

In dieser Datenbank sind alle Informationen zusammengefaßt, die die eigene Position im Vergleich zum Wettbewerb betreffen, wirtschaftliche Kennzahlen und Analysen aus externen Datenbanken, Wechselkurse, Marktpreise und Mengenentwicklung nach Region aufgeteilt, Technologie- und Modetrends, Arbeitsmarktdaten, soziale und politische Analysen, Gesetze und Normen.

2. Interne Prozesse

In dieser Datenbank sind alle Daten enthalten, die das eigene Unternehmen betreffen. Diese sind üblicherweise in der einen oder anderen Form heute bereits vorhanden, soweit es die operativen Ergebnisse betrifft. Dazu kommen Daten wie Ausbildung und Wissensstand der eigenen Mitarbeiter, Technologie-Know-how und Kernkompetenzen, Patente und Erfindungen, Stärken und Schwächen aus der TQM-Analyse, Lieferanten, finanzielle Situation und Bestände.

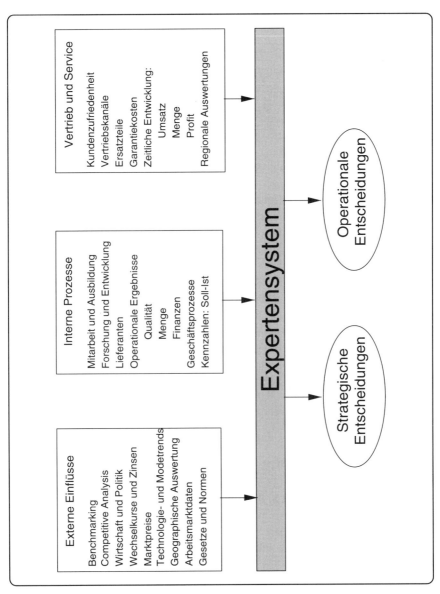

Abb. 8-3: Vision für ein integriertes IT-System zur wissensbasierten Entscheidungs-findung

3. Vertrieb und Service

In dieser Datenbank sind alle Informationen erfaßt, die zwischen dem eigenen Unternehmen und seinen Abnehmern entstanden sind und sich auf die Kunden- und Händlerbeziehung fokussieren. Dazu gehören Mengen-, Umsatz- und Profitentwicklung, Kundenzufriedenheit und -wünsche, Vertriebskanäle, Qualitätsprobleme und deren Analyse, Zusammenarbeit und Kommunikation mit Händlern und der Bedarf von Service und Ersatzteilen.

Über ein Expertensystem werden die vorhandenen Daten miteinander verknüpft, für Korrelationen und Analysen komprimiert und verdichtet und in Form von Grafiken oder Tabellen ausgegeben. In diesem System sind Erfahrungen und Abhängigkeiten aus der Vergangenheit enthalten und logische Verknüpfungen berücksichtigt. Das System paßt seine Auswertungen und Gewichtungen laufend an die neuesten Entwicklungen in den drei Datenbanken und die Bedürfnisse des Abfragenden an.

Die Auswertung erfolgt innerhalb von zwei Schwerpunkten: Zum einen für die wissensbasierten strategischen Entscheidungen, wie sie im einfachsten Fall in einer Portofolio-Analyse durchgeführt werden, und zum anderen die operativen Daten wie Plan-Ist-Vergleiche. Damit wird sichergestellt, daß notwendige strategische und operationale Entscheidungen aufgrund einer Auswertung aller verfügbaren Daten getroffen werden. Wobei die persönliche Erfahrung und der Instinkt der Unternehmensführung weiterhin den Ausschlag geben, um sich gegenüber anderen Unternehmen zu differenzieren.

8.3 Zusammenfassung

Die Einführung von Total Quality Management schafft wesentliche Voraussetzungen, um auf die sich immer schneller ändernden Anforderungen des Marktes reagieren zu können. Kleine eigenverantwortliche, dezentrale Organisationseinheiten können auf Änderungen wesentlich flexibler reagieren, besonders wenn Elemente wie ISO 9000, SPC und kurze Durchlaufzeiten realisiert sind. Notwendige Produkt-, Prozeß- und Mengenänderungen können deutlich schneller realisiert werden, und die Voraussetzungen für kundenspezifische Massenproduktion *(Mass Customization)* sind geschaffen.

Aus der Produktion wie auch aus dem Dienstleistungsbereich möchte der Kunde ein individuelles Produkt haben, das genau auf seine Wünsche zugeschnitten ist. Wenn sich dadurch keine großen Nachteile in der Lieferzeit und im Preis ergeben, hat man gegenüber dem Anbieter von Standardprodukten einen deutlichen Wettbewerbsvorteil.

Um die notwendige *Business Transformation* erfolgreich umzusetzen, ist eine enge Wechselwirkung zwischen den Geschäftsprozessen, der Organisation und der notwendigen IT-Infrastruktur notwendig. Meistens können die bisherigen Prozesse nicht übernommen werden, da sie viel zu aufwendig, inflexibel und langsam sind. KVP reicht deshalb nicht aus, sondern es ist Prozeß-Reengineering notwendig, d.h. die Definition völlig neuer Abläufe. Zur Optimierung neuer Prozesse hat sich die Simulation in den letzten Jahren bewährt. Hier wird es in den nächsten Jahren noch einige Verbesserungen bei den Modellierungs-Tools geben, so daß ein neuer Geschäftsprozeß vor der Einführung ausprobiert und optimiert werden kann.

Nachdem der neue Prozeß definiert ist, muß die unterstützende Organisation, mit der entsprechenden Verantwortung und Kompetenz, etabliert werden. Der Prozeß wird unabhängig von der vorhandenen Organisation definiert und diese erst danach, entsprechend dem Prozeßfluß, eingeführt. Eine immer größere Bedeutung kommt der IT-Infrastruktur zu. Die einzelnen Organisationseinheiten und Prozesse werden durch die Datenverarbeitung miteinander vernetzt, so daß auch komplexe Abläufe für den Kunden nicht sichtbar sind. Der Kunde kann zusammen mit dem Verkäufer am Laptop seine Aufträge konfigurieren und bekommt sofort die Auftragsbestätigung mit Preis und Liefertermin. Die Steuerung des Materialflusses entsprechend dem Kundenauftrag wird durch die integrierte Datenverarbeitung sichergestellt, bis zur termingerechten Auslieferung an den Kunden.

Doch nicht nur bei den operationalen Abläufen übernimmt die Informationstechnologie eine immer wichtigere Rolle; auch für strategische Entscheidungen, von denen die Zukunft des Unternehmens abhängt, ist ihr Einsatz immer wichtiger. Nur durch die Berücksichtigung aller Informationen außerhalb und innerhalb des Unternehmens und aus der Kundenbeziehung können strategische Entscheidungen getroffen werden, die eine hohe Wahrscheinlichkeit auf langfristigen Erfolg haben. Bei der ständig steigenden Informationsflut sind dafür Softwaresysteme notwendig, die die Information entsprechend verdichten und aufbereiten und sich flexibel an neue Anforderungen anpassen können. Nur durch die richtige Verknüpfung von Unternehmensstrategien, Geschäftsprozessen, Organisation und IT-Infrastruktur können Unternehmen auf dem Weltmarkt langfristig erfolgreich sein.

Literaturhinweise

Balm G. J.: Benchmarking, The Experience at IBM Rochester, MN.; QPMA Press Schaumburg, Illinois 1992

Boynton A. C., Victor B., Pine B. J.: New competitive Strategies: Challenges to organizations and information technology; IBM Systems Journal Vol. 32, No 1, 1993, S. 40-64

Brown M. G., Hitchcock D. E., Willard M.L.: Why TQM Fails?; IRWIN Professional Publishing, Burr Ridge, Illinois 1994

Brown M. G.: Baldrige Award Winning Quality; ASQC Quality Press 1994

Camp R. C.: Benchmarking, The Search for Industry best Practices that lead to superior Performance; ASQC Quality Press, Milwaukee, Wiscontsin 1989

Carlzon J.: Alles für den Kunden; Campus Verlag, Frankfurt/Main 1992

Cnyrim H., Lehn F. H.: Neue Wege in der Arbeitswirtschaft; Arbeitsvorbereitung, 30. Jg. 2/1993

Daniels J. L.: Global Vision; McGraw-Hill Inc., New York 1993

Deming W. E.: Out of the Crisis; Cambridge University Press, Melbourne 1982

Fishman K. D.: The Computer Establishment; Harper and Row, Publishers New York 1981

Hache A.: Der Schweinezyklus in der Computerwelt; Süddeutsche Zeitung 28./29. Mai 1986, S. 3

Hammer M., Champy J.: Business Reengineering, Die Radikalkur für das Unternehmen; Campus Verlag, Frankfurt/Main 1993

Heidenreich U., Oser E.: Effektives Qualitätsmanagement; QZ 38/1993 S. 83-86

Hinterhuber H., Krauthammer E.: Lean Management und individuelle Arbeitsplatzsicherung; zfo 5/1994, S. 234-247

Hummeltenberg W. Prof. Dr.: Bewertungsmodelle für TQM; Schriften zur Unternehmensführung, Wiesbaden 1995

Imai M.: KAIZEN, The Key to Japan´s Competitive Success; McGraw-Hill Publishing Company, New York 1986

Japan Human Relations Association: CIP – KAIZEN – KVP, Die kontinuierliche Verbesserung von Produkt und Prozeß; Vorkapitel von Hans H. Steinbeck, Landsberg am Lech 1994

Juran J. M.: Quality Control Handbook; McGraw-Hill Book Company, New York 1974

Kirby J.: Battling with success; Total Quality Management Magazin, June 1993, S. 27-30

Knotts U. S.: What does the U.S. Business Community Really Think About the Baldrige Award?; Quality Press 1993

Masing W. Prof. Dr.: Handbuch Qualitätsmanagement; Carl Hanser Verlag, München 1994

Metzger R., Gründler H. C.: Zurück auf Spitzenniveau; Campus Verlag, Frankfurt/Main 1994

Morgan P. S. Dr.: Veränderungen scheitern am ungeschriebenen Gesetz; Handelsblatt 30.7.1994

Peglau R.: Die EG-Öko-Audit-Verordnung, Sachstand und Perspektiven; ECOINFORM 7, S. 285-310

Pine B. J.: Mass Customization; Harvard Business School Press, Boston 1993

Pine B. J., Victor B., Boynton A. C.: Making Mass Customization Work; Harvard Business Review 9.10.1993, S. 108-119

Runge H. J.: Schlank durch Total Quality Management; Campus Verlag, Frankfurt/Main 1994

Schulz W. Dr.: Die europäische Ökoauditverordnung; Umweltbundesamt 1994

Schönbach G. Dr.: Informationen und Emfehlungen zum Qualitätsmanagement; Arbeitskreis für Klein- und Mittelbetriebe, RKW Eschborn, April 1993

Shingo S.: Das Erfolgsgeheimnis der Toyota-Produktion; Landsberg am Lech 1993

Spenley P.: World Class Performance Through Total Quality; Chapman + Hall, New York 1992

Sprenger R. K.: Die wahre Krise; manager magazin 8/1993

Steinbeck H. H.: Sechs Jahre TQM – Ein Erfahrungsbericht; QZ, 39. Jg. 4/1994

Womack J. P., Jones D. T., Roos D.: Die zweite Revolution in der Automobilindustrie; Campus Verlag, Frankfurt/Main 1991

Ohne Autor

Begriffe zum Qualitätsmanagement; DGQ-Schrift 11-04, 1993

Deutsche Norm DIN EN ISO 9001-3, Ausgabe 1994-08; Beuth Verlag GmbH, 10772 Berlin

Der Weg zur Zertifizierung nach der EG-Öko-Audit-Verordnung; Landesamt für Umweltschutz, Baden-Württemberg 8/1994

KAIZEN Teian 1; Productivity Press, Cambridge, Massachusetts, 1992

Made in Germany: Die große Benchmarking-Studie der IBM gemeinsam mit der Universität Regensburg: IBM Unternehmensberatung GmbH

Rechnergestützte Methoden in der Qualitätssicherung; Fachverband Information- und Kommunikationstechnik, ZVEI, 2/1992

Sand im Getriebe; manager magazin 12/1994, S. 234-247

Umweltbericht; IBM Deutschland 8/1994

Umweltschutz – Ein Wirtschaftsfaktor; Umweltbundesamt 1993

Umweltmagazin 2/1994

Stichwortverzeichnis